U0034028

能源與氣候的迷思

2兆元的政策失誤

（修訂版）

陳立誠 著

序

　　世界充滿矛盾，能源和環保的抉擇正是一個明顯的例子。2007 年八大工業國（G8）在日本北海道召開會議。上午討論如何增加石油生產來抑制節節上升的油價，下午討論如何減少石油生產來抑制全球氣溫上升。這種明顯的矛盾目前看來並沒有解決的方案。人類一方面需要低廉的能源來維持經濟活動，另一方面又擔心能源的使用會改變全球的氣候。而以我國而言，能源政策更是充滿了矛盾。

　　政府一方面提出 633 政策，追求經濟發展，提升國民所得、降低失業率。一方面又提出不可能實現的減碳政策（2020／2025 年碳排回到 2005／2000 年水準）。前者需要增加能源使用，而後者又要減少能源使用，與 G8 會議同樣落入進退失據的窘境。

　　在日本福島事件後，政策又有了 180 度大轉變。一夕之間減碳似乎變得無足輕重，改採取降核政策（核電廠不予延役），重創減碳功能最為卓著的核能發電。政府的氣候政策顯然並沒有中心思想，否則政策不應前後矛盾至此。受過猶不及減碳政策衝擊最大的就是能源政策。

　　我國每年能源產值約 2 兆元，超過國內生產毛額（GDP）15%，能源政策對國家經濟影響既深且巨，但我國能源政策制定過程實欠嚴謹，對經濟發展將造成重大傷害。更令人憂心的是，絕大多數國民甚至還不知道我國能源政策出了大問題。目前政策造成的災難性後果將於十餘年後顯現，到時再討論如何解決對經濟產生重大衝擊的能源政策將為時已晚。目前許多政策純是民粹式的反應，只解決當前壓力而不顧長程後果，殊不知能源政策是最需要以長遠眼光來規劃的國家政策。

　　僅以核電不延役政策為例，如全以燃煤發電取代核電，每年發電成本增加 500 億元（含碳權），如全以燃氣取代核電，每年發電成本增加更將超過 1,000 億元。

　　核電機組延役可延長 20 年使用壽命，表示降核成本（以 20 年計）至少 1 兆元，高則 2 兆元，這豈不是動搖國本的重大政策失誤。這還只是依目前價差計算，極可能是低估，誰能預測 20 年後的煤價，天然氣的價格會漲到何種地步？

　　核電不延役的降核政策本是一種重大失誤，但目前距核一廠一號機除役（2018 年）還有 3 年時光，降核政策並非不能修正，放眼世界各國多年來廢核、存核政策反覆所在多有。而台灣目前能源政策除了降核以外，更嚴重的失誤毋寧是減碳政策。這是更為緊急，迫在眉睫，正在發生的危機。

　　減碳政策本身並沒有錯，問題在減碳方案。減碳有許多方法，目前政府採取的是最昂貴最無效的「以（天然）氣代煤」方案。在此方案影響下，許多燃煤機組的開發時程在政府過去 7 年執政期間嚴重延誤，而無法避免的將由燃氣機組取代。由目前趨勢估計，以氣代煤所增加的發電成本每年至少 500 億元，以火力機組 40 年運轉壽命計，又是 2 兆元的政策失誤。

　　為何攸關國運的能源政策會一錯再錯？最主要的原因是我國能源政策不是由能源專業人士主導，能源政策竟隨「環保界」指揮而起舞。忽視專業，外行領導內行的災難性後果不但將由全國人民承擔，也賠上我國的國際競爭力。降核政策如是，減碳政策亦如是。減碳降核政策都是環保壓力下的產物。

　　環保界反核立場不庸贅述，減碳思維也充滿謬誤。目前舉國上下對節能減碳的思維及暖化威脅的印象泰半來自《不願面對的真相》及《明天過後》一類觀點。極少人知道高爾論述在 2007 年就已被英國法庭正式判定為「極多謬誤」。的確，我國減碳政策及能源政策就是受極度誇張的暖化威脅論所影響的產物，社會各界之所以被誤導，原因是對能源和暖化議題的不了解。

　　環保與在野人士有其主張見解無可厚非，天馬行空式的言論也所在難免。不過環保團體與在野黨不需負政策成敗之責，治國者卻需要有堅定的理念、長遠的眼光，傾聽各種建言，作為行政裁決的考量，而非獨沽環保，或任何單一主張，因為主政者受全民託付，肩負國家發展，政策成敗的重責大任！

以減碳而言，政府一方面大力宣導「千架風車、百萬屋頂」，一方面又不予核能電廠延役，有意忽視我國再生能源的減碳功能遠不能與核電的減碳功能相比的事實。更可怕的是，目前這種再生能源的成本均極為高昂（太陽能及海域風機發電成本接近核電 10 倍）。意欲以天然氣發電取代燃煤發電作為減碳手段更是昧於現實的策略，我國完全有其他成本低廉而遠為有效的減碳選擇。

依目前的減碳降核政策，我國發電成本將在 10 餘年內（2025 年）每年至少暴增 2,000 億元，這將由全民負擔，是極為可怕的現實。

必須對能源及碳排有巨觀的了解，在制定氣候／能源政策時不致一再發生因小失大的失誤。

不論是近程減碳政策，或是核電不延役的政策都是恐懼（暖化災難或核能災變）壓倒理性的例證，但不幸能源與氣候又都是極為複雜的議題。國內似乎尚缺較全面性討論的書籍，本書希望能填補此一缺憾。

能源及氣候議題極為複雜，要了解我國能源政策的失誤必須對能源概況，減碳科技、國際情勢、氣候科學都要有起碼的掌握才能深入討論，故本書編排即依此規劃分為七篇 18 章。

第一篇介紹何謂能源，重點在於介紹電力、石油與天然氣，因為這些能源占全球能源使用的九成，至關重要；

第二篇討論減碳科技，主要討論電力及交通減碳策略。另簡介如人類減碳不成功或將採行的「氣候工程」；

第三篇縱觀國際情勢，介紹國際條約及減碳的經濟考量；

第四篇討論氣候科學及暖化，一方面釐清極端暖化論者的謬誤，簡介暖化的科學基礎並介紹國內不容易見到的「暖化懷疑論者」的論點；

第五篇討論全球減碳前景與策略；

第六、七兩篇介紹我國電力事業的現況、困境及減碳降核政策對我國經濟的衝擊。

本書涵蓋範圍極廣，但如不全面檢視能源與氣候等相關議題，就無法深入檢討我國能源政策。希望本書能提供正確資訊與數據，在社會各界研

討相關議題時，提供一個共同基礎作為討論依據。如前所述，本書內容並非一人學力／經驗所能完全掌握，掛一漏萬之處在所難免，尚祈方家指正。

本書初版於 2012 年發行。本修訂版除修正初版筆誤外，亦將原書部分數字依較新資料更新。

第一篇	能源	1
第 1 章	能源總論	2
第 2 章	電力	18
第 3 章	石油與天然氣	28

第二篇	減碳與調適	39
第 4 章	減碳總論	40
第 5 章	電力減碳	50
第 6 章	交通減碳	91
第 7 章	氣候工程與暖化調適	107

第三篇	國際條約與經濟分析	117
第 8 章	京都議定書與哥本哈根會議	118
第 9 章	減碳經濟分析	134

第四篇	全球暖化	145
第 10 章	高爾的真相	146
第 11 章	暖化的科學	153
第 12 章	懷疑論者的觀點	177

第五篇	全球展望	207
第 13 章	全球減碳前景與策略	208

第六篇	台灣電力現況與困局	245
第 14 章	台灣電力現況	246
第 15 章	台灣電力困局	255

第七篇		273
第 16 章	能源配比與核能電廠	274
第 17 章	節能減碳與燃煤電廠	291
第 18 章	能源、環保與政經	311

目　次

序 i

第一篇　能源　　　　　　　　　　　　　　　　　　　　　　　　1

第 1 章　能源總論 2

　1.1 能源簡介 2

　1.2 能源統計 6

第 2 章　電力 18

　2.1 電力的生產與供應 18

　2.2 能源與碳排 23

第 3 章　石油與天然氣 28

　3.1 油氣的重要 28

　3.2 交通碳排 29

　3.3 油氣的蘊藏與生產 31

第二篇　減碳與調適　　　　　　　　　　　　　　　　　　　　39

第 4 章　減碳總論 40

　4.1 為什麼要減碳 40

　4.2 楔形減碳方案 41

　4.3 楔形減碳方案檢討 45

　4.4 增加能源效率 47

第 5 章　電力減碳 50

　5.1 風力發電 50

　5.2 太陽能發電 58

　5.3 核能發電 63

5.4 提升發電效率 *75*

5.5 碳捕捉與封存 *82*

第 *6* 章 交通減碳 *91*

6.1 電動車與油電混合車 *91*

6.2 生質能 *96*

6.3 氫能源 *100*

第 *7* 章 氣候工程與暖化調適 *107*

7.1 氣候工程 *107*

7.2 暖化調適 *112*

第三篇 國際條約與經濟分析   *117*

第 *8* 章 京都議定書與哥本哈根會議 *118*

8.1 京都議定書 *118*

8.2 哥本哈根會議 *123*

8.3 減碳政策 *130*

8.4 清潔發展機制 *132*

第 *9* 章 減碳經濟分析 *134*

9.1 DICE 模型 *135*

9.2 史登報告 *139*

第四篇 全球暖化   *145*

第 *10* 章 高爾的真相 *146*

10.1 IPCC 報告與高爾論述 *146*

10.2 英國法庭判決 *147*

第 *11* 章 暖化的科學 *153*

11.1 全球溫度 *153*

11.2 二氧化碳與暖化 159

11.3 碳循環 163

11.4 碳排歷史及背景 167

11.5 氣候科學 172

第 *12* 章 懷疑論者的觀點 177

12.1 溫度記錄 177

12.2 氣候科學的假設 179

12.3 其他暖化理論 181

12.4 電腦模擬之探討 184

12.5 IPCC 立場 201

12.6 暖化原因尚無共識 203

12.7 懷疑論者的立場 205

第五篇　全球展望 | 207

第 *13* 章 全球減碳前景與策略 208

13.1 未開發國家的能源需求 208

13.2 人口成長預測 215

13.3 中國減碳策略 217

13.4 減碳誤導 226

13.5 森林碳匯 229

13.6 甲烷減排 233

13.7 全球減碳展望 236

第六篇　台灣電力現況與困局 | 245

第 *14* 章 台灣電力現況 246

14.1 尖離峰負載 246

14.2 電力系統－需求面 247

14.3 電力系統－供應面及備用容量 251

14.4 裝置容量與發電量的燃料別 252

第 15 章 台灣電力困局 255

15.1 能源政策考量 255

15.2 建廠時程 260

15.3 新建電廠之回顧與展望 261

第七篇   273

第 16 章 能源配比與核能電廠 274

16.1 基載電廠不足 274

16.2 2010 三種能源配比情境分析 276

16.3 核電不延役的衝擊 279

16.4 2025 四種能源配比情境分析 282

16.5 全面修正降核政策 288

第 17 章 節能減碳與燃煤電廠 291

17.1 能源政策的失誤 291

17.2 再生能源檢討 292

17.3 工商減碳與「餘熱」利用 296

17.4 減碳政策檢討 300

17.5 能源政策與減碳方案 303

第 18 章 能源、環保與政經 311

18.1 地緣政治 311

18.2 環保運動 314

18.3 經濟政策 318

18.4 政治回顧 324

結語 327

附錄 *1* 附表 *330*

附錄 *2* 致加拿大總理公開信　聯署學者名單 *333*

附錄 *3* 參考書目 *338*

　　一、英文書籍 *338*

　　二、中國大陸出版書籍 *343*

　　三、台灣出版書籍 *345*

本書彩圖 *349*

作者簡介 *377*

圖目錄

圖 1-1　1973 年－2009 年全球一次能源供應（依燃料分類）.................................7

圖 1-2　1973 年－2009 年全球一次能源供應（依地區分類）.................................8

圖 1-3　2004 年全球一次能源供應結構 9

圖 1-4　一次與二次能源 10

圖 1-5　1973 年－2009 年全球能源消耗（依燃料分類）.................................11

圖 1-6　1973 年－2009 年全球能源消耗（依地區分類）.................................12

圖 1-7　1990 年與 2010 年台灣能源消耗 13

圖 1-8　2035 年全球能源供應展望 15

圖 1-9　全球一次能源不同時期占比 16

圖 2-1　1973 年－2009 年全球電力生產（依燃料分類）.................................19

圖 2-2　1973 年－2009 年全球電力生產（依地區分類）.................................20

圖 2-3　1973 年－2009 年電力使用 23

圖 2-4　1973 年－2009 年能源碳排（依燃料分類）.................................24

圖 2-5　1973 年－2009 年能源碳排（依地區分類）.................................25

圖 3-1　1973 年－2010 年原油產量 31

圖 3-2　全球原油蘊藏量 32

圖 3-3　1973 年－2010 年天然氣產量 33

圖 3-4　赫伯預測美國石油產量高峰值 35

圖 3-5　赫伯預測全球石油產量高峰值 35

圖 3-6　1950 年－2000 年當年石油使用年限預測 36

圖 3-7　1980 年油價預測 37

圖 4-1　歷史碳排與未來碳排 42

圖 4-2　楔形減量方案 43

圖 4-3　15 種減碳方案 44

圖 4-4　GDP、能源與碳排 48

圖 5-1　沸水式核能電廠示意圖..69

圖 5-2　核反應器圍阻體示意圖..71

圖 5-3　傳統型火力電廠示意圖..76

圖 5-4　美國燃煤電廠平均效率（20 世紀）...............................78

圖 5-5　日本超臨界機組蒸汽條件變化趨勢...............................79

圖 5-6　複循環電廠示意圖..81

圖 5-7　IGCC 電廠示意圖...84

圖 6-1　不同車種示意圖...93

圖 6-2　燃料電池原理...101

圖 7-1　造雲船示意圖...108

圖 7-2　暖化、減暖、調適成本關係圖....................................113

圖 8-1　附件一國家實際碳排量（2008 與 1990 比較）...............122

圖 8-2　2010 年各國 CDM 全球占比.......................................133

圖 9-1　不同情境之減碳成本（範圍為 ±25 兆美金）.................137

圖 9-2　不同情境之減碳成本放大版（範圍為 ±4 兆美金）.........137

圖 10-1　2035 年台灣海岸線退縮圖（錯誤資訊舉例）................149

圖 11-1　1000 年－2000 年溫度圖（IPCC 曲棍球桿圖）..............154

圖 11-2　1000 年－2000 年溫度圖...155

圖 11-3　1880 年－2000 年溫度圖...156

圖 11-4　1850 年－2000 年碳排圖...158

圖 11-5　1998 年－2008 年溫度圖...159

圖 11-6　地球輻射及溫室氣體輻射吸收圖...............................161

圖 11-7　地球輻射圖..162

圖 11-8　自然界碳循環...164

圖 11-9　基林圖..166

圖 11-10　2004 年溫室氣體排放比例（CO_2 當量）.................168

圖 11-11　2006 年全球碳排比例（依國家分類）.......................170

圖 11-12　1995 年－2005 年中俄碳排比較圖............................171

圖 11-13 地球能量平衡圖 175

圖 12-1　碳排與氣溫上升的關係 180

圖 12-2　百年來太陽活動強度與溫度上升變化 182

圖 12-3　百年太平洋長週期振盪指數與氣溫上升變化 184

圖 12-4　2100 年全球能源使用量預測 186

圖 12-5　大氣海洋關連圖 188

圖 12-6　電腦氣候模型 189

圖 12-7　電腦模擬與實測雲量 192

圖 12-8　聖嬰年大氣環流 195

圖 12-9　百年美國颱風損失（不考慮社經變化） 202

圖 12-10　百年美國颱風損失（考慮社經變化） 202

圖 13-1　GDP、能源與碳排 212

圖 13-2　全球人均收入變化（1970-2015） 213

圖 13-3　全球人口成長率 216

圖 13-4　中國、美國、歐盟累積溫室氣體排放（1850-2010） ... 219

圖 13-5　在低碳情況下，2050 年中國高耗能產品單耗變化 220

圖 13-6　不同碳價下之森林碳匯（2030 年） 231

圖 13-7　三種情境下的減碳成本（能源減排＋森林減排） 232

圖 13-8　2005 年人造溫室氣體比例 233

圖 14-1　電力系統之尖離峰負載（2011 年） 247

圖 14-2A　台灣電力尖峰負載（1992-2011） 248

圖 14-2B　台灣電力系統尖峰負載成長率（1992-2011） 248

圖 14-3A　台灣電力系統總電量（1991-2010） 249

圖 14-3B　台灣電力系統總發電量成長率（1991-2010） 249

圖 14-4A　台灣每年人均用電量（1991-2010） 250

圖 14-4B　台灣每年人均用電量成長率（1991-2010） 250

圖 14-5　世界各國人均用電量（2010） 250

圖 14-6A　台灣電力系統尖峰能力（1992-2011） 251

圖 14-6B　台灣電力系統備用容量（1992-2011）... 251

圖 14-7　2010 年裝置容量結構圖 253

圖 14-8　2010 年淨發購電量結構圖 253

圖 15-1　能源政策 3E 考量 255

圖 15-2　我國各種燃料庫存天數 256

圖 15-3　核能、燃煤、燃氣發電成本比較 257

圖 15-4　2010 年不同燃料發電度數與成本 258

圖 15-5　台電規劃建廠時程 260

圖 15-6　1992 年－2015 年每年平均完工機組（萬瓩）..............................268

圖 15-7　1992 年－2015 年每年備用容量 269

圖 16-1　2010 年發電系統結構圖 277

圖 16-2　2025 年發電系統結構圖 282

圖 16-3　2025 年四情境相對發電成本比較 286

圖 17-1　2020/2005 二氧化碳排放量（電力部門）......................................301

圖 17-2　2025/2020 二氧化碳排放量（電力部門）......................................301

表目錄

表 5-1　英國風力發電統計（2007）...52

表 5-2　美國風力發電功率密度...53

表 5-3　2030 年燃煤電廠 CCS 減量預測...89

表 5-4　2030 年燃氣電廠 CCS 減量預測...89

表 8-1　附件一國家減碳目標...119

表 8-2　附件一國家 2020 減排目標...126

表 8-3　部份非附件一國家 2020 減排目標...127

表 8-4　1990-2020 主要國家／地區碳排趨勢...129

表 11-1　1850-2004 年 16 個國家及全球人均歷史累積排放...172

表 12-1　日本大都市平均氣溫（百年上升量）...178

表 12-2　IPCC SRES 六情境...186

表 13-1　各國碳排變化（1971-2004）...214

表 13-2　世界人口增長...215

表 13-3　中國工業生產耗能與先進國家比較...219

表 13-4　中國三種減碳情境發展預測...222

表 13-5　2010 年中國、台灣電力裝置容量與發電度數比較...223

表 13-6　2050 年中國三種減碳情境電力裝置容量發電度數及碳排...223

表 13-7　中國預估 500PPM 情境...225

表 13-8　2030 年森林碳匯（二氧化碳每噸 30 美元）...231

表 13-9　甲烷減排潛力（2020）...235

表 15-1　核能、燃煤、燃氣碳排...259

表 15-2　1990-1999 年新建機組...261

表 15-3　2000-2007 年新建機組...263

表 15-4　2008-2015 年新建機組...264

表 15-5　2008 年－2016 年電力系統備用容量...265

表 15-6　2008-2015 原規畫完工商轉機組..266

表 15-7　2016-2019 預計完工火力機組（台電 9910 方案）.................................270

表 15-8　2016-2019 預計完工火力機組（台電 10009 方案）...............................270

表 16-1　2010 實際發電成本...278

表 16-2　2010 基載 80%（核電 40%）情境發電成本......................................278

表 16-3　2010 基載 80%（核電 19%）情境發電成本......................................279

表 16-4　2025 基準情境（台電 10009 電源開發方案）發電成本.......................283

表 16-5　2025 核能延役情境發電成本...284

表 16-6　2025 核能除役，燃氣不增情境發電成本...284

表 16-7　2025 核能除役，燃氣最大化情境發電成本......................................285

表 17-1　台灣民營電廠一覽表..306

附表目錄

附表 *1*　電力系統尖峰負載（*1992-2011*）...*330*

附表 *2*　電力系統總發電量（*1991-2010*）...*330*

附表 *3*　台灣每年人均用電量（*1991-2010*）..*331*

附表 *4*　世界各國每年人均用電量（*2010*）...*331*

附表 *5*　電力系統尖峰能力及備用容量（*1992-2011*）....................................*331*

附表 *6*　核能、燃煤、燃氣發電成本比較...*332*

附表 *7*　*2010* 不同燃料發電度數與成本...*332*

附表 *8*　*2025* 四情境相對發電成本比較...*332*

彩圖目錄

圖 1-1　1973 年－2009 年全球一次能源供應（依燃料分類）.....................350

圖 1-2　1973 年－2009 年全球一次能源供應（依地區分類）..................... 351

圖 1-3　2004 年全球一次能源供應結構.....................352

圖 1-5　1973 年－2009 年全球能源消耗（依燃料分類）.....................353

圖 1-6　1973 年－2009 年全球能源消耗（依地區分類）.....................354

圖 1-7　1990 年與 2010 年台灣能源消耗.....................355

圖 1-8　2035 年全球能源供應展望.....................356

圖 2-1　1973 年－2009 年全球電力生產（依燃料分類）.....................357

圖 2-2　1973 年－2009 年全球電力生產（依地區分類）.....................358

圖 2-3　1973 年－2009 年電力使用.....................359

圖 2-4　1973 年－2009 年能源碳排（依燃料分類）.....................360

圖 2-5　1973 年－2009 年能源碳排（依地區分類）.....................361

圖 3-1　1973 年－2010 年原油產量.....................362

圖 3-3　1973 年－2010 年天然氣產量.....................363

圖 5-3　傳統型火力電廠示意圖.....................364

圖 5-6　複循環電廠示意圖.....................365

圖 5-7　IGCC 電廠示意圖.....................366

圖 8-2　2010 年各國 CDM 全球占比.....................367

圖 10-1　2035 年台灣海岸線退縮圖（錯誤資訊舉例）.....................368

圖 11-10　2004 年溫室氣體排放比例（二氧化碳當量）.....................369

圖 11-11　2006 年全球碳排比例（依國家分類）.....................370

圖 13-8　2005 年人造溫室氣體比例.....................371

圖 14-1　電力系統之尖離峰負載（2011 年）.....................372

圖 14-5　世界各國人均用電量（2010）.....................372

圖 14-7　2010 年裝置容量結構圖.....................373

圖 14-8　2010 年淨發購電量結構圖.....................374

圖 16-1　2010 年發電系統結構圖.....................375

圖 16-2　2025 年發電系統結構圖.....................376

第一篇
能源

1. 能源總論

2. 電力

3. 石油與天然氣

第 1 章

能源總論

1.1　能源簡介

能源與生活

　　能源，一方面非常簡單，如此的貼近我們的生活，一方面又非常的複雜，牽動世界政經局勢。

　　在日常生活中我們毫不思考，習慣成自然的使用各種電氣用品，電費帳單會告訴我們一個月使用多少「度」（瓩小時）；一般家庭多使用瓦斯爐烹調、使用瓦斯熱水器提供的熱水沐浴，瓦斯帳單會以度（立方公尺）收費；開車時，當儀表板顯示油量所剩不多時，我們就會到加油站以「公升」為單位購油。信手算來，不難發現能源和每個人的生活息息相關，但多數人很少思考「能源」的相關問題。其實家庭使用的能源只占國家能源使用的一小部分，工業、商業、交通（航空、海運、公路）等才是各國能源的使用大戶。

　　一個人離開了食物就無法存活，國家社會的能源供應若中斷，則必將全面停擺無法運行，這也就是為什麼各國政府把確保「能源供應」視為國家安全層級的議題。歷史上為爭奪能源引發的戰爭屢見不鮮。二次大戰時，希特勒攻打蘇聯的一個主要原因就是在爭取位於亞塞拜然的巴庫油田；日本偷襲珍珠港也是意圖阻止美國太平洋艦隊對日本進口石油運輸線所造成的巨大威脅。綜觀來看，二次大戰軸心國戰敗的很大原因在於失去對能源的掌控。

能源與文明

　　人類的進步，可以從各種尺度來衡量，其中人類駕馭能源的能力無疑是一個非常重要的指標。從歷史的縱斷面來檢視，人類自工業革命以來的進步完全可以用能源的使用量來衡量。從橫斷面來檢視，今日世界各國的發展（已開發國家，開發中國家或低度開發國家）與該國人民每人能源使用量有極明顯的相關性。

　　能源對人類文明的進步起非常大的作用。第一，現代糧食的生產運輸都依賴大量能源，現代人將糧食不虞匱乏視為理所當然，但在許多能源缺乏的低度開發國家，飢餓還是常態。能源造就先進國家人民的健康和長壽；第二，能源造就都市化，都市是能源密集度極高的地方，如果沒有電力、石油與天然氣的充沛供應，都市人是無法藉由撿木柴、牛糞過日子的；第三，能源提供了人類行動的自由，現代人較古代人類活動範圍的急遽擴大，完全拜石油工業之賜。近代電力更促成資訊、網路的興起，人類已經進入訊息時代，所謂的知識經濟更是建立在能源產業之上。

能量單位

　　想要讓議題討論更有意義，就離不開數字，而這些數字的單位對於議題的理解非常重要。一般人對能源議題不易掌握的原因就是因為單位太多太複雜了。人們在使用不同能源時常會習慣性使用不同的能量單位，比方用電時以「度」（瓩小時）為單位，食物則以「卡路里」為單位，國際間買賣煤以「噸」為單位，買賣石油則以「桶」、「千公秉」或「公噸」為單位，買賣天然氣則以「立方公尺」為單位。

　　國際能源總署（International Energy Agency, IEA）是國際經濟合作組織（Organization of Economic Cooperation and Development, OECD）設於巴黎專門研究全球能源問題、提供能源政策建議的幕僚組織。能源總署在統計全球能源數據時，常將能量單位簡化為五個，包括 TJ（Trillion Joule，兆焦耳）、GCAL（Giga Calorie，十億卡路里）、MTOE（Million Ton Oil Equivalent，

百萬噸油當量）、MBTU（Million British Thermal Unit，百萬 BTU），以及
GWH（Giga Watt Hour，十億瓦小時）。這些能量單位是可互相轉換的。本
章引用 IEA 數據或圖表時將不出這五種能量單位。

功率單位

在討論能源問題時，我們也必須了解另外一組非常重要的單位——功
率單位。

功率的定義就是能量除以時間（Energy／Time），也就是每單位時間可
產生或使用的能量。

我們常聽到的「瓦特」（Watt, W）、瓩，百萬瓩都是功率單位。如果我
們說一部核能機組（例如核二、核三廠單一機組）的裝置容量是 100 萬瓩
（1,000MW），表示這座核電廠的功率是 100 萬瓩，當這座核電機組正常發
電一小時，可產生 100 萬瓩小時的電，也就是 100 萬度的電（1 度＝1 瓩小
時）而度（瓩小時）則是一個能量單位。若一個 100 萬瓩級的核電機組一
年 365 天每天 24 小時不停運轉，則該機組每年可產生約 88 億度的電。核
電廠如逢停機大修，雖然其功率（100 萬瓩）不變，但發電時數為零，其
產生的電力（能量）也是零（零瓩小時），因此度與瓩可別搞混了。

另外一個大家耳熟能詳的功率單位是「馬力」，馬力描述的是一匹馬
的功率，也就是一匹馬在 1 單位時間可產生的能量，各種能量單位可以互
相轉換，各種功率單位也可以互相轉換，例如 1 馬力（H.P. Horse Power）
＝746 瓦特（W）

能量比較

一匹馬如果每天不停工作 12 小時，可以產生 8,952 瓦小時（Wh）＝ 8.95
瓩小時，約 9 度電的能量，一年可提供 3,300 度電的能量，一部 100 萬瓩
核電機組每年可發電 88 億度，表示該機組相當於利用 260 萬匹馬在為我們
做工，人類駕馭能源的驚人進步可見一斑。

　　1969 年人類第一次登陸月球時，將阿波羅 13 號太空船送上太空的農神五號火箭功率為 1 億 9 千萬馬力，換算為 1 億 4 千萬瓩，約為目前正在施工的核四單一機組 135 萬瓩（1350MW）的 100 倍。農神火箭的功率實為驚人，但以產生的能量而言，核四兩部機在順利運轉的情況下，每年 365 天 24 小時不停的發電，一年可產生超過 236 億度的電。農神火箭的燃料只燃燒了 150 秒鐘，即將阿波羅 13 號太空船送上奔往月球的旅程，其總共產生的能量約等於核四廠兩部機組發電兩小時所產生的能量。

電力與體力

　　如果將一般人從事體力勞動時的功率與發電功率來比較，可以看出能源對人類社會進步的重要性。科學館常有一個利用固定式腳踏車發電的裝置，可將觀眾踩動腳踏車所產生的能量傳導到一個 60 瓦的電燈泡，使其發光。不錯，一般人從事體力勞動的功率就是 60 瓦。健身房的固定式腳踏車儀表上多半也會顯示功率及消耗的能量。如果你注意一下，就會發現儀表板上功率大約是顯示在 60 瓦左右（只有一匹馬力的 12 分之 1）。一個強壯的男人努力勞動大約可持續產生 100 瓦的功率，假設他持續不斷工作 10 小時，則可生 1,000 瓦小時=1 瓩小時，等於一度電的能量。

　　台灣現在平均 1 度電的價錢大約是 2.8 元，相當於一個十分健壯的工人持續不斷工作 10 小時，我們才付他 2.8 元的工錢，是不是太划算了？

　　以每人平均能源使用量而言，台灣約與歐洲、日本相當，在這些國家，每人相當於有 60 個工人透過各種能量方式（電力、石油、瓦斯）為其工作；如果在美國，平均每人有 100 個工人為其工作。

　　在極度貧瘠國家，許多人根本談不上用電（目前全球約仍有 18 億人無電可用），也談不上使用石油、瓦斯等能源，人們仍是用最原始的方式使用生質能（柴火、牛糞）等來煮食、取暖。每人由這些生質能所得的「額外」人工幫助非常有限，可能不超過 3 到 5 人，與已開發國家比較可以非常明顯看出巨大的差別。

　　工業革命使人類以極為廉價的方式大量使用化石能源，這正是今日人類社會進步的主因。廉價燃料改變人類在工業革命前只憑人力、獸力或生

質能取得能源的方式，解放人類為取得生存溫飽所需付出的體力勞動，造就今日已開發國家人民截然不同的生活方式。人們不必到山上去檢柴，不必到遠方去取水，這些苦役都經由廉價能源代勞。人類可以用多餘的時間從事更高階的活動與享受，能源對人類社會進步的重要性實在無法言喻。

20 世紀能源成長

我們可以回顧一下 20 世紀能源使用的狀況。

20 世紀初全球有 16 億人，到了 20 世紀末達到 60 億人，成長為 4 倍，20 世紀是人類進步最快的世紀，許多國家的人民平均壽命、教育程度、嬰兒夭折率等社會進步指標都有極大的進步。全球生產總值（各國 GDP 加總），由世紀初的 2 兆美元增加到世紀末的 32 兆美元（以 1990 年美元計算），成長為 16 倍。全球每年能量消耗也由 22 EJ（EJ=10^{18} 焦耳）成長為 16 倍到 355 EJ。全球每人平均能量消耗也從 140 億焦耳（14GJ）成長 4 倍到 600 億焦耳（60GJ）。

二十世紀人類文明的巨大進步、人類生活的重大改善與能源使用的大量增加有密不可分的關係。

1.2　能源統計

全球能源供應

（1973 年到 2009 年的 36 年間），全球一次能源的供應（TPES, Total Primary Energy Supply）從 6,111 Mtoe（百萬噸油當量，油當量是石油每單位的熱質可揮發的能量）增加到 12,150 Mtoe，增加將近 1 倍（見圖 1-1）。

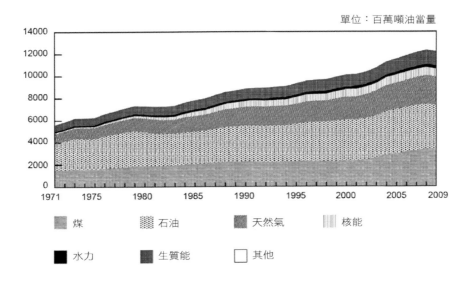

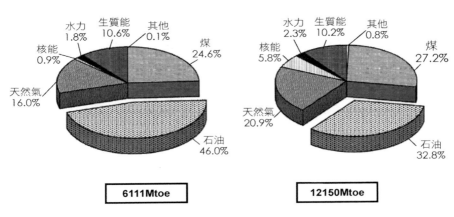

圖 1-1　1973 年－2009 年全球一次能源供應（依燃料分類）

*其他含地熱、太陽能、風能、海洋能等
資料來源：IEA, Key World Energy Statistics (2011)
彩圖詳見 P350

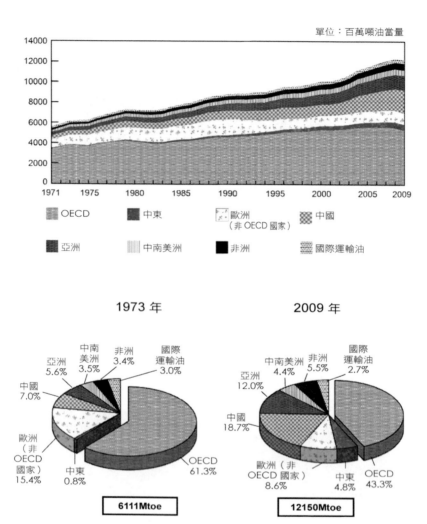

圖 1-2　1973 年－2009 年全球一次能源供應（依地區分類）

資料來源： IEA, Key World Energy Statistics (2011)
彩圖詳見 P351

　　如果從全球各國的能源供應來看（見圖 1-2），還可以發現能源供應的增加主要來自開發中國家，其中 OECD 國家成長為 1.4 倍，非 OECD 國家成長為 3 倍。在目前開發中國家經濟成長率每年都遠高於 OECD 國家的態勢下，這種能源成長的趨勢在未來必然持續。

當我們討論「節能減碳」的目標時，切不可偏離實際數據而有好高騖遠的幻想。

再生能源占比

如果將再生能源的部份予以細分（見圖 1-3），可以看出在一次能源供應占 13.1%的再生能源中，生質能占了其中的 10.4%，這部分主要是低度開發國家中尚有十多億人尚無電力或石油、天然氣可以使用，主要依靠木柴、動物糞便取得能量。此外，水力發電則占 2.2%，今日最流行的地熱、太陽能、風能及潮汐能總共占不到 TPES 的 0.5%，這還是世界各國政府過去 20 年全力發展並大力補助下的成果，許多對再生能源寄予厚望的人士，對此應有所警惕。

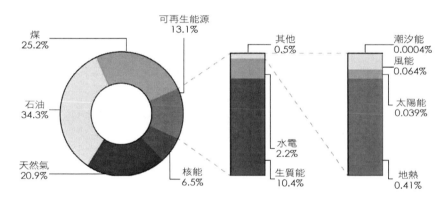

圖 1-3　2004 年全球一次能源供應結構

資料來源：World Energy Council, Energy and Climate (2007)
彩圖詳見 P352

一次與二次能源

有些人可能對一次能源的定義並不是十分了解。所謂一次能源就是人類由自然界開採取得後可直接使用的能源，例如煤、石油、天然氣、水力等。二次能源則表示需要將一次能源進一步轉換才能使用的能源，大家日

常生活所使用的電力就是最主要的二次能源（見圖 1-4）。不過，能源轉換過程中一定會有損耗，不論以何種方式發電都無法將燃料中的能量完成轉換為電能，所以全球最終能源總消耗量總是低於全球一次能源總生產量。

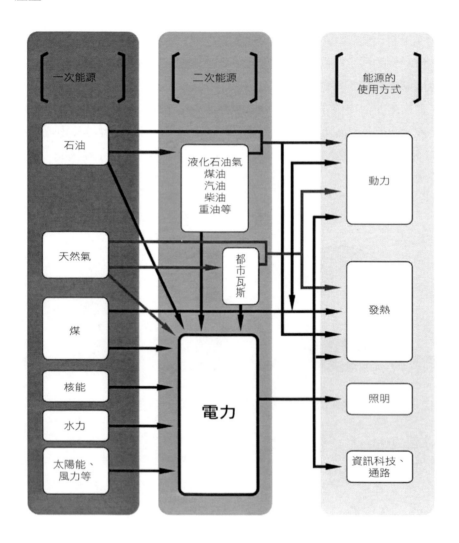

圖 1-4　一次與二次能源

資料來源：白水和憲，從一滴原油解讀世界（2008）

全球能源消耗

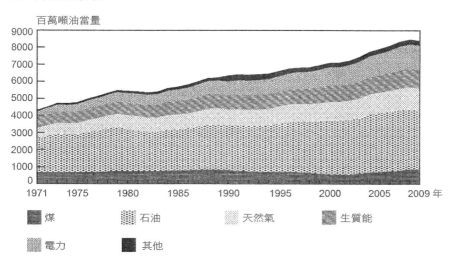

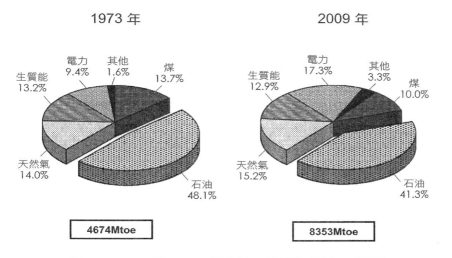

圖 1-5　1973 年－2009 年全球能源消耗（依燃料分類）

資料來源：IEA, Key World Energy Statistics (2011)
彩圖詳見 P353

　　圖 1-5 是全球能源的總消耗量，如果與圖 1-1 比較可以發現，能源總消耗量只有能源總生產量的 7 成左右，其中 3 成主要就是能源轉換時的損失。

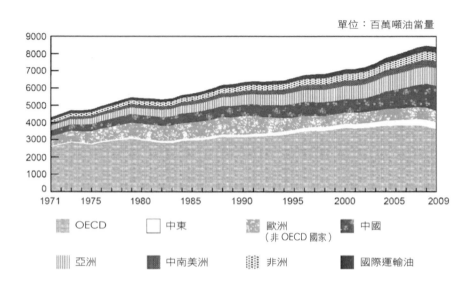

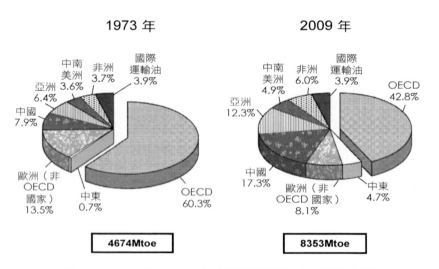

圖 1-6　1973 年－2009 年全球能源消耗（依地區分類）

資料來源：IEA, Key World Energy Statistics (2011)
彩圖詳見 P354

　　圖 1-6 表示全球不同地區的最終能源總消耗量。全球能源終端使用有 45% 是為了提供低階熱源使用（為了取暖、煮食等），10% 提供工業界的高溫製程，另外 30% 提供交通所需的能源（主要是石油），另外 15% 是以電力的形態所使用。

　　各國能源消耗有很大的差別，以台灣而言，取暖消耗的能源與其他國家相較極低。

台灣能源消耗

　　以台灣而言，1990 到 2010 的 20 年間，能源消耗成長為 2.36 倍（見圖 1-7）。

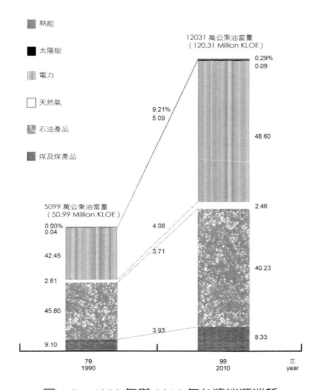

圖 1-7　1990 年與 2010 年台灣能源消耗

資料來源：100 年能源局統計手冊
彩圖詳見 P355

　　圖 1-7 是 2009 年我國各種能源使用的占比，其中電力幾乎占一半，而石油占了 40%。

窮國富國能源消耗

　　世界各國能源使用極不平均，如前所述。能源的使用決定各國的經濟發展。已開發國家（主要為 OECD 成員國），每人平均能源消耗遠高於開發中國家與低度開發國家，世界上 20% 的人口使用高達 65% 的能源。

　　加強能源使用是開發中國家躋升已開發國家的不二法門。目前世界仍有數十億人處於極低度能源使用的狀態。世界最貧窮的一半人口只使用全球 10% 的能源。若想要讓這半數人類脫離貧苦生活，能源使用將會無可避免的大量增加。

2035 年全球能源供應展望

　　圖 1-8 是國際能源總署預計到 2035 年時全球一次能源供應，如果參考圖 1-1 的數字，可以發現 2035 年的全球一次能源供應將比 2009 年增加 48%。而且，產生二氧化碳最多的化石燃料仍將占全球一次能源供應的 81%（與 2009 相同），二氧化碳排放問題仍舊難以解決。

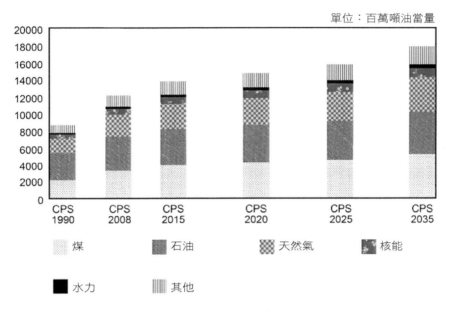

單位：百萬噸油當量

圖例：

■ 煤　　■ 石油　　■ 天然氣　　■ 核能

■ 水力　　▥ 其他

CPS：Current Policy Scenario（目前政策不變情境）

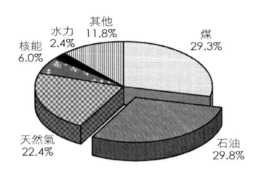

18048Mtoe

圖 1-8　2035 年全球能源供應展望

*其他含地熱、太陽能、風能、海洋能等
資料來源：IEA, Key World Energy Statistics (2011)
彩圖詳見 P356

能源轉換不易

　　許多人常常提出以各種再生能源來取代化石燃料的構想，這完全漠視歷史上從使用一種能源轉換到使用另一種能源是極為困難的過程，從圖1-9來看，歷史上的能源轉換，至少要一個世代（30年）以上。

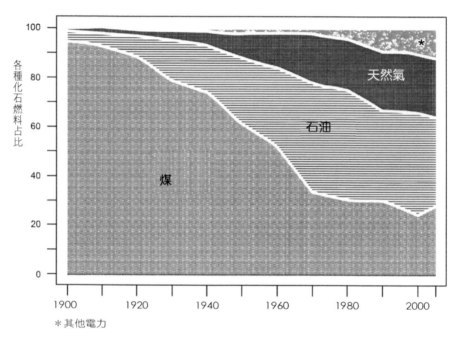

圖 1-9　全球一次能源不同時期占比

資料來源：V. Smil, Global Catastrophes and Trends (2008)

　　以 20 世紀為例，在世紀初，全球有 90%的能源來自煤，一次世界大戰後，石油漸漸取代煤。而在二次大戰後，天然氣又漸漸取代石油與煤。但到今日，這三種化石燃料仍占全球能源的 8 成，意圖以再生能源能急速取代化石能源，以歷史為證，極為不切實際。

　　為何能源轉換如此困難？主要的一個原因是能源產業極為龐大。目前全球每年 GDP 約為 60 兆美元，全球能源業每年產值約 6 兆美元，占全球GDP 的 10%。每個國家都將能源建設視為最重要的基礎建設，而目前全球

的能源基礎建設至少花了上百年，從煤礦的開採、輸送、油田（陸域及海域）的開採、石油的輸送（油管或油輪）、煉油廠的興建、天然氣的開採、天然氣管線的建設、液化天然氣設施及輸送、水庫、火力電廠、核能電廠及輸配電系統的建設等等，這些無不是花了幾代人的心血來建設，以確保能源供應不虞匱乏。意圖短期內新建「無碳」的能源基礎建設來取代現有設施恐未能深刻體會能源建設的龐大與艱鉅，所牽涉的財力、人力、物力，絕非一般人所能想像。以我國為例，2010 年全國 GDP 約為 13.6 兆元，其中台電、中油、台塑石化三家公司與能源有關的營業額就高達 1.9 兆元，可見能源產業在我國經濟中所占的關鍵地位。

第 2 章

電力

2.1　電力的生產與供應

電力與生活

　　如前章所述,電力不是自然界原有的一次能源,電力是由自然界原有的一次能源(煤、油、氣、鈾、水力、陽光、風力等)所轉換而成的二次能源。但電力與一次能源相較,具備了太多的優點:電力乾淨,方便,安全,隨用隨到,無遠弗屆,人類文明因電力的發明而有飛躍的進步。

　　現代人家中的電氣用品真是不勝枚舉,電燈提供了照明;冰箱解決了食物貯存的問題;洗衣機替代婦女洗衣的辛勞;電鍋取代了柴火;電梯使高樓成為可能;抽水機提供飲水、沐浴、如廁所需的用水;電視、錄影機開展人們的視野;音響提供人們音樂的慰藉;電腦、網路使人們無時差的與世界接軌,因而造就了知識經濟。試想若沒有發明電力,上述的電氣用品將從現代人的生活中消失,人類生活馬上會倒退回到十九世紀。

全球電力供應

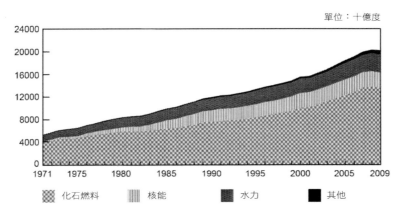

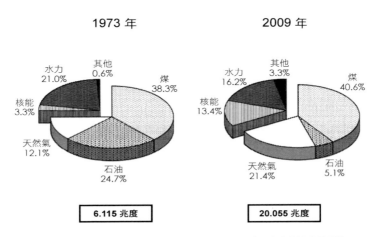

圖 2-1 1973 年－2009 年全球電力生產（依燃料分類）

資料來源：IEA, Key World Energy Statistics（2011）
彩圖詳見 P357

　　圖 2-1 為全球電力在過去 36 年的成長及不同燃料發電所占的比例。由圖中可看出，全球電廠在 1973 年總共發了 6.1 兆度的電，而在 2009 年增

加到 20 兆度，成長為 3.3 倍，而同期全球能源總生產量只成長為 2 倍，最主要的原因是電力是一個乾淨、方便又安全的能源。全球各國都有電力成長超越一次能源成長的現象，這個趨勢也將繼續下去。

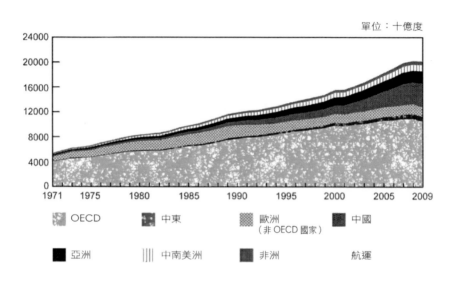

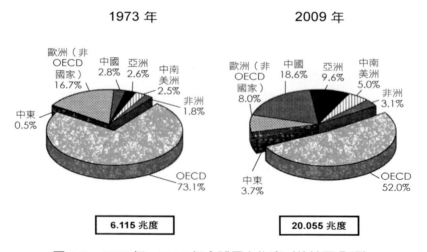

圖 2-2　1973 年－2009 年全球電力生產（依地區分類）

資料來源 IEA, Key World Energy Statistics（2011）
彩圖詳見 P358

　　圖 2-2 顯示過去 36 年電力在全球各地區的成長趨勢，其中 OECD 國家（已開發國家）電力使用成長為 2.3 倍，而非 OECD 國家（以開發中國家為主）電力成長為 5.8 倍。

　　依國際能源總署統計，目前全球一次能源總消耗中有 40%是為了發電。化石燃料（煤、油、氣）是發電最重要的一次能源。在 1900 年電力初發展時，發電只占化石燃料消耗量的 1%，到 1950 年電力較普及時，發電使用的化石燃料約 10%，到 2000 年電力大量使用後發電已占全球化石燃料消耗量的 30%。

不同發電方式

　　既然電力是由一次能源轉換而成的二次能源，發電方式（也就是能源轉換方式）就應予以簡單說明。

　　基本上我們可將發電方式分為三種，最重要的一種就是火力發電。火力發電使用化石燃料（煤、油、氣）作為燃料來發電。為什麼稱之為化石燃料呢？因為不論煤、油、天然氣都是上億年前動、植物的遺體，在地殼中受高溫高壓產生化學反應，而轉化為煤、石油或天然氣，所以統稱為化石燃料。由圖 2-1 可看出目前火力發電產生了全球 67.1%（三分之二）的電力，其中燃煤電廠的貢獻尤其顯著，占了全球發電的 40.6%，換句話說全球 2008 年共發電 20 兆度，其中燃煤電廠就發了 8 兆度的電。天然氣發電在近二十年也占了全球發電的重要地位，目前占全球總發電量的 21.4%。石油多用於交通運輸，近年在發電的貢獻已大幅降低為 5.1%。

　　第二種重要的發電方式是核能發電。目前全世界共有 440 座核能機組（台灣有 6 部機組），2009 年共產生了全球 13.4%的電力，產生了 2 兆 7 仟億度的電。

　　第三種發電方式即是再生能源，目前占全球發電量的 19.5%。其中水力發電約為 16.2%，其他再生能源（風力、太陽光能、太陽熱能、生質能、地熱能、海洋能）占不到全球發電量的 3.3%。

發電方式占比

　　如果我們檢視每個國家發電量中各種燃料所占的比例，可以發現差別十分巨大。世界是不公平的，有的國家能源資源豐富，有的極為匱乏。眾所週知中東國家的油氣蘊藏量十分豐富，每年不知賺進多少油元。但石油、天然氣甚至煤礦、鈾礦並不是全部的能源來源，水力資源也是十分重要的能源，一個國家如果水力資源豐富，並善加利用，也可成為國家極為重要的能源來源。

　　世界各國中水力發電占 9 成以上的國家有挪威、巴西、尼泊爾等國，紐西蘭水力發電也占了近 8 成，加拿大、瑞典等國水力發電也占 5 成以上。這些國家不但因水力資源豐富而減少化石燃料的需求，更因水力發電不產生二氧化碳，在今日「減碳」的世界中占了極大的優勢。

　　但水力資源如此豐富的國家畢竟是少數，世界上蘊藏量最豐富的能源是煤礦。與石油資源集中於少數國家的情況極為不同的是，煤礦倒是十分公平的在全球平均分布。所以許多國家因煤礦蘊藏豐富，都走上了燃煤發電的路。世界大國中，美國燃煤發電幾占 6 成，印度 7 成，中國 8 成，澳洲、南非為主要燃煤出口國，其國內燃煤發電更占全國發電量幾乎 9 成。這些國家因燃煤發電產生大量二氧化碳，如何降低燃煤發電比例已成為這些國家能源政策的重大課題。

　　台灣是自產能源極為匱乏的國家，台灣不產石油、天然氣、煤、鈾，連水力資源也極少。我國目前進口能源占全部能源消耗的 99% 以上，是世界上主要國家（人口超過 1,000 萬人）中自產能量最少的國家。

電力的使用

　　另外一個有趣的問題是電用到那裡去了。圖 2-3 顯示，在 1973 年時，工業是電力最大用戶，占了 53.4%，到 2009 年時，工業與交通外的用戶（含商業、住家）反而成為用電主力，36 年來工業用電成長為 2.5 倍，而商業、住家等用電成長為 4.2 倍。

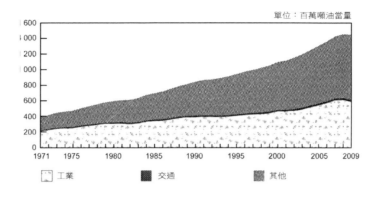

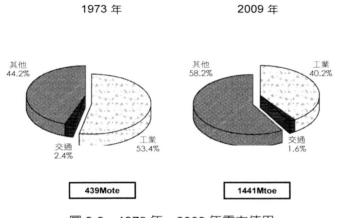

圖 2-3　1973 年－2009 年電力使用

*其他含農業、商業、住宅、公用設施等
資料來源：IEA, Key World Energy Statistics (2011)
彩圖詳見 P359

2.2　能源與碳排

能源與碳排

　　本書分別在第一篇和第四篇討論能源與與氣候。在 30 年前，氣候和
能源根本是不相干的兩個領域，但自從人類發現大氣中二氧化碳的增加會

導致氣候暖化後，這兩個領域就再也分不開了，因為大氣中二氧化碳的增加主要就是人類使用化石能源所造成的。

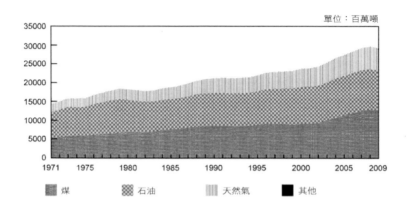

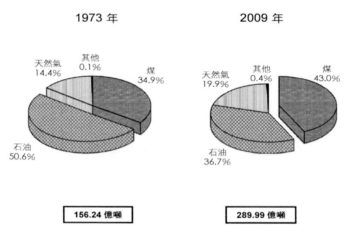

圖 2-4　1973 年－2009 年能源碳排（依燃料分類）

資料來源：IEA, Key World Energy Statistics（2011）
彩圖詳見 P360

　　圖 2-4 是過去 36 年不同能源所排放二氧化碳的比重，由圖中可以看出，在 1973 年時全球能源排放的二氧化碳為 156 億噸，到 2009 年幾乎倍增到 290 億噸。

　　其中燃煤的二氧化碳排放由 1973 年的 55 億噸成長為 2.3 倍到 2009 年的 125 億噸。天然氣也不遑多讓，由 1973 年的 22 億噸成長為 2.6 倍至 2009 年的 58 億噸。石油增加最少，由 1973 年的 79 億噸成長為 1.3 倍到 2009 年的 106 億噸。因為過去 36 年全球新增的火力電廠多半使用燃煤和天然氣，導致二氧化碳排放量大量增加。以石油作為燃料的電廠反而減少，石油造成的二氧化碳排放多來自運輸部門。

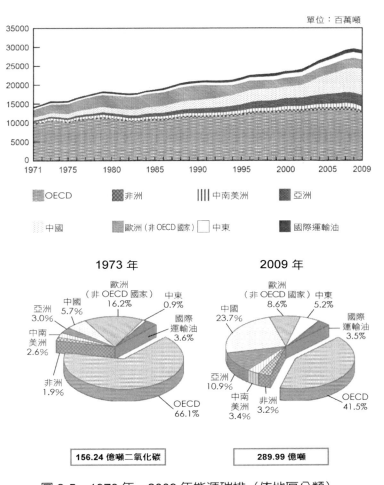

圖 2-5　1973 年－2009 年能源碳排（依地區分類）

資料來源：IEA, Key World Energy Statistics（2011）
彩圖詳見 P361

　　圖 2-5 為不同地區過去 36 年二氧化碳排放量的變化，由圖可見 OECD 國家在 1973 年二氧化碳排放量為 100 億噸，成長為 1.2 倍而成為 2009 年的 120 億噸。非 OECD 國家在過去 36 年則由 60 億噸成長為 2.9 倍，成為 170 億噸。

　　圖 2-1 顯示人類越來越依靠電力，圖 2-2 則說明開發中國家（非 OECD 國家）才是過去 36 年二氧化碳排放量倍增的主因，這兩種趨勢目前看來是會持續下去，這也是二氧化碳問題或為全球擔憂問題的主因。

碳排的成長

　　依聯合國政府間氣候變遷委員會（Intergovernmental Panel on Climate Change, IPCC）報告，人類由 1850 到 2005 年因化石能源使用，共排放 1.1 兆噸的二氧化碳（1100Gt）。而 1850 年至 1960 年這 110 年間的二氧化碳排放為 3,000 億噸（300Gt），1960 年至 2005 年這 45 年則排放 8,000 億噸（800Gt），二氧化碳排放年年增加。

　　當然化石燃料的二氧化碳排放不能全部歸因於火力發電，有相當的比例是交通運輸所造成，工業也是排碳大戶。但以全球而言，火力電廠的碳排（加上終端工商家庭用戶的用電）約占能源排碳 6 成應不為過，所以我們特別關心未來電力的成長。

電力的成長

　　我們討論發電規模前先應釐清功率單位與能量單位，一個 100 萬瓩（功率單位）的電廠，每小時可發 100 萬瓩小時也就是 100 萬度（能量單位）的電。

　　一般核能機組是 100 萬瓩的電廠（編注），我們稱這個核能機組的裝置容量就是 1GW。台灣目前電力系統（不含汽電共生）的裝置容量約為 40GW，含汽電共生則為 48GW。（編注：100 萬瓩就是 100 萬×1000 瓦＝10 億瓦也定義為 1GW。）

目前全球電廠裝置容量約 4,000GW，其中美國約 1,000GW，中國大陸到 2010 年底約 850GW。目前全球 70 億人中還有 18 億是生活在沒有電的世界，如何使這些人脫離極端貧窮落後的狀態是聯合國長年努力的目標。

依 IPCC 報告估計，自 2005 年至 2030 年之間，全球電廠裝置容量將增加 4,500GW，其中 2,400GW 的成長來自開發中國家。25 年增加 4,500GW 有什麼意義？這表示連續 25 年每年平均要增加 180GW 的電廠，也就是說，連續 25 年每天要增加 50 萬瓩（500 MW）的機組，50 萬瓩已經是十分大型的火力機組，目前台電火力機組單機容量最大的台中電廠，每部機的單機容量也不過 55 萬瓩。如依 IPCC 估計，則表示未來 25 年 9,100 個日子，每天要增加一部台中電廠單機容量的機組，或兩天要增建一部核二廠單機容量 100 萬瓩的核能機組。

IPCC 是否高估了發電機組的擴建？其實也未必。依 IPCC 估計，25 年間全球發電能力將幾乎倍增，但如果每年電力需求成長是 3%，25 年下來總裝置能量必然增加 110%，與 IPCC 的估計頗為契合。

回顧一下過去幾年的情況，也證實 IPCC 的估計。2007 年全球發電機組正如同 IPCC 估計增加 180GW，其中中國大陸就占 100GW。實際上中國從 2004 年底全國裝置容量從 450 GW 增加到 2010 年底的 850GW，也不過花了 6 年時間，就建設了 400 GW 的發電機組。所以 IPCC 估計全球 25 年間增建 4,500 GW 發電容量是相當可能的。

本節不勝其煩的解釋發電機組的規模，主要原因是大多數非電業專業人士都不太了解「減碳」的困難，總一廂情願的以為「再生能源」可以輕易解決全球暖化問題。解決全球暖化問題有哪些方法？哪些方法又真的可行？這些問題將在下篇詳細討論。

第 3 章

石油與天然氣

3.1 油氣的重要

石油與天然氣的應用

第 1 章勾劃出全球能源生產及使用的全貌，第 2 章討論全球電力的發展，本章要探索的主題是石油和天然氣。任何討論能源的議題都離不開石油和天然氣，因為不論由圖 1-1「全球一次能源供應」或圖 1-5「全球能源消費」來看，石油和天然氣都占了一半以上。甚至展望 2035 年（見圖 1-8），情勢也沒有改變，兩者仍將提供人類一半以上的能源需求。

石油和天然氣應該分開討論，因為石油在能源上的用途主要是做為交通工具的燃料，不論是陸上奔馳的汽車、海上航行的輪船或是天上飛行的飛機，都是以石油產品（汽油、柴油、航空燃料油）來做為燃料。

天然氣則可當作工業界的燃料直接使用，在寒帶國家，天然氣在住宅社區可做為暖氣能量的來源，在一般家庭也可以用天然氣烹飪及沐浴。最近二十年來，天然氣又成為發電的重要燃料。如圖 2-1 所示，燃氣發電目前已占全球發電的 21.3%，遠大於燃油發電的 5.5%，僅次於燃煤發電的 41%。

油價影響全球經濟

如前所述，石油在能源上最重要的用途是提供交通運輸的燃料。交通運輸是貿易的基礎，而貿易行為是為了互通有無，不論是近距離國內貿易（鄉村將農產品運往都市）或是遠距離的國際貿易（我國將電子產品銷往

國外），各地區或各國家都是利用經濟學上的「比較優勢」來製造價廉物美的工業、農業產品，進而促成交易雙方的「雙贏」。貿易是商業行為的主要內容，所以今日世界愈趨全球化要拜廉價石油之賜。

當油價高漲時，各類產品不但生產成本增加，貿易成本（運輸成本）必然上升。賣方必須付出較高的費用將物品經同樣的里程送達買方手中。賣方為免虧損，又怕產品失去競爭力，只好調高售價來補償部分增加的生產及運輸成本。一部分漲價成本由賣方吸收，所以賣方變窮了，但調高售價在市場上顯示的就是物價高漲、通貨膨脹。

買方必須支出更高的費用才能買到漲價前同樣的貨物，所以買方也變窮了。在買賣雙方都因油價上漲而變窮時，自然排擠了在其他商品的消費能力。進而造成其他商品賣不出去。若情勢持續惡化，則會導致工廠停工、工人失業、經濟衰退。歷史上油價上漲很容易引發經濟衰退。這就是為何各國政府一發現油價高漲就繃緊神經，祭出各種刺激經濟成長的財政（減稅）或貨幣（降息）政策。

交通運輸對人類是如此的重要，但很不幸的，幾乎無論任何形式的交通運輸能源使用都會排放溫室氣體，造成全球暖化。

3.2　交通碳排

車輛碳排

一部私家車一年會製造多少二氧化碳？當然這和每部車的耗油量有很大的關係。假設一部車每公升可開 10 公里，並假設一年開 10,000 公里，則每年耗油 1,000 公升。燃燒每公升汽油會製造約 2.3 公斤的二氧化碳，所以車主每年因開車而排放約 2.3 噸的二氧化碳。飛機也是二氧化碳的排放大戶，IPCC 估計全球航空業要為每年 3.5% 的能源排碳負責。

IPCC 報告指出，在 2004 年，全球交通運輸共排放了 63 億噸二氧化碳，占當年全球因能源使用所造成 274 億噸二氧化碳排放量的 23%。

車輛成長

2010 年全球有 70 億人，6 億輛車。但各國汽車普及的程度大不相同，普及率最高的是美國，每 1,000 人有 750 輛車，澳洲 620 輛，日本與歐盟國家在 450 輛到 550 輛之間。目前中國每年新車增加量已經超過美國，成為世界第一，2011 年中國新車增加超過 1,000 萬輛，而美國為 950 萬輛左右。預測中國到 2020 年總共有 1.5 億輛車，與美國的 2.2 億輛不遑多讓。

印度塔塔公司近年推出售價 1,300 歐元（折合新台幣 50,000 元）的 Nano 車型，聯合國 IPCC 現任主席 Achauri 身為印度人，卻說印度推出這種小車對他而言簡直就是一場惡夢。目前也有人估計中、印兩國到 2050 年將擁有 10 億輛以上的車，比目前全球車輛還多出 6 成。

以中、印兩國人口 2050 年預估 30 億人計算，10 億輛車也不過是每 1,000 人擁有 330 輛，還不到目前美國普及率的一半，僅達到目前東歐國家的普及率，達到這個數字的可能性是很高的。

美國目前有 2.2 億輛車，其二氧化碳排放量占全國碳排放的 20%（美國全年碳排近 60 億噸，車輛碳排約 12 億噸）。中、印兩國到 2050 年若真擁有 10 億輛車，即使車輛使用汽油的效率大幅增加，其碳排量之大仍將難以想像，無怪 IPCC 主席認為這將是一場惡夢。

航空碳排

談完了陸上跑的車，我們將注意力移轉到天上飛的飛機。

航空業在近年也有飛躍的發展，從累計航程（「乘客公里」計算）檢視，1950 年全球航程為 280 億乘客公里，2005 年是 3.7 兆乘客公里，成長 130 倍。

但稍可慶幸的是飛機製造商也一直提升飛航效率，雖然從 1990 年到 2007 年為例，乘客公里數增加 55%，但二氧化碳排放只增加 8%。

而開發中國家仍是航空業成長的主要來源，光是中國目前正在新建／擴建的機場就高達 168 座。

估計到 2050 年時，全球能源碳排中，航空業的貢獻將由目前的 3.5% 成長為 15%。

3.3　油氣的蘊藏與生產

原油蘊藏與生產

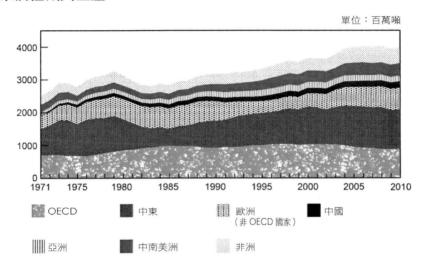

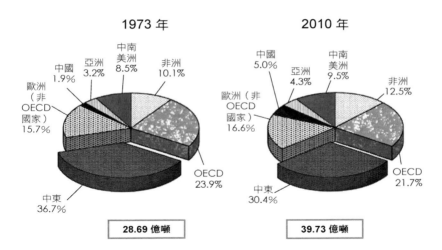

圖 3-1　1973 年－2010 年原油產量

資料來源：IEA, Key World Energy Statistics (2011)
彩圖詳見 P362

　　圖 3-1 是近 37 年的全球原油生產情況，原油生產在這 37 年增加近 4 成，但不變的是中東與前蘇聯集團仍占全球原油產量 50%，若加上非洲及拉丁美洲，更占全球產量的 70%，換句話說，石油生產是高度集中的。

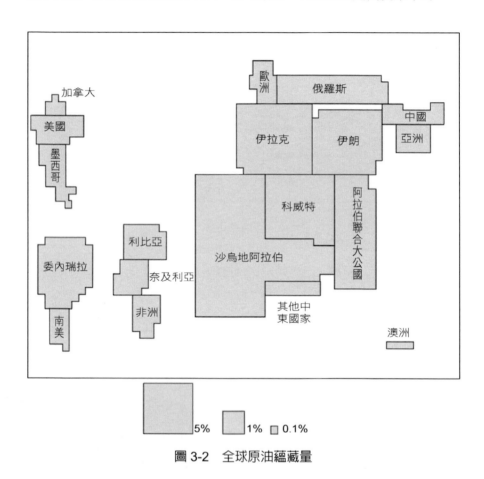

圖 3-2　全球原油蘊藏量

資料來源：V. Smil, Energy at the Crossroad（2005）

　　更令人擔心的是，原油的蘊藏量更為不均，從圖 3-2 全球原油蘊藏量的地圖可以發現，雖然中東地區的面積不大，但在原油蘊藏量地圖上的面積卻非常大。另外，由此圖也可以看出，許多原油輸出國都位於政治不穩定地區，也因此引發許多地緣政治的問題。

天然氣蘊藏與生產

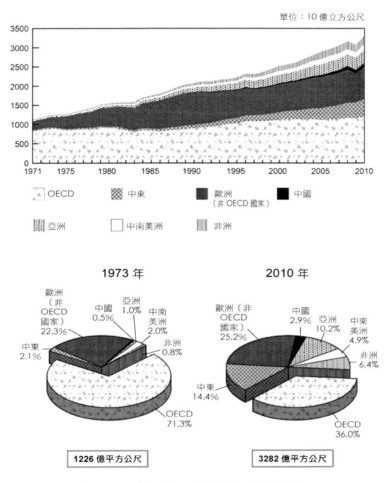

圖 3-3　1973 年－2010 年天然氣產量

資料來源：IEA, Key World Energy Statistics（2011）
彩圖詳見 P363

　　圖 3-3 為過去 37 年全球天然氣的生產量，石油數量在過去 37 年只增加了 38%，但天然氣產量卻大幅增加了為 2.7 倍，主要原因在於天然氣發電在過去 37 年大幅成長。

天然氣在全球能源供應占了越來越重要的地位，天然氣在全球的蘊藏量也是極端不平均。蘊藏量最高的三個國家俄羅斯（27%）、伊朗（16%）及卡達（15%）就占了近全球儲藏量60%，第四位的沙烏地阿拉伯只占4%，全球其他國家加起來也還不到40%，所以天然氣供應的穩定性也頗令人質疑。

化石燃料蘊藏量

全球能源十分倚賴化石燃料（煤、石油、天然氣），化石燃料總共提供人類90%的能源需求，這就不免令人擔心到底化石燃料的蘊藏量到底可以用多久。

煤礦蘊藏量特別豐富，依目前全球煤礦消耗量計算，提供人類一、兩百年使用應無問題，所以全球的注意力都集中在石油和天然氣。

對化石燃料蘊藏量的討論，除了擔心文明社會是否會因化石燃料的枯竭而無法持續外，另有一個重要原因是氣候暖化的考量。

有不少對化石燃料蘊藏量採取悲觀態度的學者，反而對暖化採取相對樂觀的態度，認為因為化石燃料無法維持太久，所以在化石燃料使用殆盡後，大氣中的二氧化碳濃度只會到達450ppm（ppm指100萬分之1，450ppm指0.045%），這低於所謂維持在工業革命前兩倍的560 ppm（許多團體建議的減碳目標），這種說法認為化石燃料消耗殆盡會發生在暖化進一步惡化之前。

因此，研討化石燃料的蘊藏量除了有經濟上的原因外，也有環保上的考量，更值得我們好好研討此一議題。

赫伯理論

我們從石油談起，因為石油仍是目前交通上無法輕易取代的燃料。

討論石油的最終蘊藏量離不開赫伯理論（Hubbert Theory）。

許多人認為赫伯在1960年代成功預測美國石油的高峰值，他認為美國的石油產量在1970年達最大產值，之後就會年年下降。回顧赫伯的預測，雖然他對高峰值產生的年代掌握較為精確，但對美國石油的高峰值產量卻低估20%（見圖3-4）。

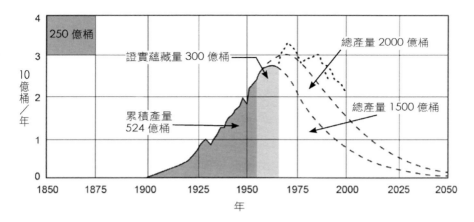

圖 3-4　赫伯預測美國石油產量高峰值

資料來源：丁仁東，能源危機（2009）

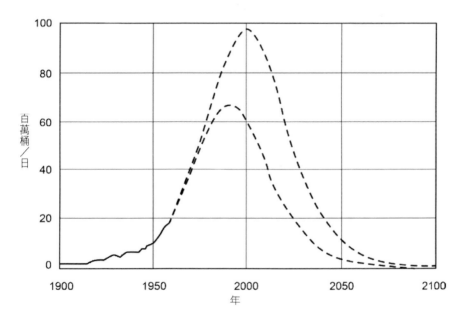

圖 3-5　赫伯預測全球石油產量高峰值

資料來源：V. Smil, Energy at the Crossroad (2005)

　　赫伯也用同樣的方法預測全球石油產量的高峰值（見圖 3-5），以每天石油產量為 6500 萬桶或 1 億桶兩種高峰值曲線來預測。他認為從 1970 年算起，人類最多在 40 年內就會用盡全球的石油。1970 年到今天也已經 40 年了，現在還是有許多人預測再過 40 年就會耗盡所有石油。

　　赫伯針對美國石油高峰值的預測頗為準確，但預測全球石油高峰值失誤的原因不難理解。美國是全球探勘最詳盡的地區，但美國雖大，也只占全球面積的 2%。地球其他 98%的面積有許多人類從未探勘的地區，赫伯應用有限的全球探勘資料預測全球石油生產高峰值未免失準。

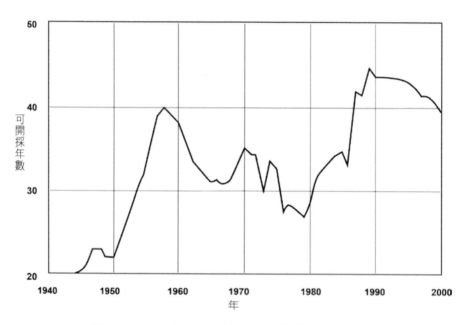

圖 3-6　1950 年－2000 年當年石油使用年限預測

資料來源：V. Smil, Energy at the Crossroad（2005）

　　圖 3-6 是 1950 年到 2000 年間《石油天然氣雜誌》預測的石油耗盡年限，每年都預測 40 年左右石油就要耗盡。人們對油價的預測也同樣的離譜。

油價預測失準

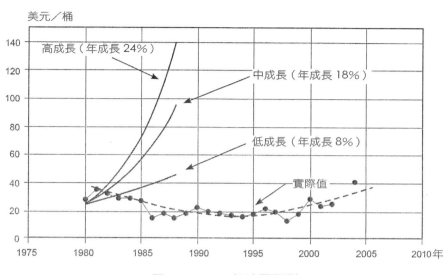

圖 3-7　1980 年油價預測

資料來源：H.C. Hayden, The Solar Fraud (2004)

　　在 1980 年代初第二次石油危機時，對油價走勢有各種預測。當年 1
桶油價約 25 美元，高估者認為每年油價會成長 24%，到 1987 年每桶油價
將高達 140 美元。低估者也認為油價會每年以 8% 成長，到 1987 年每桶油
價為 45 美元。取其中者認為每桶油價在 1987 年會漲為 90 美元（見圖 3-7），
但數字會說話，從 1980 年到 2005 年的油價保持相對穩定，每桶很少超過
30 美元。

高峰值預測困難

　　石油和天然氣的最終蘊藏量、高峰值及使用年限等都不易預測，有幾
個主要原因：

1. 尚未探勘的地區仍多

地球有許多地區還沒探勘，所以沒有準確的數據來進行預測，比方北極冰洋下方可能有相當大的油氣儲存，但從未進行探勘。

2. 開採技術的提升

以往石油公司開採石油時，每 3 桶原油蘊藏量只能開採出 1 桶的原油，現在已進步到 2 桶，所以即使石油蘊藏量不變，可開採量及使用年限都將倍增。

3. 需求改變

人類的科技不斷在進步，能源使用效率也在提升。效率越高，使用能源相對越少，使用年限就有機會延長。另外價格若因供需不均而上漲，也使人們更加節約能源或尋求提代方案。

4.「非傳統」油、氣的使用

非傳統的石油包括加拿大阿伯特省藏量極為豐富的油砂及美國中西部猶他州等地有大量蘊藏的油頁岩。油砂及油頁岩的石油蘊藏量均約為全球原油蘊藏量的兩倍，兩者只要油價分別在每桶油價 50 美元及 100 美元以上就具有經濟開採價值，換言之，此舉可以將石油可用量由 40 年延長為 200 年。

最近幾年，天然氣開採技術有極為重大的突破，已能在頁岩中開採天然氣，美國的天然氣蘊藏量也因此一舉超過俄羅斯成為世界第一。

世界能源總署更在 2009 年估計，因此一技術之突破使全球傳統加非傳統天然氣蘊藏量增為 3 萬兆立方英尺，依目前全球天然氣消耗量來看，還可以維持 200 年以上。從經濟的角度來看，化石燃料的豐富蘊藏量對人類而言是大好消息，但從氣候角度來看，如果人類繼續大量依賴化石燃料，暖化問題將更難解決。

第二篇
減碳與調適

4. 減碳總論

5. 電力減碳

6. 交通減碳

7. 氣候工程與暖化調適

第 4 章

減碳總論

4.1　為什麼要減碳

　　第一篇討論能源，因電力、石油和天然氣占能源消耗的大宗，全球能源有 80%來自化石能源，石油和天然氣本身就是一次能源，而二次能源的電力燃料來源中，化石能源（煤、油、氣）也占 2/3 以上（詳圖 2-1），非化石能源（核能、水力、再生能源）只占了 1/3。所以全球能源 80%是來自化石能源。

　　不過燃燒化石能源除了釋放熱能外，也會產生二氧化碳，這可以從產生能量最主要的化學反應式來解釋：$C+O_2 \rightarrow CO_2+$ 熱能。

　　這個反應式表示 1 個碳原子（C）在燃燒時與 2 個氧原子（O_2）結合時會形成 1 個二氧化碳（CO_2）分子，並釋放出熱能。

　　煤礦、石油和天然氣都是含碳量豐富的化合物，人類使用這些燃料利用其熱能的主要「副產品」就是二氧化碳。全球經濟年年成長，能源消耗也年年增加，二氧化碳排放無可避免的隨著經濟與能源的增長而成長。

　　全球能源排碳在過去 36 年間幾乎倍增（見圖 2-4），但很不幸的，二氧化碳是一種溫室氣體，許多人認為二氧化碳的年年增加，造成過去一世紀以來的全球暖化，因而擔心如果未來百年全球人口持續增加，經濟持續成長，能源消耗與二氧化碳排放如亦步亦趨的增長，則全球很可能會持續暖化，隨之引起的氣候變遷極可能對未來世界帶來極大的災害。既然二氧化碳是引起全球暖化的「元兇」，而能源使用又是二氧化碳排放的主因，全球注意力不免都集中在如何減低因能源使用所造成的碳排。

本篇就從這個角度出發，探討目前全球較為重要的減碳手段與方法。第 4 章先就各種最主要的減碳方法作一較全面性的討論。第 5 章則討論電力部門減碳的主要方法。第 6 章討論運輸部門減碳的主要方法。第 7 章討論除了減碳外，抗暖化的其他方案（氣候工程）及人類應如何適應將來暖化後的世界。

4.2　楔形減碳方案

以下借用討論減碳十分著名的「楔形」（Wedge）減碳方案來全面檢視各種減碳手段。

2004 年美國普林斯頓大學的兩位教授蘇可羅（Rabert H. Socolow）及巴卡拉（Stephen W. Pacala）綜合當時全球的減碳科技，提出了一個十分著名的「楔形」減碳方案。

在討論楔形減碳方案前，必先討論減碳的計量單位。多半時候人們討論減碳是指減少二氧化碳排放，但有時人們談到減碳是指減少碳（C）的排放。原因在於碳循環中，碳不見得是以二氧化碳的形態出現。碳有時以甲烷　（CH_4，天然氣的主要成分）的形態出現，生物界的碳循環又常以葡萄糖　（$C_6H_{12}O_6$）的形態出現。在岩石或海洋生物的外殼中又是碳酸鈣（$CaCO_3$）的型態出現。所以如果討論減碳，有時也會以碳為單位。碳的分子量是 12，二氧化碳的分子量是 44，所以減碳的兩種單位間有簡單的轉換關係。

減 1 噸的碳等於減 3.67 噸的二氧化碳。

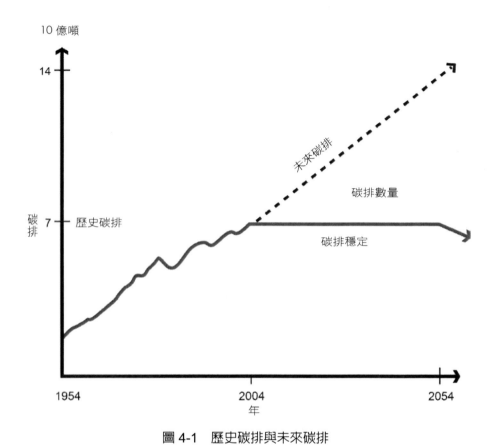

圖 4-1　歷史碳排與未來碳排

資料來源：Science 13, S. Pacala & R. Socolow, Stabilization Wedge (2004)

　　在 2004 年，蘇可羅和巴卡拉兩位教授發表論文時，全球二氧化碳排放約為 260 億噸，以碳排放計算約為 70 億噸（見圖 4-1），如果人類沒有加強進行減碳努力，到 50 年後的 2054 年全球碳排將倍增為 140 億噸，將使全球暖化更加惡化。如果人類要控制到 2054 年的排碳量與 2004 年相同，表示 2054 年每年積極減碳量與不積極減碳的情境相較，就必須減碳 70 億噸。

　　因此，人類到底有多少方法可以減碳 70 億噸就成為該文的討論重點。雖然減碳有許多手段和方法，不過許多建議基本上只能算「微量」減碳，起不了太大作用。該論文討論 7 種在 2054 年時每年有潛力減碳 10 億噸的方法，如果這些方法能夠成功，人類就有希望在 2054 年每年減碳 70 億噸

（見圖 4-2），這 7 種減碳手段有如 7 個楔子插入於 2004 年到 2054 年之間，所以一般通稱為「楔形」減碳方案。

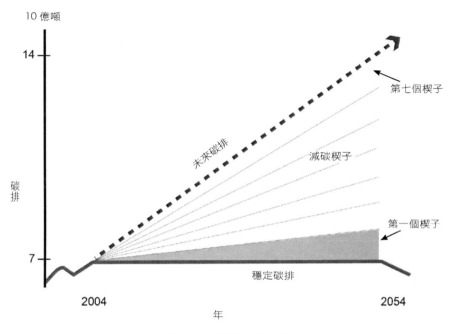

圖 4-2　楔形減量方案

資料來源：Science 13, S. Pacala & R. Socolow, Stabilization Wedge (2004)

　　「楔形」減碳方案提出 5 大類共 15 種可以大量減碳的方法（詳圖 4-3），分述如下：

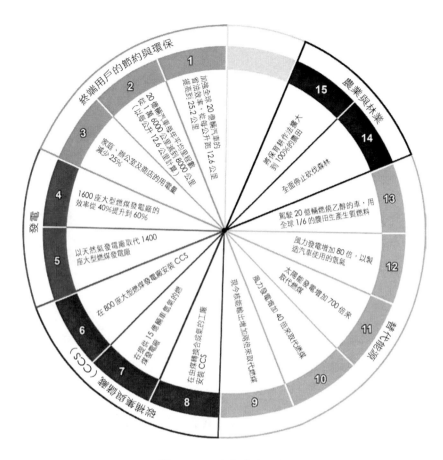

圖 4-3　15 種減碳方案

資料來源：蘇可羅（Robert H. Socolow）、巴卡拉（Stephen W. Pacala），〈控管碳排放
　　　　15 對策〉，科學人雜誌第 56 期（2006）

一、終端用戶的節能

　　1. 全球汽車效率加倍（耗油量減半）

　　2. 全球汽車每年開車距離減半

　　3. 住商部門每年用電減少 25%

二、發電部門減碳

　　4. 將 1600 座大型基載燃煤機組（每機組功率為 1,000MW 或 1GW）
　　　 效率由目前 40% 增加為 60%

　　5. 以天然氣機組取代 1,400 座大型基載燃煤機組

三、碳捕捉與封存（CCS,Carbon Capture and Storage）（於 5 章詳細討
　　論）

　　6. 在 800 座大型燃煤機組加裝 CCS

　　7. 假設 2054 年全球有 15 億輛氫氣車，製造這些氫氣所需之燃煤
　　　電廠均加裝 CCS

　　8. 在每天製造 3,000 萬桶由煤轉換為合成燃料（Synfuel）的工廠
　　　加裝 CCS

四、替代燃料

　　9.　 核能電廠倍增，取代燃煤電廠

　　10.　風力發電增加 40 倍，取代燃煤電廠

　　11.　太陽能發電增加 700 倍，取代燃煤電廠

　　12.　風力發電增加 80 倍，產生電力製造氫氣（供氫氣車使用）

　　13.　全球 1/6 農田改種植可製造乙醇的植物供給 20 億輛車使用

五、農業與林業

　　14.　全面停止砍伐森林

　　15.　全球農田改為保育耕作

　　蘇可羅和巴卡拉兩位教授認為以上 15 種方法都有潛力在 2054 年每年
減碳 10 億噸，人類只要採用其中 7 種或混合採用 15 種方法即可達成 2054
年減碳 70 億噸的目標。

　　這篇論文基本上是採取由上而下（Top down）的分析。先假設這 15
種方法都可達到年減碳 10 億碳，再研討為了達到這個目標，今日必須採
取何種行動。至於這些行動是否可達成，則不在討論範圍。這種由上而下
的討論實在太輕鬆了。但減碳真正困難之處在於以由下而上（Bottom up）
來分析這些行動是否真正可行。

4.3　楔形減碳方案檢討

　　上述 15 種方法有許多是頗具技術性，在此暫且擱下，只暫舉兩項較
簡單方法予以討論。

停止砍伐森林

　　一是從今日起全面停止砍伐森林。每個人都知道樹木成長是依靠光合作用。光合作用除了陽光，最重要就是吸收大氣中的二氧化碳，所以樹木在成長的過程有很大的減碳潛能，也就是所謂的「碳匯」。今日全球許多地方因人口成長，人類為增加農地而砍伐森林，並就地焚燒樹木，將樹木數十年或數百年來因光合作用而儲存的碳轉成二氧化碳回歸大氣，砍伐森林是人類除了使用化石燃料外增加大氣中二氧化碳的最主要原因。

　　世人是非常了解砍伐森林對環境的影響，既使拋開森林具有大量碳匯的功能，破壞森林對生物多樣性也有不可挽回的負面影響。數十年來各國一再呼籲停止砍伐森林都徒勞無功，無法阻止熱帶叢林的破壞。蘇可羅和巴卡拉的論文中輕易用「從今日起全面禁止砍伐森林」帶過，並寄望 10 億噸的減碳功能於此，不免昧於現實。

核能電廠倍增

　　二是核能電廠倍增，論文中認為單只此一項手段就足以減碳 10 億噸，這一論述十分正確。但如果這麼輕易能減碳 10 億噸，何不將目前全球核能電廠增加 3 倍，豈不是能減碳 20 億噸，為何要劃地自限只求核電倍增？

　　核電對減碳貢獻極大無庸置疑。IPCC 認定今日全球 440 個核能機組每年對二氧化碳減量貢獻為 22 億到 26 億噸，即減碳近 7 億噸。核電倍增對全球減碳有絕大助益也是不爭的事實。

　　但回到現實世界，全球核電倍增談何容易。全球反核力量還不夠強大嗎？不要說核電倍增，就是要維持現有的核電機組都困難重重。全球 440 核電機組中，美國占 104 個，即使考慮延役 20 年，這些機組大半也將於 2030 年左右除役，目前美國並沒有計畫進行大量新建核電機組來取代現有機組除役後之核電缺口。在福島之後宣布放棄核能的國家也不在少數，德國、瑞士、義大利就是明顯的例子。日本是否會繼續發展核電也不確定，更不用說台灣了。

現實世界中反核力量如此強大，到 2054 年能維持目前核電機組數目都要經過極大努力，意圖以核能發電倍增以求減碳 10 億噸，絕對不是一廂情願就能達到的。

以上僅舉毀林、核電兩例就可知道由上而下的分析，最多只能視為一種「期盼」。減碳是否能成功，更重要的是一步一腳印的由下而上檢視，尤其要針對不同國家分別討論。由上而下分析大多未能經得起由下而上分析的檢驗。

楔形方案不切實際

由以上簡單討論可以發現一個現象：今日有太多人無法理解全球減碳的艱鉅困難。常常提出各種洋洋灑灑的減碳方案，並斷言大量減碳科技都已齊備，能否達到減碳目標只是「意願」問題，是所謂的「不為也」，而不是「不能也」，這是非常嚴重的誤導。

蘇可羅和巴卡拉兩人的楔形減碳論文在全球產生很大的迴響，但也遭到極大的質疑與挑戰。2008 年巴卡拉接受訪問時坦承這篇論文有其政治目的。當年發表論文是為了反對布希政府的能源與氣候政策，沒想到竟發揮極大的影響力，誤導了許多人。

減碳抗暖化當然是人類應該努力的目標，如何有效達到這個目標是一個非常嚴肅的問題，一廂情願的認為目前科技已足以達成減碳目標不但於事無補，還可能導致嚴重的資源不當分配。

4.4　增加能源效率

許多人都以為增加能源使用效率將導致能源使用減少，並認定這就是減少二氧化碳排放的妙方，但事實並非如此。在 19 世紀，一位英國經濟學家就發現，能源使用效率越高，反而會導致能源使用總量增加。

GDP、能源與碳排

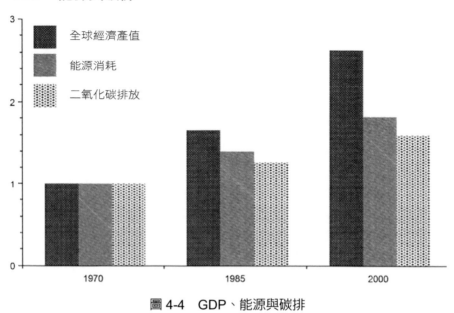

圖 4-4　GDP、能源與碳排

資料來源：T. Volk, CO$_2$ Rising (2008)

　　圖 4-4 比較 1970 年、1985 年、2000 年的全球 GDP、能源總消耗量及二氧化碳排放量，並將三者在 1970 值均定義為一單位。由圖可以很明顯看出能源密集度是一再下降。每單位 GDP 的能源消耗一再減少，表示能源使用效率雖然一直進步，但全球能源消耗卻一路攀升，最主要的原因是 GDP 的成長比能源密集度的降低速度還快。

　　我們可以舉一個簡單的例子，汽車發明百年以來，汽車每公里的耗油量是年年減少，但導致的結果是因為每公里駕駛成本降低，使人們增加車輛使用及行駛距離。

　　以美國為例，2005 年汽車的效率較 1960 年增加 40%。但比較這兩年的數據發現，每輛車每年平均行駛里程在 1960 年為 15,000 公里，在 2005 年增為 20,000 公里。在 1960 年平均 3 人擁有一輛車，在 2005 年也成為 2

人擁有一輛車。結果是每人每年使用汽油量增加 25%。此外，美國人口在這 45 年也增加約 70%，結果是雖然汽車效率增加 40%，但全美汽車耗油量反而近乎倍增。美國汽車耗油的例子就是全球能源使用的一個縮影。

以過去百年的經驗顯示，全球能源使用效率每年平均進步約 1%，除了交通工具如汽車、飛機外，主要就是家電及工業用電氣、機械設備如馬達等的效率年年進步。但百年來全球人口增加了 4 倍，而人均能源使用增加了 4 倍，這使全球能源使用增加了 16 倍。

中國則是另一個例子。

中國在 1980 年到 2000 年間的能源密集度（Energy Density）降低了 50%，這表示每單位 GDP 的能源消耗在 2000 年只有 1980 年的一半。能源使用效率之所以倍增，主要原因是改革開放前所建效率極差的電廠、工廠淘汰改建為高效率電廠及工廠。但雖然能源密集度倍增，這 20 年間中國人均能源消耗並沒有因此減少，反而增加 4 倍，表示即使這 20 年中國人口不增加，能源總消耗量也增加了 2 倍，再加上人口成長使能源使用量增加更多。

展望未來，在科技持續進步下，人類能源使用效率必將年年進步。但在人均能源消耗及人口持續成長的情景下，單靠能源使用效率進步並無法減少全球能源消耗及二氧化碳排放。

電力減碳

5.1 風力發電

在第 4 章的楔形減碳方案中,再生能源是十分重要的一部分。如果將能源消耗分為電力及石油兩部分,再生能源對兩大部分的減碳都有貢獻。以電力而言最重要的就屬風力發電及太陽能發電;以石油而言最主要的就是生質能。本章前半將探討再生能源對電力減碳的潛力,生質能則在第 6 章討論。

風力發電風起雲湧

目前全球風力發電遠較太陽能發電風行,主要原因在於陸上風力發電價格遠低於太陽能發電,與傳統火力發電相較已有相當程度的價格競爭力,無怪乎在全球大行其道。

到 2009 年底為止,全球風力發電裝置容量已達 160GW(光是 2009 年一年即增加近 40GW),這是非常驚人的數字。1GW 是 1,000MW(100 萬瓩),相當於一部核能機組單機容量,也與目前全球最大火力發電機組單機容量相當。不過全球電廠總裝機容量約 4,000GW,風力發電只占了 4%。但要特別注意的是,因為風力發電無法全年不停發電,不但無風不能發電,就算有風,風速也要達到一定標準以上才能發電。全球平均風力發電容量因數只有 25% 到 30%,所以風力發電裝置容量雖已達全球電力裝置容量的 4%,其發電度數只占 1.5% 左右。英國在 2008 年為止總共裝置 2,400 台風機,總發電量只占全國用電的 1.3%。

　　到 2011 年全球風力發電裝置容量最多的是歐洲，幾占全球一半。美國、中國分居第二名、第三名，裝機容量約 50GW 及 25GW。歐洲風力發電如此風行有其地理因素，歐洲緯度處西風帶，風力資源十分豐富。全球風力資源最豐富的地區分別為北歐，南美最南端，澳洲外海、美國大湖區及美加東北角及西岸，亞洲相對而言是風力資源貧乏的地區。

　　到 2011 年風力發電單機最大容量約 5MW，其葉片直徑 125 公尺，高度 150 公尺到 180 公尺，如此巨大的風車主要裝設於外海。陸上風力機的單機容量約 2MW，葉片直徑 80 公尺，高度 120 公尺。

　　風機選址有相當的限制，一方面風場要好，其次因為風機十分巨大，能否運輸巨大葉片也是重要考量，另外，風場是否接近輸電線也很重要，否則另建輸電線又是一重大投資。

單位面積功率密度

　　風力發電機之所以龐大，主要原因是風力發電機的發電功率和風車葉片掃過的面積成正比（與葉片直徑 D 平方成正比）。如果風車葉片的直徑增加 1 倍，發電功率就會變成原來的 4 倍。但風車葉片的長度無法無限制加長，因為有技術上的限制。葉片材料需要的強度與直徑成三次方的關係，葉片越長對材料強度的要求越高，有許多人認為風機大小已漸趨極限，吾人可拭目以待 10MW 風機出現的時間。

　　此外，也有人以為同樣面積的土地，若裝設大風機比裝設小風機就可以發更多的電，不過實際上並非如此，主要原因是風機之間不能太靠近，以免對位於下風的風機造成干擾。一般而言，風機間距離在主要風向約需 10D，在垂直方向的距離約需 3D，所以一個風機佔地面積也與葉片直徑成平方關係。換句話說若葉片長度增加 1 倍可以讓發電功率增加 4 倍，但風機所占面積（若有兩部風機以上）也成原來的 4 倍，所以只是發展越來越大的風力發電機並不見得可以讓同樣面積的土地風力發電量增加。所以我們說風場單位面積的功率（Power Density）是不變的。單位面積功率也就是所謂的功率密度（Power Density），這是一個非常重要的觀念。

風力功率密度低

與火力電廠或核能電廠相比，再生能源（不論是風力或太陽能）非常大的劣勢就是功率密度太低。也就是說，如果要有與核能或火力同樣的功率、再生能源相對需要極大的土地面積。

以台中火力發電廠為例，全廠面積約 300 公頃，目前有 10 部 55 萬瓩（550MW）的火力機組，全廠功率為 5,500MW，每年發電 400 億度，占全年系統發電 20%。台中火力發電廠功率密度為 5,500MW/300 公頃＝1800W/m²。

核能電廠功率密度也很高，以核四廠為例，每部機組裝置容量為1,300MW，占地 1 平方公里，功率密度為 1,300W/m²。

另一個風力發電無法與其他發電相比的原因是容量因數（Capacity Factor）。容量因數是指每年有多少時間可以用電廠額定的最大功率全力發電。核能廠與火力廠只要燃料供應充分，可以每年 365 天，每天 24 小時不停的發電。每年總發電時數 8,760 小時，核電廠及燃煤電廠連續運轉超過一年而達 10,000 小時以上才停機大修是十分正常的事。以台電三座核電廠六部機組為例，每年容量因數都在 90%以上，燃煤火力電廠容量因數都在85%以上。火力電廠與核能電廠的功率密度在考慮容量因數後將分別為1,500W/m² 及 1,200W/m²。

風力發電每年運轉時間約 25%～30%，即使有風也不是都處於最大額定功率，風大時功率高，風小時功率低。以 2007 年英國風力發電的數字來看（見表 5-1），即使在最好的風場，容量因數也不過 26%而已。

表 5-1　英國風力發電統計（2007）

	發電度數（億度）	容量因數	占總發電*比例%	5 年平均容量因數
陸域	45	27.5%	1.1	26.4%
海域	8	25.6%	0.2	26.4%
總計	53	26.6%	1.3	26.4%

*英國全年發電 3400 億度，風力發電占 53 億度
資料來源：J. Etherington, 2009, The Wind Farm Scam

　　考量風力發電的容量因數後，統計美國目前陸上風力發電的功率密度，都在 1.1W/m² 及 1.2 W/m² 之間，這是在最好的風場的最佳功率密度，與火力及核能發電相較，功率密度差了 1,000 倍。

　　表 5-2 為美國 5 個風力發電場址的功率密度資料，與美國環保署（EPA）估計 1.23 W/m² 相近。

表 5-2　美國風力發電功率密度

	風場	裝置容量	功率密度
1	Navitas／明尼蘇達州	130.5MW	1.13 W/m²
2	Chanarambie／明尼蘇達州	91.5MW	1.22 W/m²
3	Lamar／科羅拉州	162MW	1.01 W/m²
4	Altament Pass／加州	268MW	0.17 W/m²
5	Big Spring／德州	34MW	0.51 W/m²

資料來源：H. C. Hayden, The Solar Fraud (2004)

　　風力發電功率與風速三次方成正比，一般風力發電機設定在風速每秒 12 到 13 公尺時的功率最大，所以風機即使在風速每秒 2 或 3 公尺就可以運轉，但功率極低，風速每秒 6 公尺時功率也不過是額定功率的 1/8，在風速超過每秒 25 公尺時為避免風機損壞，還得停止運轉及發電，所以風機雖在運轉，但有相當多的時間並不是處於發電功率最大的狀態，這也影響到其發電能力。

台灣風力發電潛力

　　2009 年第三次全國能源會議資料顯示，台灣適合風力發電的陸地風場可以裝置 1,000 台 1MW 級的風力發電，總裝置容量為 1,000MW。適合風力發電的近海風場（小於 20 公尺深）可以設 400 台 3MW 級的風力發電，總裝置容量為 1,200MW。

　　但陸上與海上的占地面積各將近 250 平方公里，以容量因數 30% 計算，每年可發 60 億度的電。核四廠兩部機占地 2 平方公里，裝機容量為 2,700 MW，每年容量因數以 90% 計算，每年可發 200 億度的電（約台灣用

電量 10%）。核能廠 2 平方公里，每年可發 200 億度的電，相較之下風力發電占地 500 平方公里只能發 60 億度的電，兩者差距近千倍，最主要原因就是風力發電功率密度太低。

台灣目前年用電約 2,000 億度，每年用電成長如果為 3%，每年用電成長約 60 億度。

由此可知，即使台灣全島陸地及近海具風力發電潛能的地區全部予以開發，也只能勉強應付台灣一年的用電成長。風力發電對台灣這種土地資源極為匱乏的國家減碳的幫助十分有限。

此外，在討論風力及太陽能等再生能源時要特別留意功率／裝置容量（瓩）和能量／發電度數（瓩－小時）的區別。因為再生能源容量因數都遠低於火力及核能發電，所以其裝置容量都必須打折才能和核能、火力發電裝置容量相比較。風力發電容量因數通常有 30%，若風力發電裝置容量占全系統裝置容量的 10%，其發電度數不到總發電度數的 4%，這是在研討再生能源時許多人常有的盲點。

風力發電調度困難

風力發電還有幾個問題值得研討。再生能源基本上是靠天吃飯，人類無法掌控何能有風何時沒風，風力發電是種人類無法「調度」的發電方式。

一般而言，夏季最炎熱的時候用電量最高，所以電力公司總裝置容量是以應付夏季尖峰發電為基準來建設。但夏天白日通常是全年風力最小的時候，風最大的時刻是冬天夜間，也是用電量最低的時候，所以風力發電的裝置容量對提供夏日尖峰供電的貢獻極為有限，以德國為例，只能以風力發電額定容量的 9%來計算其夏日發電貢獻。換句話說，若每年尖峰用電成長 1,000MW，新建一座 1000MW 的火力或核能電廠即可應付當年的尖峰需求。但若新建 1,000MW 的風力發電，電力公司只能算尖峰能力增加90MW。以台電過去數年資料顯示，風力發電占夏季尖峰能力只能以 6%計算。

以供電品質而言，風力發電對電力調度單位簡直是個惡夢。當下有風並不表示下一小時也有風，甚至不能保證下一分鐘有風，也使得風力發

十分不穩定。一般家庭說不定還能忍受燈光時亮時暗，許多高科技工廠對電力品質要求極嚴，電壓及頻率要控制在極為精密的範圍內才能保證產品的品質，電力調度單位如何因應風力發電以保持全系統的電力品質是一種全新的挑戰。

　　台灣目前風力發電只占很小比例，對全系統還未造成備用機組的問題，但在國外這已是一討論熱烈的議題。風力發電若占電力系統一定比例以上（20%），則因風力的不穩定，對全系統的穩定就會造成很大的影響。

丹麥的特殊條件

　　丹麥是目前世界上風力發電的模範生。丹麥風力發電提供全國 20% 的電力，許多人常以丹麥為例，認為全球各國都可以大力發展風力發電。

　　實際上丹麥是一個很特殊的例子。首先丹麥地理環境非常適合發展風力發電，丹麥處於北海風場極佳的位置。另外，丹麥是小國寡民，全國電力裝置及發電量都只有台灣的 1/5，是一個非常小的電力系統，因此每年風力發電雖然只有 80 億度，卻占丹麥全國用電的 20%。

　　此外丹麥風力發電 20% 並未造成系統不穩定的原因在於丹麥電網與北歐電網連結成一個大電網。北歐國家的水力資源十分豐富，水力又是一種最容易調度的發電方式，這就是為何各國都以水力發電作為尖載發電的原因。挪威水力發電幾乎占了 100%，瑞典則有 50%，當丹麥電網連結上調度非常靈活的北歐電網，其風力發電占整個北歐大電網的比例就非常低，這也使丹麥得以全力發展風力發電。

　　台灣是個島嶼，電網完全獨立。對發展風力、太陽能等再生能源，條件自然比不上丹麥。另外，丹麥為了鼓勵再生能源，其電費是台灣的五倍，這也是許多人所不知道，可能也不願意負擔的。

風力發電備用機組

　　在一個獨立電網，如果風力發電占了相當的比例，為避免有風有電、無風無電的窘境，最可行的方法是增設容易升降載的氣渦輪機（Gas

Turbine）。這些為了風力發電而增設作為「備用」的機組必須處於「熱待機」的狀況，隨時配合風力的有無時而發電，時而停機。不過這種以氣渦輪機發電的燃氣機組會增加許多成本。

首先氣渦輪機若連續運轉，可以達到一定的發電效率，但若為了配合風力發電時動時停，則效率必然會急速降低，並對機組性能及壽命造成不良影響。

以資本投入而言，不只先要建燃氣機組，天然氣發電的基礎設備——如天然氣接收站、天然氣輸送管線也要一併投資，電廠運轉人員也必須隨時待命。但這些投資又在低效率之下運轉，其投資報酬率及自償年限都因配合風力發電而變得極端不利，這類的成本自然應加在風力發電的成本上。

前面已討論過在夏季尖峰發電時，風力發電裝置容量必須折算其尖峰能力，所以對於一個電力系統的總裝置貢獻很小。除此之外若還要增加上述的氣渦輪機來配合因風力發電而產生的調度需求，則全電力系統恐未因增加風力機組而減少了全系統的裝置容量。無怪乎國外許多電力專家一再指出風力發電不能計算其裝置容量（功率）只能計算其發電度數（能量），Energy, not Power。

風力發電成本

風力發電裝置成本和發電成本近年來都有相當程度的降低，目前在陸地上的裝置成本每瓩約在 1,000 到 2,000 美元之間。若裝置成本 US$1,000/kW，在容量因數為 25% 的基礎上，每度電的發電成本約為 1.4 元台幣，與燃煤發電（每度 1.3 元）的成本已十分接近，具有相當的競爭性，若裝置成本為每瓩 2000 美元，則發電成本將倍增，不過仍比天然氣發電成本低。

目前許多國家都大力發展海上風力發電。英國 London Array、美國 Cap Code 的裝置成本都在每瓩 5,000 美元左右，每度電的發電成本將接近 7 元台幣，與火力核能發電相較相對沒有成本優勢。

風力發電的維護

風力發電是一種需要大量維護的發電方式，一台風機的零件上萬，還有數千支螺栓（Bolt），每半年就要由人工一一檢查校正鎖緊（因風機轉動會導致其鬆動），國內外都不乏因忽視維護而導至葉片甚至風機墜落地面的事件。

風力發電對風速的要求十分嚴格，風太小不能發電，颱風來時，風機也要停止運轉。目前風機多由歐洲國家製造，但歐洲沒有颱風，日本就曾發生進口歐洲風機但因颱風損壞的例子。

風力發電的未來

綜合上述分析，風力發電因有諸多限制，在全球的發展還有待觀察。但以台灣而言，因其功率密度太低，需要極大的陸上及海上面積，也只不過提供很有限的電力，顯然不是一個可以依賴為大量減碳的方式。

以全球而言，風力發電近年發展也並非一帆風順。2007 年時美國石油鉅子 Pickens 曾大力鼓吹風力發電，宣稱將投資設立裝機容量 4,000MW 的風力發電計畫，但最後是無疾而終。英國雄心勃勃的海上風力發電計畫（London Array），預計在英倫外海投資 20 億英鎊，裝置 340 座 3MW 的風機，原投資 1/3 金額的殼牌石油公司（Shell Oil）也在 2008 年悄悄的退出投資。

2011 年在中國大陸的甘肅酒泉也發生 600 台風機脫網事故，使中國開始對風力發電「大規模，高集中」的開發模式及「大容量、高電壓、遠距離」的電力輸送模式是否合理及經濟效益展開檢討。風力發電對全球暖化的減緩有一定的貢獻，但若希望能有顯著的功效仍有漫漫長路。

5.2　太陽能發電

化石燃料不可能無窮盡的供人類開採，現在又加上暖化威脅，人類很自然會想到利用幾乎無窮無盡、沒有污染又免費的太陽能。

不錯，陽光的能量是如此巨大，太陽照射在地球陸地的能量只要 3 小時就足以提供人類全年使用的能量，因此從太陽光能轉化為電能的技術就成為大家關注的焦點。

許多人都曾使用配有光電板的計算機，微弱的燈光照射在一片薄薄的光電板就可以提供電力，但問題是計算機使用的電力極少，小小光電板就能達到電力需求。如果要靠陽光來取代大型核能或火力電廠的發電能力，人類就需要巨大的光電設備。

太陽能電池效率

太陽能發電的原理是光電效應，太陽能電池主要是利用以矽為主的半導體材料，再加上其他特定的物質，產生電位差。當一定能量的光子（大於電位差的能量）擊中太陽能電池，電子就會跳動而產生電流。

光電效應的奇妙之處在於，若光子的能量低於半導體的電位差，則再強的光線也無法產生電流。若光子的能量高於半導體的電位差，則有一部分光子的能量會產生電流，但超出電位差的能量因為無法使用而成為無效的熱能，這正是量子力學的基本概念。

陽光的波長有很大的範圍－由波長長而能量低的紅外線到可見光（紅、橙、黃、綠、藍、靛、紫的波長都不一樣），一直到波長短而能量強的紫外線。如前所述，能量低的光線無法造成電流，能量太高雖可造成電子跳動，但有相當大的能量變成無效的熱能。所以目前的太陽能電池都無法將太陽光能百分之百轉換為電能，換句話說，就是有轉換效率的問題。這就是為什麼太陽光能雖十分巨大，但只有一小部分可由太陽能電池換為電能供人類使用的原因。

目前最普及的太陽能電池還是以矽晶電池為主。矽晶電池又分為單晶矽，多晶矽及非晶矽（薄膜太陽能電池）。單晶矽效率最高，多晶矽次之，非晶矽較差。在實驗室中，其效率分別可達 25%、20% 及 15%，但在量產安裝後，其實際效率約為 17%、15% 及 12%。在全球科學家及工程師的努力下，這些數字逐年提高，但因為有量子力學理論的限制，未來效率大幅提高的空間也有限。

既然單晶矽的效率高於多晶矽，而多晶矽效率又高於非晶矽，為何工程師要開發後兩者呢？原因就在於價格。單晶矽建構於純度極高的矽晶，使用量又大，相反非晶矽的太陽能電池只需使用極少量的矽晶，所以即使非晶矽太陽能電池的效率較差，但因材料及製造價格遠低於晶矽電池，單位發電價格仍然較低，這也就是非晶矽薄膜型太陽能電池近年快速成長的原因。

在矽晶太陽能電池之外，也有化合物半導體或有機半導體等太陽能電池。目前以美國 First Solar 的碲化鎘（CdTe）最為成功，但因材料限制，日本估計到 2030 年，市占率也只有 5%，市場還是以多晶矽及非晶矽電池為主流。

太陽能功率密度

一般學術界是以 W/m²（瓦／平方公尺）作為衡量太陽能功率密度（insolation/solar intensity）的單位。太陽光在到達地球大氣層上方時的功率很強，功率密度為 1,367W/m²。但陽光經過大氣層後會因各種自然因素而減弱，所以太陽能功率到達地球表面陽光最強的赤道無雲的正午其功率大約為 1,000W/m²。但晴天才有強烈的陽光，夜晚或陰雨天或沒有陽光或陽光微弱，所以全天 24 小時在赤道地區的平均功率為 300W/m²。

太陽能功率密度在赤道地區最大，而全球平均太陽能功率密度約 200W/m²。這個數字乘上 24 小時就可以得到日平均全天空幅射量為 4,800 Wh/m²/day 或 4.8kWh/m²/day。

很多人誤以為台灣天氣炎熱，全天空幅射量必定很高，這是個誤解。全天空幅射量和雲量有很大的關係。台灣是個多雲多雨的海島，所以台灣

全天空輻射量與其他國家相較其實很低。緯度遠高於台灣的西班牙，其輻射量為 4.8kWh/m²/day，台灣只有 4kWh/m²/day，平均太陽能功率密度約為 170W/m²。因此同樣的太陽能電池，在西班牙比在台灣可多發 20%的電。也就是說，以太陽光發電，在裝置成本相同的條件下，台灣每度電的成本比西班牙貴 20%。

但在太陽光能轉換為電能的過程中，除了太陽能電池轉換效率損失外，還會有整流器等附屬元件的效率損失，線路效率損失及溫度係數損失，大約只有 10%的太陽光能可以轉換為電，所以在台灣太陽光電的功率密度只有 17W/m²。

前節曾經討論過核能、火力電廠的功率密度都在 1,200W/m² 到 1,500W/m² 之間，太陽光電與之相較單位面積的發電能力相差近 80 倍，換句話說，要發同樣度數的電，太陽光電需要比火力或核能電廠多 80 倍的土地。以人口密度極高，土地資源極為珍貴的台灣而言，太陽光電並不是一個足以依賴的發電方式。

台灣太陽能的潛力

2009 年第三次全國能源會議的資料顯示，若在全台 10%的建築物設置太陽能電池（頂樓利用率 40%計算）約可裝置 1,100MW 的太陽能電池，每年約可提供 14 億度的電。但 2010 年全台系統用電量 2,000 億度，14 億度約為 0.7%，可見太陽能發電在台灣發展的潛力有限，並非一般人想像中的樂觀。

我們試以目前全台最大的興達太陽能廠為例。興達廠占地約 10 公頃（十個操場面積），每小時可發 4,600 度電，每年可發 592 萬度電。上節提到台中燃煤發電廠占地 300 公頃，目前裝設 10 部 55 萬瓩火力機組，每小時可發 550 萬度電，每年可發電 400 億度。台中電廠比興達太陽能廠面積大 30 倍，但每年發電量大 6700 倍，表示同樣面積發電度數多 220 倍。如果要以太陽能發電取代台中電廠每年所發的 400 億度電，則占地面積就要有 660 平方公里，超過兩個台北市的面積。無怪乎國外有人說太陽能不是發電業而是房地產業，還真不是台灣這種寸土寸金的國家玩得起的。

太陽能成本

陽光發電成本也是一個值得探討議題。太陽能電池模組目前合理價格約為每瓦 2 美元，加上整流器、電線及人工費用等總安裝價格約為每瓦 4 美元。在陽光充裕地方每度電的價格 25 美分，即台幣 7.5 元，2011 年台電收購屋頂太陽光電每度在 8 元左右。

有人可能會提出去年太陽能模組已跌到每瓦 1 美元，總裝置成本也跌到每瓦 2 美元，但這種價格是在市場供需極不平衡下所造成的，全球太陽能發電業是一片慘綠，許多公司破產，顯示這種價格不敷生產成本，不足以支付一個「可持續發展」產業。故假設太陽光能「合理」價格為每瓦 4 美元並非臆測。

台灣燃煤發電過去五年平均成本約每度 1.3 元，可見目前太陽光能發電與燃煤發電的差價還是極為巨大，貴了 6 倍左右。

IPCC 數據也顯示，在總裝置成本中，太陽能模組以外的成本占了很大的比例——總成本 4 美元中，占了 2 美元。目前太陽能產業研發的重點都集中在如何增加太陽能電池的效率，如何改進太陽能電池製程來降低太陽能發電的成本。但如果模組以外的成本降不下來，即使太陽能電池本身的價格迅速下降，太陽能的發電成本仍難與傳統火力發電競爭。

若考慮容量因數，太陽能發電因為要配合太陽出現的時間，容量因數約只有 15%，與目前台電核能電廠的 90% 與燃煤電廠 85% 相比仍舊差距很大。

所以我們在將不同電廠的設置成本攤提到每度電的成本時要隔外注意，一個大型燃煤電廠的建廠成本約每瓦 2 美元，可在容量因數 85% 的條件下運轉 40 年，而太陽能裝置成本為每瓦 4 美元，但只能在容量因數 15% 的條件下運轉 20 年。在同樣的裝置容量的條件下，燃煤電廠比太陽能電廠多產生 10 倍以上的電力（度數），所以攤提每度中的固定成本時，即使裝置成本相同，太陽能仍比燃煤發電高 10 倍以上。更何況目前太陽能每瓦的裝置成本與燃煤相較還貴上 1 倍，即使加上燃料費用，每度電成本仍差了 6 倍。

太陽能依賴補貼

由以上討論可以了解，太陽能發電是一種十分昂貴的發電方式，但為了節能減碳，對抗暖化，全球許多政府（包括台灣）為了扶持太陽能產業，提出了各種補貼方案。

有的國家是補貼裝置成本，有的國家則是補貼每度電的收購價格。但問題在於太陽能發電實在太貴，許多國家在補貼數年後發現財務實在無法負擔，因而陸續削減對太陽能的補貼（包括德國、西班牙、日本），這也使太陽能製造廠商面臨銷售減少與庫存增加的經營壓力，美國 2011 年就連續有幾個大型太陽能公司破產，不但在美國國內形成政治風暴，也造成中美兩國貿易磨擦。我國目前正大力推廣太陽能產業，對此一產業乃基於「補貼」的事實，應該特別警惕。

過去數年全球太陽能裝置容量在各國大力鼓吹補助之下，每年都以30%左右的比率成長，也容易給人造成太陽能將可解決人類電力需求的錯覺，針對此點也應予以探討。

太陽能的未來

2009 全球太陽能裝置容量增加了 600 萬瓩（6GW），到 2010 全球太陽能發電裝置容量已達 2,000 萬瓩（20GW）。目前全球電廠裝置容量約 40 億瓩（4,000GW），太陽能裝置占了 0.5%，但是否表示太陽能發電度數已達全球用電的 0.5%？並非如此，全球電廠平均容量因數（基載、中載、尖載電廠）約為 60%，太陽能為 15%，所以 2,000 萬瓩（20GW）的裝置容量只能折算為 500 萬瓩（5GW）。2010 年全球太陽能發電度數大約也只占全球用電約 0.1%左右。

依國際能源總署估計，未來 20 年全球每年電廠裝置容量會增加 1.5 億瓩（150GW）到 2 億瓩（200GW）左右。2009 年太陽能新增 600 萬瓩（6GW），以容量因數折減下來也不過 100 萬瓩（1GW），期望太陽能在未來數十年取代現有火力發電，似也不切實際。

太陽能發電大量應用還有一個重要的因素限制，那就是矽晶供應量及光電板量產速度。以目前的科技，要以太陽光電取代 20%的全球電力消耗，也還需要突破生產上的瓶頸。

最後要強調的一點是與風力發電相同，太陽能也不是一種可以穩定提供電力的能源。不但夜間無法提供電力，晴天、雨天發電能力都有很大的差異。風力與太陽能等再生能源要突破此一穩定供電限制主要還是要靠「儲能」技術。但除了抽蓄發電外，人類還未發展出成本低廉而可大量儲存電能的方式，這也是未來需要努力尋求突破的技術。

5.3　核能發電

一提到核能發電，就觸動了許多人的神經。核電成為如此具有爭議性的題目，使得心平氣和的討論核電幾乎成了一個不可能的任務。

本書主要目的是討論全球暖化與能源，特別是火力發電的相關課題。但無論是暖化或是火電都與核電有直接的關係，所以不能不論及核電。但只要一觸及核電，就可能被歸類於「擁核」或「反核」。然而討論核電是無可避免的，我們還是必須正面嚴肅面對此一課題。

核電的減碳功能

第五章減碳總論中，列舉了蘇可羅和巴卡拉提出的 15 個在 2050 年有潛力減碳 10 億噸的建議，但如果仔細檢視，真正技術已成熟並在經濟上可行的首推核能發電。

一個 100 萬瓩級的核能機組，容量因數以 90%計算，每年可發約 80 億度的電。核能電廠與燃煤電廠都屬基載電廠，可以相互取代，所以如果這 80 億度的電取代了燃煤電廠，則可以減少 700 萬噸二氧化碳。

我國 2010 年三座核電廠共六部機組發電共 400 億度，等於減碳 3,500 萬噸，相當於全台排碳（含電力、交通、工業、住商）的 12%，換句話說，如果今日沒有核電，我國總排碳量將立即增加 12%。

IPCC 在其報告中指出，目前全球的核電如以取代燃煤電廠計算，每年減少 22 億到 26 億噸的二氧化碳排放，也接近全球二氧化碳排放量 10%。

從另一種角度看，如果今日全球核電倍增，則對全球減碳立即有 10% 的功效，目前還沒有任何其他減碳方法有這種立竿見影的效果，核能發電對減碳的重要性實在不可言諭。

全球核電發展

全球目前共有 440 個核能機組，總裝置容量約 370GW，不及全球裝置容量的 10%，但每年發電超過 2 兆 6 千億度，約占全球發電的 13%。

美國是全球擁有核能機組最多的國家，計有 104 個機組。法國有 59 個機組，日本有 55 個機組，俄國有 31 個機組，韓國有 20 個機組。中國有 11 個機組，但計劃在 2020 年增為 46 個機組。美國在三浬島事件後就沒有新增核能機組，不過一半以上的機組都已獲得批准得以延役（運轉年限由 40 年延長為 60 年）。

核電供應占各國總供電比例如下：法國（76%）、立陶宛（74%）、比利時（57%）、韓國（40%）、日本（33%）、美國（20%）、台灣（20%）、俄國（15%）。

核電價格低廉

核電受許多國家青睞的原因在於價格低廉。每度電的發電成本可分為固定成本與變動成本兩大部分。固定成本主要是建廠成本折舊攤提，變動成本主要是運轉、維護與燃料費用。有些人只看到核能電廠建廠費用高昂就斷定核電較其他發電方式昂貴應是只知其一，不知其二。

核能每度電的成本中，固定成本約占 60%，運轉維護成本占 25%，燃料成本只占 15%。燃煤電廠的燃料成本則約占 70%，燃氣電廠約占 80%，燃油電廠更占 90%。2011 年第 4 季，台電核能、燃煤、燃氣、燃油每度電燃料成本平均分別為 0.12 元、1.5 元、3.3 元及 5.6 元。

　　其中核能發電因大多機組折舊已攤提完畢，所以固定成本較低，但每度電燃料成本只有 0.12 元，也是極為低廉。與之相較，燃煤發電每度電的燃料成本約為 1.5 元，燃氣發電每度電的燃料成本更高達 3.3 元。這表示在電廠 40 年的運轉壽命中，燃料的漲跌對火力電廠的發電成本影響極大，對核能電廠的影響很小。

　　如果考慮固定成本，核能電廠每度電發電成本會增加多少？在 2009 年第三次全國能源會議的資料中有做過估算：目前三座核電廠 6 部機的建廠成本總計為台幣 2,045 億。若以 40 年每年發 385 億度電來平均攤提，每度電攤提的固定成本不過 0.14 元，加上 0.63 元每度電總成本不過 0.77 元，約為燃煤發電成本的一半，更不及燃氣發電成本的 1/4。當然目前的 6 部核能機組都已完工 25 到 30 年，當年建廠成本較為低廉。

　　在第三次全國能源會議的資料也以核四建廠費用試算未來 40 年每度電攤提之固定成本：核四兩部機裝置容量為 270 萬瓩，建廠費用以 3,000 億台幣計算，若每年發電 190 億度，40 年可發 7,600 億度電，平均攤提每度電的固定成本為 0.4 元，仍極具成本優勢。若以 15 年加速折舊攤提，則前 15 年每度電固定成本為 1.1 元，後 15 年固定成本為 0，加上每度電運轉維護成本 0.63 元，40 年的平均每度電成本仍遠較火力發電便宜。

　　不少人認為核電成本低廉的原因之一是未計入將來除役後的成本，不過台灣的核能發電成本已經提列每度電 0.17 元的「後端營運費」，目前累積近 2,000 億台幣，6 部機組除役後（以 40 年計）將累積超過 3000 億台幣，大於該 6 部機組當年建廠總成本的 2,045 億，遠高於國外已除役電廠所花的除役費用，餘下經費作為核廢料處理經費綽綽有餘。

核電前景

　　核電既是減碳最有效的手段，又極具經濟優勢，所以在福島事故前是許多國家減碳抗暖化的最主要方案。IPCC 報告最樂觀的估計認為，核能電廠在 2030 年可由目前的 370GW 成長一倍成為 740GW。在福島事故發生後，這最樂觀的估計恐怕是難以達成了。目前全球共有 35 個核能機組正

在興建中（包括我國的核四的兩部機），但是否會有機組停工則不得而知。如果核電發展受挫，全球減排將面臨更為嚴峻的挑戰。

今日全球有 440 個核能機組，如果這些機組不予延役（由原運轉 40 年延為 60 年）則大多數機組都將於 20 年內除役。要如何新建核能機組來取代這些即將除役的機組是一個極大挑戰，更不用說增加全球核能發電的比例了。如果沒有新的核能機組來取代這些退役的基載核能機組，唯一的選擇是增建基載燃煤機組，全球碳排的大幅增加恐將是一個無法避免的命運。

核電安全問題

核電最令人擔心的有兩大問題，一個是安全問題，一個是核廢料問題。安全問題又分為兩個層面。第一個層面是對核電的不了解，到現今為止這還有不少人以為核能電廠是一個原子彈，如果操作不慎就會發生核子爆炸。遠的不說，台灣就有報章雜誌就有認為福島核災是核電廠發生核爆所造成。

另一個層面是過去三十年來，發生了美國三浬島事件，蘇聯的車諾堡事件及日本的福島事件，許多人不免擔心相同事件是否會在台灣發生，這是一個合理的疑慮，值得進一步研討。

以第一個層面的疑慮而言，個人在 1985 年曾撰文解釋並轉載於台電月刊 271 期〈核四公聽會〉一文，今全文照錄於下：

核電廠不會發生核爆

一般民眾對核能的恐懼是完全可以理解的，因為核子能第一次顯示其威力時的面目實在太猙獰了。廣島、長崎的兩顆原子彈將核能的威力向世界作第一次的展露，兩朵代表死亡的蕈狀雲就此深深的刻印在世人的腦海裡。

核能發電與原子彈爆炸的原理相同，同是利用連鎖反應。一般民眾最疑懼的就是萬一核能電廠操作不當，整座核能廠是否會發生核爆，造成所謂的「絕對性毀滅」。

　　一般報章雜誌好像一直都沒有以較通俗的文字將為何核能廠不可能發生核爆的原因作一說明，但這問題實在太重要了，筆者以為在此以數百字將這一問題作一解說應不算是浪費篇幅。

　　核能的威力是愛因斯坦首先預測的，在他有名的質能互變公式中指出，任何微小質量的消失都會產生巨大的能量，其間關係與光速平方成正比。

連鎖反應

　　當一個不穩定的原子核受到中子撞擊後分裂成兩個較小的原子核及一些中子，但這兩個分裂後的原子核與中子質量相加比原先的原子核質量為小，所損失的質量即轉化為能量。

　　一個原子核分裂所產生的能量還是有限的，千千萬萬個原子核分裂才能產生巨大的能量。最理想的方式就是當一個核子分裂後所產生的中子又撞擊其他核子導致其分裂，這分裂的核子又產生中子導至下一次的分裂，如此生生不息，每次分裂都一方面產生能量，另一方面又產生中子導至下一次的核分裂，這就是所謂的連鎖反應。

　　原子彈和核能廠都是用連鎖反應的原理產生能量的，但其中有一個絕大的不同，詳述如下：

　　自然界中的鈾原子有兩種同位素：鈾二三五及鈾二三八，其中鈾二三八是穩定核子不易發生分裂，鈾二三五是不穩定核子受撞擊後會分裂而釋出能量，在自然界的鈾礦中，鈾二三五占 0.7% 而鈾二三八占 99.3%，二者混合在一起，極難分離。

　　如此低濃度的鈾二三五是無法產生連鎖反應的，因為即使一個鈾二三五受到衝擊分裂而產生中子，但因周遭鈾二三五比例太少，所產生的中子撞擊到另一個鈾二三五的機會太少了，分裂反應無法持續下去，所以無法產生連鎖反應。這是很容易證明的，有誰聽說過一個近代鈾礦自行發生連鎖反應的？

為了達到連鎖反應的效果，科學家只有想辦法以各種方式來增加鈾二三五的濃度，原子彈與核能廠主要分別即在於所含鈾二三五的濃度不同。

原子彈的目的是在最短時間內產生最大的爆震力，所以其中的鈾二三五濃度在 90% 以上，在如此高濃度下，連鎖反應將以幾何級數進行，在極短時間內產生極大的能量。

核電廠需求不同，要求在人為控制的環境下使連鎖反應穩定的進行，希望一次分裂所產生的中子只能在下次引起恰好一次的分裂，而不以自行級數倍增。所以鈾二三五的濃度就不能像原子彈那麼高，大約只在 3% 左右。

緩衝劑與慢中子

在如此低濃度下連鎖反應是無法產生的，這又牽涉到另一個技術問題。中子撞擊鈾二三五並不是每次都會導至分裂的，中子速度太快或太慢都不行，只有在適當速度範圍內的中子撞擊核子時所引起核分裂的機會才最大。一般核分裂後產生的中子速度太快，為了要增加分裂的可能性便要想法子使中子速度慢下來。最有效的減速方法就是使中子在撞擊鈾二三五之前，先和其他質量相等的核子碰撞，以消耗其動能達到減速目的。

水是由兩個氫原子和一個氧原子所構成，氫原子核的質量與中子相同是最有效的緩衝劑之一。一般的輕水式反應爐就是一方面用水作為爐心的冷卻劑，將爐心產生的熱量移走以產生蒸汽推動汽輪機／發電機來發電。另一方面以水作為中子的緩衝劑。如果爐心中沒有水，中子無法減速，則連鎖反應無法產生。

核能廠的冷卻水是成循環系統的，源源不絕的流動以將核分裂在爐心所產生的熱量移走發電。核電廠最嚴重的事故就是由於冷卻水系統出問題導至爐心過熱而融化，這正是核能災變所發生的狀況。但不要忘記爐心一旦缺水，中子無法減速，連鎖反應立

刻自動停止。爐心的餘熱是來自爐心放射性物質的衰變而不是由
於連鎖反應所產生。

　　由以上的說明我們可以知道，核能廠要在極端精密的控制之
下才會產生連鎖反應，萬一任何意外破壞了這種精心設計的平衡
狀態，連鎖反應會立刻自動停止，所謂原子彈式的爆炸是絕無可
能發生的。

　　第二層疑慮是美／俄／日三國的核電事故是否會發生於台灣，要回答
此一問題，對這三個災害的原因和後果應先做進一步探討。

核能廠簡介

　　如上所述，核能發電的原理是利用核子連鎖反應所產生的熱量將水加
熱成水蒸汽後再轉動汽輪機帶動發電機發電。

　　原子爐中的連鎖反應所產生的熱能也是經過源源不斷的水循環將熱
能帶走。

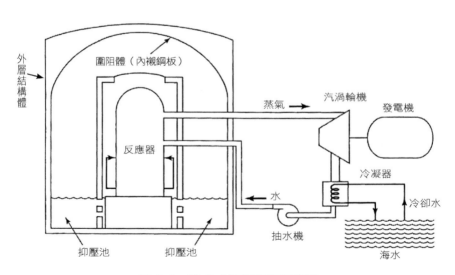

圖 5-1　沸水式核能電廠示意圖

資料來源：R.A. Ristinen, Energy and the Environment (2006)

　　圖 5-1 就是一個沸水式核電廠的示意圖，其中水經過核反應爐加熱為蒸汽進入汽輪機做功後，又經由冷凝器（由海水或冷凝塔冷卻）將蒸汽冷凝為水後，由抽水機將冷凝後的水重新抽入原子爐，完成一個水循環。

　　此一水循環源源不絕的將冷水抽入反應爐吸取連鎖反應產生的熱量。核電廠最擔心的狀況就是水循環中斷，雖然爐心的連鎖反應會自動停止，但燃料棒中的核物質仍會因衰變而產生大量的熱（約為全功率運轉的 7%）。如此大量的熱如不及時由緊急注水系統等備用系統移除，將會使燃料棒因高溫而融解，產生毀爐事件。如果放射性物質外洩，更會對周遭環境造成巨大影響。

　　不論三浬島、車諾堡或福島事件都是因為冷卻循環水中斷而導至融爐。但三事件的成因和造成的後果有很大的不同，分別討論如下：

車諾堡事件

　　車諾堡核電廠是蘇聯所設計，和西方反應爐設計完全不同。上文曾解釋爐心中必須有緩衝劑將中子減速，也要有冷卻劑將連鎖反應產生的熱量移除。西方的反應爐，水扮演了雙重角色，一方面作緩衝劑，一方面又作為冷卻劑，所以西方的反應爐一般稱為輕水式反應爐，其中又分為沸水式（台灣核一、二、四廠）或壓水式（核三廠）兩種。

　　車諾堡核反應爐與西方反應爐不同，車諾堡的反應爐是以石墨作為緩衝劑而以水作為冷卻劑。石墨就是碳，在高溫時會燃燒（水不會燃燒）。所以車諾堡事件發生後石墨因氫爆而炸開，引起廠內熊熊大火一發不可收拾。

　　車諾堡事件的起因也是極為離譜，工程師為做某種汽輪機轉子慣性試驗而違反程序，在未知會核安工程師的情況下，擅自將安全系統解除以利實驗進行，終釀巨災。這也是在其他國家難以想像的狀況。

　　但車諾堡事件造成這麼嚴重的後果有一個重大的設計問題。西方反應爐之外都會建造一個堅固無比的圍阻體，圍阻體本身是厚達 1.2 公尺的鋼筋混凝土結構，其內部還襯以鋼板，就是防止爐心損毀時，將反應性物質阻絕於圍阻體內不至擴散到外界環境。所以有些人形容西方式的核電廠為汽車，而車諾堡核電廠為摩托車。圖 5-2 即為圍阻體之示意圖。

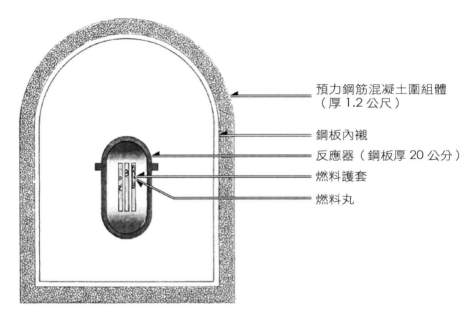

預力鋼筋混凝土圍組體
（厚 1.2 公尺）

鋼板內襯

反應器（鋼板厚 20 公分）

燃料護套

燃料丸

圖 5-2　核反應器圍阻體示意圖

資料來源：陳立誠，核能發電－理性的探討（1988）

　　但石墨式反應器十分巨大，加建圍阻體成本極高，所以在車諾堡反應爐外並沒有圍阻體，而只是一個一般強度的廠房，完全無法阻擋事故後大量輻射物質的外洩。

　　事後檢討，如果車諾堡有完整的圍阻體，事件的後果可能完全改觀，不至於造成不可彌補的巨大災難。

　　我國的核電廠是採用西方設計，一方面是輕水式反應爐，更重要的是在反應爐外都有無比堅固的圍阻體，即使發生爐心融毀事故也不致於造成車諾堡式的事故。

福島事故

　　2011 年 3 月發生的日本福島事故最主要的原因是發生規模 9 級的大地震和侵襲電廠高達 13 公尺的海嘯，兩者都遠超過福島電廠的設計標準。

　　地震造成的廠址地表加速度遠超過圍阻體的設計加速度，但依目前資料顯示似乎並未因此而造成圍阻體破壞。

　　但不幸的是在地震發生後一小時左右由外海湧到福島的海嘯，將所有的備用系統全部摧毀，造成爐心燃料棒融毀，因而毀爐並在抑壓池發生氫爆，破壞圍阻體而造成輻射物質外洩。海嘯摧毀全部備用系統的原因在於福島電廠設計預計海嘯高度為 5 到 7 公尺，地震發生後造成的海嘯遠高於原先的設計值，造成所有備用電源全遭摧毀，抽水機無法供應冷卻水而導致融爐。

　　福島事件是兩大天然災害同時發生，並同時超過設計標準。兩個事件同時發生終於造成極大災難，但因圍阻體並未完全損壞，所以福島外洩的輻射物質仍不及車諾堡事件的 1/10。車諾堡事件發生後，半個歐洲都測到超標極多的輻射量，福島的輻射外洩甚至連距離僅 500 公里的東京都沒受到太大的影響。

地震與海嘯

　　我們可以檢視台灣四個核電廠的地震及海嘯設計標準是否合宜，以檢驗台灣核電廠是否會發生類似福島的事件。

　　台灣與日本、美國加州相同，都處於地震帶。但同處地震帶並不表示會發生規模同樣大小的地震。地震基本上是因地殼斷層錯動而發生，越長的斷層當其錯動時發生的地震也越大。

　　以美國加州及日本為例，美國加州的聖安底斯斷層由北加州的舊金山直達南加州的洛杉機，超過 500 公里。這次日本外海斷層長度也超過 500 公里。台灣全島由基隆到鵝鑾鼻約 400 公里，並沒有貫穿全島的斷層。台灣斷層最長約 100 公里。日本、加州因斷層極長，每百年發生規模 9 的地震是有相當高的可能性。反觀台灣，因為斷層短，發生最大地震規模與美日相較至少小上一個數量級，表示台灣極不可能發生規模 8 以上的地震。1999 年造成 3000 人喪生的 921 集集大地震規模為 7.6。

　　規模差一級的地震，能量約差 32 倍。9 級地震的能量較 8 級地震的能量約大 32 倍。日本福島地震釋出的能量比 921 集集地震大上 120 倍。地震

規模越大，離震央同樣距離地點的地表加速度越大。以台灣而言，花東、嘉南為地震頻繁地帶，當初四座核電廠選址於台灣南、北兩端就是要避開容易發生地震的地區。

　　台灣核一廠地震設計標準為地表加速度 0.3G，核二、核三、核四均為 0.4G。要產生地表加速度 0.3G 或 0.4G 必然是在離發生大地震震央很近的地區。所以在台灣四個核電廠址都極不可能發生超過地震設計標準的地表加速度。

　　至於最大海嘯高度，在福島地震後，相關部會曾特別研討此一問題，結論是台灣周邊可能發生的海嘯對核電廠並無重大影響。以核三為例，馬尼拉海嘯發生地震造成的海嘯在廠區最高可達 10 公尺，但核三廠海拔 15 公尺，遠高於海嘯高度。至於在北部的核一、核二、核四等核電廠則因地形阻隔，經模擬測試顯示海嘯都不會造成威脅。

　　由以上討論可知，福島災變主要原因在於日本 311 地震及海嘯都超過該廠設計標準，兩項災變並同時發生。而我國四座核電廠不論就斷層長度和海嘯高度都極不可能發生超過設計標準的情況，所以類似福島的核能災變不可能發生在台灣的核電廠。

三浬島事件

　　1976 年在美國賓州發生的三浬島事件是一連串的機械設備失靈及人為操作疏失所造成。當年核電廠控制室之儀表盤也並未考慮太多人因工程。在該事件後，美國核管會要求全國核電廠全面改進各項軟硬體設施及操作準則。此後三十年來美國從未再發生類似事故。但三浬島事故與車諾堡，福島事故最大的不同在於因圍阻體保持完整，即使反應爐因操作不當發生融爐，但只有微量輻射物質外洩。依美國政府各單位調查報告，廠外居民所受最高輻射遠低於照一次 X 光所受輻射的 1/10。三浬島發生至今，廠外社區並未受任何影響，仍舊安居樂業。類似三浬島事件是否會發生在台灣？沒有人敢打包票，但沒有打包票不表示會發生，正如沒有人敢對明天是否會有殞石擊中台北打包票一樣。但是即使在千萬分之一的機會發生熔爐，最重要的是如果圍阻體發揮功能，就可確保廠外環境不受任何影響。

核廢料儲存

本節最後討論核廢料的問題，核廢料儲存與核能安全是人們反核的兩大原因。

核廢料分兩種，一種是量大但放射性低的低放射性核廢料，占了核能電廠核廢料的 98%以上。這些低放射性核廢料主要是在核電廠中因運轉、維護而受到輻射污染的物品，如廢樹脂、過濾器、工具、工作服等。這些核廢料的放射性在數十年內就衰減到與一般廢棄物無異的狀態，這也正是目前存於蘭嶼的核廢料。但人們所擔心的並不是這種低放射性核廢料，而是高放射性核廢料的長期貯存問題。高放射性核廢料就是核能電廠使用過後的燃料棒（俗稱用過燃料或乏燃料）。燃料棒在反應爐中連鎖反應後會產生許多半衰期極長的核種，所以必須與環境隔離且貯存十萬年其放射性才會降到安全範圍。但由另一角度而言，因核廢料年年衰變，其危害也年年降低。

但這種高放射性核廢料很少，只占核電廠核廢料的 2%。一個燃料束的大小與一個電話亭類似，足夠提供核電廠一年發電所需。

核電廠運轉 40 年間所產生的全部用過燃料，集中起來約一個游泳池大小。目前較新的核電廠中的「用過燃料池」，都可暫貯 40 年的用過燃料棒，等待最終貯存地點的選定。

核廢料需要十萬年不變化的穩定地質作為貯存地點。長期貯藏的地點並不難尋，但如果鄰近居民一再反對，要找到貯藏地點倒真成為問題。美國在 20 年前就選定內華達州的尤卡山作為全國核電廠用過核燃料的最終貯存場，但在該州政治人物的反對下，最近也不得不放棄。

針對某些人士質疑無法找到可長期貯藏用過核料的合適地質地點，亦舉一個實例來說明。

自然界連鎖反應

地球上的第一個核連鎖反應並不是人類所「發明」創造的，在二十億年前，大自然有過一個天然的核連鎖反應現象發生，並持續了約十萬年。

　　這地點是 1972 年法國科學家所發現的。法國科學家在非洲加彭鈾礦發現許多只有在核反應後才會產生的核種。在詳細計算後發現因 20 億年前鈾 235 的濃度約為 3%（今日只有 0.7%），如果有地下水流過鈾礦，而且一切條件配合，就會產生天然的連鎖反應。但科學家特別有興趣的是 20 億年前發生連鎖反應後的「核廢料」，它們仍然完好無缺的保存在鈾礦中，這給了人類長期貯藏核廢料的靈感。

　　針對「用過核燃料」是否應予永久儲存有許多不同意見，全球鈾礦蘊藏量到底有限，如果人類大規模發展核電，是否有足夠的鈾燃料供這許多核電廠使用也頗有疑問。但用過核燃料若予以再處理，則可製造出極大量可供核電廠使用的核燃料，所以許多人就力主用過核燃料應予再處理而非永久儲存。一方面可供核電廠使用，一方面也可大量減短處理核廢料的半衰期，全球用過核燃料極可能終會走上「再處理」的路子。

　　核廢料是可以處理及貯存，如何教育社會大眾解除因認知不足而導致的恐懼，是非常重要而迫切的議題。

5.4　提升發電效率

火力電廠分類

　　除了使用太陽能、核能來降低碳排放，若改善火力發電效率，也可以減少碳排放。不過在討論之前，必須先了解火力發電的基本知識，以下僅對火力發電做一簡單介紹。

　　火力電廠分成兩大類，一種電廠的任務純粹只是發電，就是一般人所了解的發電廠。另一種電廠不止發電，也還供熱，所謂供熱就是提供蒸汽，這種電廠通常就稱之為汽電共生廠或稱之為熱電廠。

傳統型火力電廠

　　純粹發電的火力電廠又可分為兩大類，一種是藉由燃燒化石燃料（煤、油、天然氣）提供熱量，在高達約 80 公尺的巨型蒸汽鍋爐中將水

加熱為 540℃到 620℃的水蒸汽。此一高溫水蒸汽再導入汽輪機（Steam Turbine）中膨脹作功轉換為機械能以每秒 60 轉（60 Hz）的速度轉動汽輪機的葉片帶動發電機發電。最後再由輸配電系統將電輸出以供用戶使用。

　　高溫高壓蒸汽在轉動汽輪機作功後進入冷凝器（Condenser），經海水熱交換將其冷凝降溫到 40℃左右之液態水，再經多級飼水加熱器加熱至270℃～290℃後回到鍋爐加熱。由水到汽再回到水稱之為汽水循環（Steam Water Cycle）。圖 5-3 即為傳統型火力電廠的示意圖。

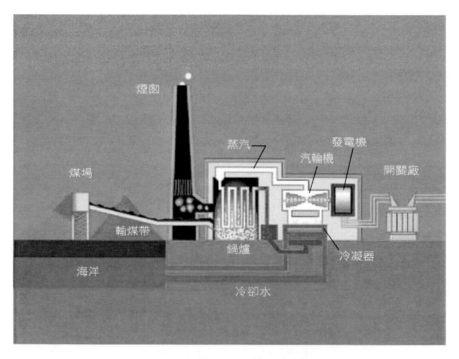

圖 5-3　傳統型火力電廠示意圖

資料來源：Tennessee Valley Authority (TVA)
彩圖詳見 P364

　　以化石燃料（煤、油、氣）提供熱源在蒸汽鍋爐中製造高溫水蒸汽以帶動汽輪機／發電機發電的通常稱之為「傳統」火力發電（Conventional Fossil Power Plant）。

傳統型電廠效率

　　我們先討論「傳統」火力發電廠的效率。因為燃料燃燒時可提供的熱能及產生電（度數）後的電能都是能量，均可用卡路里來表示。一度電為 860 大卡（1 大卡為 1,000 卡路里），除以發一度電所消耗燃料中的熱能（也以卡路里為單位），則可得出電廠發電效率。

　　能量分為許多種，以電廠而言，牽涉到熱能、機械能及電能。同一種能量轉換時效率通常很高。比方燃燒煤、油、氣產生的熱能加熱水為水蒸汽完全是一種熱能的轉換，效率可達 90% 以上。前述「傳統式」的發電廠用蒸汽鍋爐燃燒化石燃料（煤、油、氣），將燃燒中化學反應釋出的熱能加熱鍋爐管線（水牆）中的水為水蒸汽，整個過程只是熱能轉換，效率極高（約 90%）。

　　但不同方式能量間的轉換，其轉換效率就會明顯降低。發電廠中的第二個重要設備「汽輪機」將鍋爐產生的蒸汽膨脹作功「轉換」為機械能以轉動汽輪機的葉片，汽輪機在高速轉動時再帶動發電機發電。

　　在傳統火力發電廠的汽水循環中，將熱能轉換為動能屬於熱力學中的朗肯循環（Rankine Cycle），其能量轉換效率可由簡化之卡諾循環（Carnot Cycle）表示為：

$$\text{效率} = \left(1 - \frac{T_c}{T_h}\right) \times 100\% \quad (\text{T：以絕對溫度表示})$$

T_c：汽水循環中最低水溫。通常是在蒸汽於冷凝器中凝結為水之溫度，如以海水作為冷卻水，其溫度約為 40℃，絕對溫度為 313°K。

T_h：汽水循環中蒸汽最高的溫度，通常是蒸汽在鍋爐中加熱後進入汽輪機時的溫度，以台電次臨界電廠，溫度為 538℃（811°K），超臨界電廠則為 600℃（873°K）。

發電效率提升

由以上公式可知系統中之水、汽溫差越大，效率越高。全球電廠追求效率增加的最重要手段就是增加汽、水之溫差。全球臨海電廠都利用大量海水作為降低汽輪機作功後的蒸汽溫度。所以效率公式中低溫值由海水溫度所決定。要拉大溫差只能增高鍋爐蒸氣溫度。今日最先進鍋爐所製造的蒸氣溫度最高約 620℃。低溫為冷凝水溫度 40℃。依卡諾公式理論上汽輪機效率可達 60%以上，但以整個電廠而言，如前所述，燃料在鍋爐中加熱蒸氣時已損失 10%效率，再加上電廠中大量各種機電設備都有效率損失，所以最新型「傳統」電廠全廠效率約為 43%。這數值全球類似。同樣的電廠在寒帶效率都會略高於熱帶，原因在於寒帶海水溫度（約 5℃-10℃）較熱帶為低，溫差變大，效率自然提升。

如何增加電廠發電效率是一個至關重要的大題目。如果能增加發電效率，表示用較少的燃料可以發出較多的電，不但可省下可觀的發電成本（減少燃料費用），也可以減少每度電的碳排。百年來全球發電業無不卯足全力以各種方式來提高電廠發電效率。圖 5-4 為美國傳統火力電廠在過去 100年的效率進步，電廠效率由 1900 年的 6%在百年來工程師的努力下，增為2005 年平均效率約為 35%。這 35%效率是全美新舊電廠的平均效率。

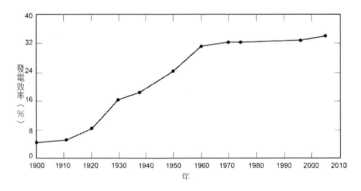

圖 5-4　美國燃煤電廠平均效率（20 世紀）

資料來源：R.A. Ristinen, Energy and the Environment (2006)

　　要想提高水、汽溫差，提高蒸汽鍋爐中的蒸氣溫度是增加電廠效率的不二法門（增加蒸氣壓力效益較小）。但如何將水蒸汽加溫到 600℃ 甚至700℃？要克服的是要發明能耐高溫的材料。一般材料在高溫時承受外力的能力會降低，911 事件時紐約世貿雙塔倒塌即因支撐整個建築的鋼結構不耐受飛機撞擊後油料燃燒的高溫，終因鋼鐵強度降低而導致百層大廈倒塌。

　　材料耐熱的研發與突破正是提高電廠效率的最重要而極為艱難的課題。

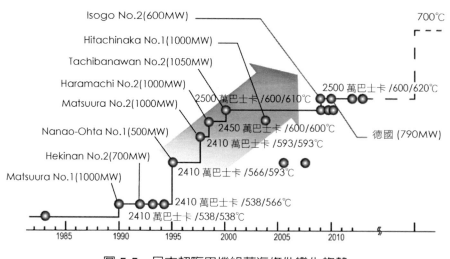

圖 5-5　日本超臨界機組蒸汽條件變化趨勢

資料來源：Hitachi

　　圖 5-5 為日本超臨界電廠在過去 20 年的進展，由 1990 年代初蒸氣壓力為 24.1 MPa，主蒸汽及再熱蒸汽溫度均為 538℃ （效率約為 40%）。到 20 年後的 2010 年進步到蒸氣壓力為 25 MPa，主蒸汽及再熱蒸汽溫度分別為 600℃ /620℃ （效率約為 43%），也是許多日本工程師努力的成果。

　　但材料科學及能源產業的進步都以「十年」為單位，是前人戰戰兢兢一步一腳印開拓出來的。許多非能源專業人士也常表示有獨到妙方可大力提升電廠效率，無視於過去百年來全球各國不知多少聰明才智之士投注的努力。這許多妙方最終都證明是「誤解」。

複循環發電廠

另一種純發電的電廠稱之為複循環發電廠，一般複循環發電廠的燃料就是天然氣。複循環發電有三個最重要的設備：一個是氣渦輪機（Gas Turbine）及其所帶動的發電機，一個是廢熱鍋爐，一個是和傳統火力發電廠相同的汽輪機（Steam Turbine）及其所轉動的發電機。

許多人都看過氣渦輪機，飛機就是利用氣渦輪機的動力飛行。不過飛機的氣渦輪機使用的燃料是航空燃油而不是天然氣，當然航空燃油也要先霧化才能使用於氣渦輪機。

複循環發電的原理是先由天然氣在氣渦輪機（Gas Turbine）中燃燒作功帶動發電機發電。但在氣渦輪機中已作功而排出的煙氣溫度仍然非常高，將其導入廢熱鍋爐可利用其熱量加熱廢熱鍋爐中的水成為水蒸汽再導入如傳統火力電廠所配備的汽輪機（Steam Turbine）帶動另一個發電機發電。複循環發電因為分兩階段發電，第一次是氣渦輪機，第二次是汽輪機，所以稱之為複循環發電。

複循環發電因兩次利用天然氣能量，所以發電效率高於上述的「傳統式」火力發電廠。在一大氣壓，15℃，60%濕度的條件下，效率可達 60% 左右。圖 5-6 為複循環機組的示意圖。

目前全球燃煤電廠多為「傳統式」電廠，而燃氣電廠多為「複循環」機組。燃氣複循環機組的效率較高，但並不表示燃氣電廠發電成本較低。正好相反。燃氣發電成本遠高於燃煤發電，最重要的原因在於天然氣價格遠高於煤價。以我國而言，天然氣發一度電的成本較每度燃煤發電成本不止加倍。

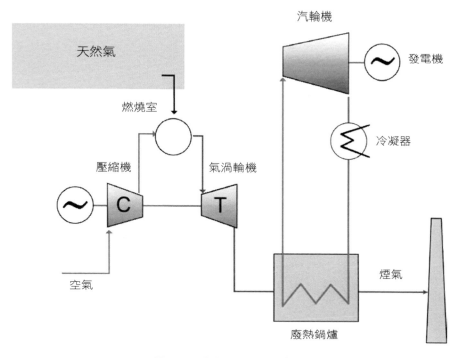

圖 5-6　複循環電廠示意圖

資料來源：Mitsubishi Heavy Industry (MHI)
彩圖詳見 P365

汽電共生廠

　　除上述兩種「純發電」的「傳統」火力電廠及「複循環」發電廠外。有另一種電廠其產品除了電之外也還提供蒸氣（供熱），這種電廠名為「汽電共生電廠」或「熱電廠」。

　　汽電共生電廠與上述的純發電廠發電原理完全相同，不論是上述的「傳統式」發電廠或「複循環」發電廠都可利用為汽電共生廠。汽電共生廠與純發電廠唯一的不同是純發電廠的蒸汽在汽輪機作功後「全部」導入冷凝器降溫再回到鍋爐中增溫。汽電共生廠只將「部分」蒸汽導入汽輪機做功後，由冷凝器降溫再回到鍋爐中增溫。另一部分蒸汽由汽輪機之抽汽段引出利用管線輸送到工廠或民宅利用。

　　有許多鋼鐵廠、石化廠、化纖廠、造紙廠在其製程中都需要大量蒸汽，汽電共生廠輸出的蒸汽可為這些工廠所用。至於民宅為何需要蒸汽呢？主要是供暖。寒帶國家許多城市商業大樓或民宅並不自備小型鍋爐燒水提供暖氣，而是經由中央系統供蒸汽作為暖氣，而許多中央系統的蒸汽就是由汽電共生廠所供應。

　　汽電共生廠的能源使用效率一定高於同樣的「純」發電廠。因純發電廠是純發電，只有單一產品「電力」，其效率是將發電度數之能量（卡路里計）除以燃料中的能量（也以卡路里計算）。

　　同樣的電廠如改造為汽電共生廠則有兩種產品，一為「電」，一為「蒸汽」。發電之能量可以用卡路里計算，蒸汽能量也可以用卡路里計算，兩者相加除以燃料中的熱能（也以卡路里計算），自然高於單一產品的「純」發電廠。

5.5　碳捕捉與封存

　　在第 4 章的楔形減碳方法中，火力電廠排碳的捕捉與貯存（Carbon Capture and Storage, CCS）占有重要的分量，本節即針對 CCS 做較詳盡的討論。

CCS 的重要性

　　目前人類因能源使用而排放的二氧化碳中，火力電廠碳排占了 50%。換句話說，如果能解決火力電廠的排碳，人類對抗暖化已成功大半。目前全球大力推行再生能源發電（如前面章節所討論的風力發電及太陽能發電）或推動核能發電，最主要的原因就是希望這些發電方式，可以取代火力發電這個排碳大戶，藉此解決全球暖化問題。

　　但如果可以直接解決火力發電的排碳問題，那豈不太美妙了，人類可以繼續使用廉價的火力發電，而不必擔心火力發電帶來的暖化後果。第三世界窮國仍可以用廉價的化石能源來「脫貧」，先進國家也可在低價能源的條件下，陸續發展經濟促進文明進一步發展。

　　有許多人認為 CCS 就是這種妙方，所謂 CCS 就是在火力發電燃燒化石燃料（主要是碳）的過程中製造的二氧化碳以工程方法將其回收（Capture）並貯存（Storage）於地底或海中，以避免二氧化碳排放入大氣層而造成暖化。

　　以目前的工程技術，不論是二氧化碳捕捉或封存都不是難事，以下僅先討論二氧化碳捕捉的幾種方法。

碳捕捉－後處理

　　第一種方法，適用於上節所述的傳統式火力電廠。以排碳量最大的燃煤電廠為例，電廠中最醒目的設備就是巨大的蒸氣鍋爐，鍋爐的作用是以煤為燃料將水加熱成高壓蒸汽。在鍋爐中煤與空氣中的氧結合釋出能量的過程中其產品就是二氧化碳，鍋爐中的二氧化碳最終會由高達 250 公尺的煙囪排入大氣，這就是燃煤電廠對排放二氧化碳的原由。

　　目前的燃煤電廠，鍋爐製造的煙氣在由煙囪排入大氣前，需要先經過許多設備除去煙氣中的硫、硝及懸浮顆粒，以免為害環境，這些設備統稱空氣品質控制系統（Air Quality Control System, AQCS），燃煤電廠為例，AQCS 設備投資幾占全電廠總投資的 1/3。

　　所謂 CCS，就是在煙氣通過 AQCS 設備後，將其導入去除二氧化碳的工廠，將煙氣中的二氧化碳移除後，再由煙囪排入大氣。目前有許多不同的技術，可用物理或化學方法將發電廠的二氧化碳移除，但多半是比較小規模的測試，目前全球並沒有大型燃煤電廠裝設這類設備來全面移除電廠的碳排。

　　以上所描述的是所謂「後處理」，「後處理」的意思是在發電過程「後」才將二氧化碳予以移除。

　　後處理有一個很大問題，就是成本很高，大氣中 80% 是氮氣（N_2），氧氣不到 20%，所以電廠煙囪中排出的煙氣，80% 還是氮氣，二氧化碳約 15%。如果要處理全部煙氣來移除二氧化碳，顯然製程中 85% 左右的功能不是處理二氧化碳，這是一種相當沒有效率的處理方式。

碳捕捉－前處理

　　所以有些技術就以「前處理」方式去除二氧化碳。在討論「前處理」方式前，要先回顧一下「複循環」發電。目前以天然氣為燃料的發電廠主要都是以複循環方式發電。

　　前處理方式的 CCS 主要是應用於 IGCC 電廠（見圖 5-7）。IGCC 中的 CC（Combined Cycle）表示的就是上節所描述的「複循環發電」，IG 主要表示 Integrated Gasification，是另一種製程。

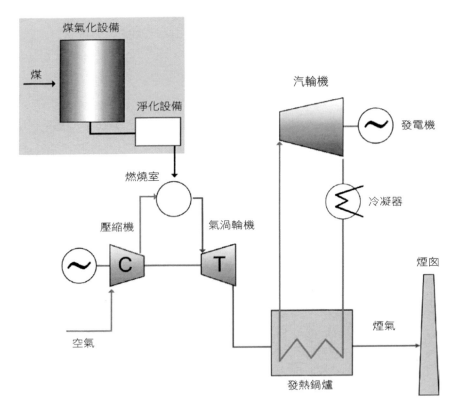

圖 5-7　IGCC 電廠示意圖

資料來源：Mitsubishi Heavy Industry (MHI)
彩圖詳見 P366

　　若將煤在與空氣隔絕的高壓氧化爐中與有限的氧氣與蒸汽一起產生化學反應，其產品稱為合成氣（Syngas），主要成分為一氧化碳及氫氣。一般 IGCC 電廠就是以合成氣做為燃料來轉動氣渦輪機。其後之發電製程與一般燃氣電廠的「複循環發電」方式完全相同，但因其前端有將煤氣化產生合成氣的過程，所有製程稱之為 IGCC。

　　若在 IGCC 製程中之合成氣（Syngas）先經燃燒，其產品為二氧化碳及氫氣。在此階段若先除去二氧化碳再將氫氣導入氣渦輪機發電即謂「前處理」。因二氧化碳在發電過程「前」即予以去除，這種方式的優點在於去除二氧化碳的效率高而成本較低。

碳捕捉－富氧處理

　　另外還有一種製程稱之為「富氧燃燒」（Oxyfuel），就是在鍋爐中增加氧氣量與碳燃燒，則廢氣中主要將為 CO_2，氮的成分較少。

　　簡單而言，於煙氣中除去二氧化碳技術上是可行的，目前主要挑戰是在於如何改進製程，使其可以用更低的成本去除二氧化碳。

CCS 實績

　　2009 年美國西維琴尼亞州有一個名為登山家（Mountaineer）燃煤電廠裝置了 CCS 系統，預計五年內將捕捉 50 萬噸的二氧化碳予以封存，這數字看似很大，但實際上只去除該燃煤電廠 2%的二氧化碳，所以這也只是一個試驗性質的 CCS 設備。但該計畫已在 2011 年因美國政府減碳政策不明確而叫停。

碳封存－地層封存

　　以上討論是 CCS 中捕捉（Capture）二氧化碳部分，挑戰更大的是封存（Storage）。如何由煙氣中回收二氧化碳可說完全是個技術問題，以目前的科技，要解決這一類的技術問題並不困難。但封存問題主要的挑戰是自

然條件的限制。封存二氧化碳目前有兩大類方案。一種是岩層封存，在陸上、海底均有可作為岩層封存的地點。目前技術上證明可行的是將二氧化碳打入廢油田中儲存。許多石油公司，當油田中的油以傳統方式開採漸漸枯竭時，會將二氧化碳打入油井中，增加石油的流動性而增加產量，目前全球每年已有 4000 萬噸的二氧化碳打入油田而增產，不過這仍是商業考量為主，二氧化碳封存只是「副產品」。

世界上也有純粹為了封存二氧化碳而將其打入地中的例子，最有名的是挪威的 Statoil 公司。該公司擁有一個天然氣田 Sleipner，在產氣過程中會有二氧化碳的產生，挪威政府對二氧化碳排放每噸課以 50 美元的碳稅，Statoil 公司為避免碳稅，每年將 100 萬噸的二氧化碳封存於地底，以免去每年 5 千萬美元的碳稅。這是一個純粹以封存二氧化碳為單一目的之著名案例。

地層中的含鹽層（Saline Formation）是地層中充滿鹽水的滲透性岩層，也被認為是可以長期穩定封存二氧化碳的地點。

碳封存－海洋封存

也有人建議海洋封存，先將二氧化碳打入海中 3,000 公尺以下，則二氧化碳會形成液體而其比重大於水，不易重返大氣層，雖有研究認為在海中儲存的二氧化碳在百年後會有 15% 重回大氣層，但有些學者認為 21 世紀是二氧化碳減量最具決定性的時刻，若在 21 世紀能將二氧化碳捕捉封存於大海中，即使在 21 世紀後二氧化碳重返大氣層，屆時人類應已大量應用非化石燃料作為能源，二氧化碳到時重返大氣層的危害將比在 21 世紀直接排入大氣層為小，所以海洋封存即使有洩漏，還是一個值得推行的方案。

CCS 規模

依以上討論，即然二氧化碳補捉技術上可克服，封存也有岩層，深海等方式，為何各國並不大力推展 CCS 於各火力電廠呢？最重要的障礙還是

規模和成本，其次則是封存地點的問題。規模與成本成為障礙在於電廠產生的二氧化碳量實在太大。前面提到現在電廠都設有 AQCS（空氣品質控制系統）來減低硫、硝等污染物。但在燃料煤中，硫、硝等只是雜質，占很小的百分比。碳就不同了，燃煤中碳幾乎占了 65%。要處理碳所造成的二氧化碳問題和處理硫、硝等雜質造成的 SOx，NOx 問題，面臨的是近百倍的量，這樣的工程規模實在過於浩大。

我們先以單一電廠為例，因為電廠處理的二氧化碳量實在太大，因此必須在現有電廠旁建一個二氧化碳回收廠。以目前科技，這個新廠占地就是原電廠用地的 1/3 到 1/2，是一個極具規模的化工廠。其次，這巨大的化工廠極耗能源，為了回收電廠所排放的二氧化碳，新設的二氧化碳回收廠需要消耗原電廠 1/3 的電力。

若電廠每小時可發 30 萬度的電，因加建的二氧化碳回收廠後要消耗 10 萬度的電，原電廠只能供 20 萬度的電給用戶。換句話說，若有三個電廠都裝設了二氧化碳回收設備，就必須加建一個同規模的新電廠來彌補短缺的電力。

單以美國為例，每年燃煤電廠的二氧化碳排放量為 19 億噸，如以桶裝石油計算，即是每天要處理 4,000 萬桶的石油，比美國目前每天消耗 2,000 萬桶的石油還要大上兩倍。以台灣而言，每年封存火力電廠近 1 億 5,000 萬噸的二氧化碳排放量比我國每年汽油使用量高出 10 倍。

前述挪威石油公司每年封存二氧化碳僅 100 萬噸，與美國燃煤電廠要封存的 19 億噸二氧化碳相比，處理量就是挪威的 1,900 倍。

以全球而言，單單捕捉封存燃煤發電每年產生的二氧化碳，就大於每年全球石油的產量，全球石油工業的基礎建設是人類努力 100 年才建設完成，如何建立和全球石油工程同樣規模的基礎建設來運作 CCS，絕對是艱鉅無比的挑戰。

碳洩漏

以二氧化碳封存而言，洩漏是一個需要討論的問題。每年只要洩漏 1%，100 年下來就有 63%的二氧化碳重返大氣層。突然大量洩漏是一個更

大的問題。1986 年，在非洲卡麥隆的尼歐斯湖，因湖底火山爆發，釋出數十萬噸的二氧化碳。因二氧化碳比空氣重，由湖面冒出時並未衝上大氣層，而是滯留於地面，造成 1,700 人及數千家畜死亡的慘劇，無怪乎近年德國和丹麥嘗試要進行地底封存的試驗計畫，都因居民反對而無法進行。

至於封存海中的二氧化碳，依 IPCC 報告指出，並非可以永久封存，因為海洋與大氣本來就互動密切。

另外，二氧化碳封存於海中，長期對海洋生態的影響為何，也尚無定論。二氧化碳封存最大的問題是地域性的問題，雖然地質調查顯示全球有不少地方地質條件合適作二氧化碳封存的地點，但這並沒有太大意義。重點在於火力電廠附近是否有合適的封存地點。依石油公司的經驗估算，每輸送 100 公里的二氧化碳，每度電的成本要增加 2 美分約 0.6 元台幣，目前燃煤發電每度成本不過 1.3 元台幣，所以運輸距離是一個重要考量。以台灣而言，台灣海峽北方及南方的東海盆地及台南盆地兩處的沉積盆地3,000 公尺深，也是潛在可以封存二氧化碳的環境，許多機構也正進行初步的研究，探討技術上的可行性。

電價影響

裝設 CCS 後對電價的影響也眾說紛云。依 IPCC 十分樂觀的估計，每度電將因此增加 2 到 3 美分，也就是 0.6 到 0.9 元台幣，以目前台灣燃煤電廠發電成本每度電 1.3 元台幣計算，裝設 CCS 會使每度電成本增加 50%～70%。

但依美國能源部估計，以美國而言，以冷氨製程基準，裝設 CCS 每度電價差價將達 5 美分，也就是 1.5 元台幣，如以此為計算基礎，則每度電成本將增加一倍以上。

IPCC 預估

以 CCS 來減碳，可說是要建立一種規模大於今日石油工業的新工業。依 IGCC 報告，若 OECD 國家 2015 年起而非 OECD 國家在 2020 年起，前

者在 30% 的新燃煤電廠，而後者在 20% 的新燃煤電廠裝設 CCS，若燃煤電廠運轉年限以 50 年計算，則 OECD 國家每年將以 0.6% 的替換率而非 OECD 國家將以 0.4% 的替換率將燃煤電廠改為加裝 CCS 設備的低碳電廠。到 2030 年為止，OECD 國家將有 9% 的燃煤電廠裝設 CCS，而非 OECD 國家將有 4% 的燃煤電廠裝設 CCS，可以減碳 4.9 億噸。若燃氣電廠也以相同方式估計，則可以減碳 2.2 億噸（見表 5-3 及表 5-4）。

表 5-3　2030 年燃煤電廠 CCS 減量預測

	裝設 CCS 電廠比例（%）	發電度數（10 億度／年）	減碳量（10 億噸／年）
OECD 國家	9	388	0.28
前蘇聯集團	4	14	0.01
非 OECD 國家	4	253	0.20
全球總計	6	655	0.49

資料來源：IPCC, Climate Change 2007 - Mitigation

表 5-4　2030 年燃氣電廠 CCS 減量預測

	裝設 CCS 電廠比例（%）	發電度數（10 億度／年）	減碳量（10 億噸／年）
OECD 國家	7	243	0.12
前蘇聯集團	5	78	0.03
非 OECD 國家	5	276	0.07
全球總計	6	597	0.22

資料來源：IPCC, Climate Change 2007 - Mitigation

　　兩者相加，全球將可減碳約 7.1 億公噸，這與目前全球每年排碳 300 億公噸相較不到 2.5%，並不足以振奮人心。IPCC 估計已是極為樂觀，因其預計基於自 2015 年起，OECD 國家的新燃煤電廠就會大量（30%）裝設 CCS，而現在已是 2015 年，全球都還在實驗階段。無怪乎有許多專家認為人類永遠不會大規模採用 CCS 來做為減碳的手段。

我國策略

以我國而言，為求萬全，任何與發電有關的新技術都在他國實際成功後才會引進。故即便證明台灣海峽確有封存大量二氧化碳條件，我國採用 CCS 完工電廠樂觀估計也在 2030 年之後。

CCS 與核能發電、再生能源發電（風力、太陽能）是電力減碳最重要的三個手段。雖然看來前途多艱，但也不可輕言放棄，全球各國都投注以極大的資源研究。以我國而言，CCS 無法減低我國在 2025 年以前的排碳量要求，但對長期減碳的目標來說或許有其重要貢獻，我國似應考慮採取「為 CC 預做準備」政策（Carbon Capture Ready, CCR），這點將在第 17 章討論。

第 6 章

交通減碳

6.1 電動車與油電混合車

如前所述，IPCC 報告指出，目前全球因能源使用造成的溫室氣體排放中，交通占了 23%，而其中 75% 是因路上交通造成，汽車燃燒汽油造成的二氧化碳排放占了其中絕大部分。

如何使汽車動力來源能夠不依靠汽油，而由不造成空氣污染也不排碳的其他能源提供一直是人類的夢想，在今日減碳的大環境下，這個夢想更有急迫性，其中，以電力作為動力來源的電動車就變成一個十分明顯的選擇。

電動車的優劣點

電動車以電力當作動力來源，既免除汽車因燃燒汽油而造成的一般性空氣污染，更因為沒有二氧化碳排放，也有大量減碳、減緩暖化的成效。

事實上，在二十世紀初汽車剛發明時，就有兩大技術相互競爭。一種是目前全球普遍使用的以內燃機（引擎）燃燒汽油提供動力的汽車。另一種就是在車上配備電池，由電池提供馬達電力以驅動車子的電動車。電動車較汽車有許多優點，電動車構造簡單，維護容易，行駛時安靜又沒有污染，在各方面看來都遠勝以燃燒汽油提供動力的汽車。

愛迪生在 1887 年就製造以鎳電池儲能的電動車。在 20 世紀初時，電動車與汽車的比例甚至接近 10：1。但為什麼後來市場終由使用內燃機的汽車勝出呢？

愛迪生很明白的指出電動車幾個不易解決的問題：一、電池充電時間太長；二、充電站有限；三、行駛距離受限。這三個百年前愛迪生提出的難題，到百年後的今天還是電動車的致命傷，其實終結一句就是「電池」問題。

從能量密度來看可以更清楚了解這個問題。拿一般鉛電池與石油相比，同樣重量的石油比同樣重量的鉛電池能量密度大了近百倍，所以電池中的能量少得可憐，這也就是早年電動車行駛距離受限的主因；另一方面，汽車加油只要花幾分鐘，電池充電得花上幾個鐘頭；另外從市場機制來看，如果電動車不夠多，自然沒有人要投資設立充電站，但如果充電站不夠多，消費者也會遲疑於購買電動車。目前電動車的賣點之一是在家充電，但萬一在路上電池快沒電了，而又找不到充電站，豈不是叫天不應、叫地不靈嗎？不過電動車淘汰百年後，又有重新抬頭之勢，主要原因就是對解決暖化問題極有助益。

加州政府在 1995 年通過零排放車輛（Zero Emission Vehicle, ZEV）的法案，要求汽車公司從 2000 年開始銷售的車輛中至少有 2%要符合空氣污染零排放的要求，到 2003 年更要達到 10%的指標。這下逼得各大汽車公司不得不投入大量研發來製造唯一可達到零排放要求的電動車。

但因上述的幾個難題還是難以克服，美國通用汽車公司（General Motor, GM）花了大筆金錢研發出來的電動車 EV1 銷售也不過千輛，所以加州政府在 1998 年不得不修改法案，由原先要求的零排放，放寬為部分零排放（Partial ZEV），在 2001 年更將原先的年限放寬為 2003 年達到 2%零排放車輛，到 2003 年乾脆全面放棄零排放的要求。

油電混合車

既然加州政府體認時勢，不再要求零排放車輛，而只要求降低排放，許多公司重新開始研發油電混合動力車（Hybrid Electric Vehicle, HEV），希望能一舉解決電動車三大難題，其中最成功的自然是豐田（TOYOTA）的 PRIUS。

何謂油電混合動力車？我們以圖 6-1 為例，將目前一般汽車、純電動車和兩種油電混合車作一比較。

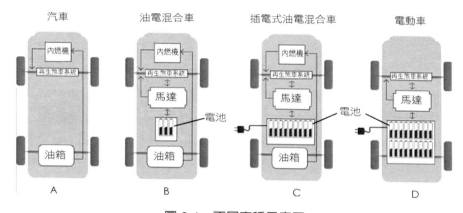

圖 6-1　不同車種示意圖

資料來源：S. Boschert Plug in Hybrids (2006)

　　圖 6-1 的 A 為一般汽車，配備有油箱及內燃機。D 為電動車，配備有電池及馬達。B 則為油電混合車，配備有傳統油箱／內燃機外，另加了電池及馬達。C 為插電式油電混合車，可由插座替電池充電。

　　豐田的 PRIUS 車型有幾個重要的技術創新。最重要的就是利用煞車時產生的能量，由減速馬達作為發電機替電池充電，而一般汽車煞車時產生的熱能則會完全被浪費。PRIUS 此一技術稱之為再生制動（Regeneration），這也是 PRIUS 最重要的節能技術。

　　PRIUS 另一個重要的節能技術就是配備較小的內燃機（引擎）。一般汽車的內燃機都必須考慮汽車在最大出力時的需求，比如加速、爬坡、載重物等等。但多半時間內燃機並不需要如此大的功率，這種為了極少時間的需求而配備大功率的內燃機並不是一個節能的設計。

　　油電混合車因為除了配備內燃機外，還配有馬達，所以內燃機可以改小，只要應付一般需求即可。在偶爾需要加大馬力時，馬達就可以派上用場，輔助內燃機達到加大馬力的需求。裝配一個較小的內燃機，耗油自然較少，無形中也就節省了汽油。PRIUS 還有另一個節能技術，就是在車輛暫時靜止時（如遇到紅燈時），關閉馬達及內燃機等動力，而以馬達提供車輛重新啟動時的動力。

　　由以上的種種節能措施讓油電混合車比傳統汽車省約 30% 的汽油，如果同型汽車 1 公升汽油可行駛 10 公里，則油電混合車約可以行駛 15 公里。

　　PRIUS 因為對環境如此「友善」，所以一推出就造成流行，電影明星甚至捨豪華轎車，改坐 PRIUS 參加奧斯卡頒獎盛會，以彰顯自己重視環保。

　　到 2010 年為止，PRIUS 在全球已售出 200 萬輛。美國是最大的市場，售出近 100 萬輛。加州銷售約占全美 1/4，其中又以洛杉磯占最大量。原因之一是在洛杉磯駕駛 PRIUS，即使車上只有一個人也可行駛多人共乘車道（Car Pool Lane）。油電混合車有許多優點，但因為每部車除了配備傳統內燃機及油箱外，另外還要多配備一套馬達及電池，價格比同型汽車貴了許多。

　　電池費用是 PRIUS 較貴的主因，目前 PRIUS 電池保固 10 萬公里，汽車壽命約為 24 萬公里，在車子使用年限中如果要替換電池又是一筆昂貴的支出。在使用年限中省下的油錢仍無法抵消較昂貴的購車費用，所以購買油電混合車的人還只侷限在收入較高而具環保熱忱的民眾，無法成為市場主流。將來如果科學進步，電池降價而油價持續上升，油電混合車的價格就會變成有競爭力。

插電式油電混合車

　　目前油電混合車在低速行駛時，以馬達提供電力，是一種節能環保車。但在高速行駛時，常要動用傳統汽油引擎，減碳功能急速下降。原因就在於電池提供功率不足，這問題雖然可以用加裝電池解決，但因為油電混合車電池是由減速時的能量來充電，減速提供的能量有其限制，因此即使加裝電池，也是枉然。所以加裝電池的能量就必須由其他來源提供，最明顯的解決方式就是加裝插電設備，由一般插座（連接電力公司電網）來充電。（見圖 6-1，C）

　　插電式油電混合車（Plug in Hybrid Electric Vehicle, PHEV）較一般油電混合車更節能，如果一般汽車 1 公升汽油可行駛 10 公里，油電混合車可行駛 15 公里，插電式油電混合車可行駛 20 公里以上。插電式油電混合車之所以更省油，一個原因是電池增加，在駕駛時有更長時間提供能量，需要使用汽油提供動力的時間更少了。

　　但電池十分昂貴，油電混合車因加裝電池已經比一般汽車昂貴許多，插電式油電混合車要加裝更多電池，價格自然將更「高貴」。

　　但換個角度看，以電力提供行駛動力的成本比汽油提供行駛動力為低。假設汽油每公升 30 元，可行駛 10 公里，表示每行駛 1 公里的成本為 3 元。電力 1 度電可以行駛 4 公里，以每度電費 2.8 元計，每公里成本只要 0.7 元，成本是傳統汽車的 1/4 左右，實在便宜太多了。

　　但以車輛使用年限所節省的購油成本與購車所需增加的費用相較（可能還要考慮更換電池費用），是否有成本上的優勢也不是十分明顯。

電動車／油電混合車的減碳效果

　　與傳統內燃機汽車相較，電動車、油電混合動力車，插電式油電混合車的減碳效果究竟如何？

　　其實，電動車、插電式油電混合車都要由電網供電，所以其是否能減碳，完全要看電動車或插電式油電混合車是由何種發電廠發的電來充電。

　　以前述的例子來比較，假設 1 公升汽油可行駛 10 公里，而 1 公升汽油燃燒的排碳為 2.3 公斤，表示每公里排碳量為 0.23 公斤。另假設 1 度電可行駛 4 公里，一般燃煤發電每度電碳排約 1 公斤，表示每行駛 1 公里排碳 0.25 公斤，所以如果電動車或插電式油電混合車電池充電時的電力來源是燃煤電廠，則其碳排與一般汽車相差無幾；但如果電力來源是來自燃氣電廠，其每度碳排約為燃煤發電之半，電動車及插電式油電混合車就有相當的減碳優勢；若其充電來源來自無碳排的核能發電或再生能源（如風力發電或太陽能發電），則電動車及插電式油電混合車就真正是零排放的環保車。所以，電動車或插電式油電混合車是否真能達到減碳效果還是完全要看電力公司的發電結構。

　　依專家估計，假設到 2050 年美國 75% 的車輛都是插電式油電混合車，為了提供這些車充電所增加的電廠排碳，加上 25% 傳統汽車的排碳，總計仍達 9 億 5900 萬噸，與 2004 年全美汽車排碳 11 億 6300 萬噸相比，減碳仍十分有限。另一方面，純粹為了提供這 75% 插電式油電混合車所需要增加的電力，美國就必須加蓋 25% 的電廠。

以台灣為例，2009 年全國運輸共使用近 1500 萬公秉的汽油，假設 1 公升汽油可行駛 10 公里，若全部車輛均改為電動車（每度電可行駛 4 公里），則每年必須消耗約 400 億度的電，也約等於目前電力系統用電量（每年 2000 億度）的 20%。

電動車是否真能全面普及，一方面要看電池技術發展的情況，但更關鍵的是電力系統是否真能朝「低碳」發展。但由第 5 章所述，這是一個極為困難的挑戰。

6.2　生質能

除了電力外，另外有潛力取代石油產品作為運輸燃料的能源的是生質能及氫能（下節討論）。

生質能是由植物中經一定化學程序淬取的燃料以供車輛使用的能源，可以分成兩類，一種是以生質乙醇（酒精）取代汽油，另一種是以生質柴油取代柴油，因前者產量及應用遠大於後者，所以本節之生質能源主要研討的對象是生質乙醇。

生質能是低碳能源

為何生質能是一種低碳能源？事實上車輛燃燒生質乙醇與燃燒汽油相同，都會排放二氧化碳。碳排放實際上是碳循環的一環，不過要判斷是低碳能源還是高碳能源，完全決定於碳循環的時間長短。以石油為例，石油是上億年前生物遺骸在一定條件下所形成，植物遺骸中的碳氫化合物是植物生前經由光合作用吸收大氣中的二氧化碳與葉綠素作用後所形成，動物遺骸中的碳氫化合物是動物食用植物後在體內經化學作用所形成。

這些上億年前生物遺骸中的碳氫化合物是當時吸收大氣中的二氧化碳所形成，但人類在今日使用石油，經由燃燒過程中取得能量，釋出二氧化碳，因而增加現今大氣層中二氧化碳的濃度。從某種角度而言，這也形成了一個碳循環，但這碳循環時間橫跨上億年，以百年間大氣二氧化碳濃

度即將倍增的時間尺度而言，大氣中二氧化碳只見其增未見其減，所以石油被定義為一種高碳能源。

　　生質燃料就不同了，植物的生長是以季、最多以年為單位。植物依光合作用吸收大氣中的二氧化碳而成長，經工廠淬取製成生質乙醇作為汽車燃料。汽車行駛時燃燒生質乙醇而排放二氧化碳。但由植物吸收大氣中二氧化碳到汽車排放二氧化碳的碳循環只花了一年之內完成，汽車所排的二氧化碳是植物在一年內由大氣中所吸收的，以百年尺度檢驗，大氣中二氧化碳是不增不減保持平衡。這就是為何生質能被歸類為低碳能源的原因。

生質能生產大國

　　乙醇是酒精的學名。大家都知道烈酒因酒精濃度高，很容易燃燒。早期的汽車通常是汽油及酒精雙燒，但後來因為石油可以大量開採，而且價格低廉，漸漸發展成以燃燒汽油為主的車款，酒精燃料汽車因此逐漸淡出。

　　目前巴西是全球使用生質酒精作為汽車燃料比例最高的國家。在 40 年前石油危機初次發生時，巴西就決定要增加自產能源，擺脫對中東石油的依賴。

　　巴西得天獨厚，幅員廣大，氣候條件又非常適合種植甘蔗。甘蔗是含糖量極高的植物，可以極有效率的經過簡單蒸餾製成酒精含量很高、適合汽車使用的生質酒精。在政府幾十年來的鼓勵之下，生質酒精在巴西大行其道，全國車輛幾乎都是彈性燃料車（Flexible Fuel Vehicle, FFV,），可以使用汽油及酒精混合的燃料。巴西目前種植的甘蔗有一半就是用來生產生質酒精。

　　但以生質酒精的產量而言，巴西排在第二位，第一是美國，美國和巴西兩國的產量占了全球近 9 成。不過，美國生產的生質酒精並不是由甘蔗製造，而是由含澱粉質較多的玉米製成，目前全美生產的玉米有一半用來生產生質酒精。

　　雖然生質燃料蔚為風潮，但生質燃料只取代全球汽油消耗量的 1%。有許多國家立法鼓勵並規定生質燃料的使用，歐盟就立法規定在 2010 年生質燃料應占運輸燃料使用量 5.75%，到 2020 年更要高達 20%。美國國會在

2005 年也立法規定生質酒精產量應由當年的 150 億公升增加至 2012 年 285 億公升，預計取代 1 億 8 千萬桶石油，相當於每年 15 天的石油消耗。

生質能的應用

汽油中如果加了 10%的生質酒精，則這種燃料就稱之為 E10（90%汽油、10%酒精），如果加了 15%的生質酒精則稱之為 E15（85%汽油、15%酒精）。以美國而言，可使用生質燃料的汽車最多可使用 E15。一般汽車可混燒少量的生質酒精，不過若要使用 E15 的燃料，車子就要改造。主要原因是酒精有腐蝕性，車輛的接頭、軟管都要採用抗腐蝕的材料。也因為是腐蝕性的原因，生質酒精無法如石油般以管路輸送，而必須依賴卡車運送。

目前全美大約有 500 萬輛彈性燃料車，全球約 1,000 萬輛。全美超過 16 萬加油站中，目前也只有 1,000 個加油站提供生質燃料，而且這些加油站多位於盛產玉米的美國中西部。

IPCC 報告預估，到 2030 年為止，全球生質燃料的使用量會達 10%。與汽油相較，生質酒精的能量密度較低，同樣 1 公升的汽油和酒精，汽油產生的能量是酒精的 1.5 倍，因此 1 公升的汽油可以比酒精多行駛 50%的距離，如果使用 E15 燃料，行駛距離也較純汽油少了 1/3。

生質能的能源帳

植物生長依賴光合作用，但與太陽光電相較，光合作用效率極低。上章提及太陽光電效率約為 15%，但全年有陽光的日子都可轉換太陽能源。如果考慮植物的生長期（並非四季都可生長），再加上光合作用本身的低效率，生質能的效率基本上低於 1%。這表示生質能需要很大的耕種面積，成本也十分昂貴。生質能的未來發展如何？重點不在價格，而是生質能是否真正對減碳有貢獻。

前文曾提到巴西與美國分別以甘蔗和玉米作為生產生質能的農作物。不同農作物生產生質能的生產過程中需要的能量相差極大。甘蔗本身

糖分高，只要很少的蒸餾程序就可以製造出高酒精濃度（99.5%）的生質酒精。

但以玉米為原料就完全不同了。雖然車輛使用玉米製造的乙醇是碳中和的過程，但玉米生長需要極多肥料，而且從玉米轉生產成酒精過程中，經過多次蒸餾，耗費極多能源。所以從種植玉米到製成生質酒精，其消耗的能源恐還大於生產的能源。所以由能源的角度來看根本是個賠本生意。在製程中，消耗的能源（天然氣為主）一樣會排放二氧化碳，是否有任何減碳功效也令人懷疑。

2005 年康乃爾大學教授皮曼德爾（David Pimentel）在詳細計算後認為 1 加侖的生質酒精約有 80,000 BTU 的能量，但種植／生產過程中消耗的能量超過 130,000 BTU，這一份研究報告發表後引起極大的爭議。受美國政府補貼生產玉米的農民及一些玉米州的州長、議員都不願接受該論文的結論。

美國政府不但大力補助農民種植玉米，為了防止巴西價廉生質燃料（約為美國一半成本）的輸入，還課以極高的關稅。美國對進口國外生質燃料課以重稅也正是世界貿易組織（WTO）杜哈會談一再失敗的主因。美國各界正逐漸醒悟，認為大力補貼玉米生產作為生質能及高築關稅是錯誤的政策，2012 年已正式廢除此一高關稅政策。

生質能的爭議

生質能近年在全球都激起極大的反對聲浪，最主要的原因是其導致食物價格飛漲，因為可以作為人類及家畜食物的農產品，特別是玉米，都被轉為生產生質燃料，造成全球糧食短缺。在已開發國家，食物支出只占人民收入的一小部分，所以只是造成民怨。不過在許多極低度開發國家，家庭支出的 80% 是為了餬口，食物漲價就不只是物價指數的問題，而是飢餓甚至死亡的威脅。

有人指出目前全球約有 6 億輛車，也有 6 億飢民。農作物到底應該優先解決 6 億人的飢饉問題，還是優先生產生質燃料提供 6 億車輛使用？這不是一個經濟環保問題，而是一個道德問題。聯合國也曾發表聲明，提出生質燃料的生產是對人道的犯罪行為（A Crime Against Humanity）。

　　另外有一個統計數字也發人深省，不論是糧食還是能源，都是為了提供能量，如果將全球能源使用及糧食消耗都轉換為卡路里計算，則前者是後者的 20 倍。所以即使為了減低碳排而用生質能取代 10%的全球能源，則全球農地要增加為目前的 3 倍，而且其中 2/3 的農地要生產生質能農作物。生質能是否能大量作為替代能源，以達到減碳的目標，大有疑問。

生質能的未來

　　由於以農作物作為生質能源來源的反對聲浪太大，近來許多研究轉而針對稻稈、麥稈等非食物的木質纖維提淬出能源。但稻稈、麥稈的纖維素很強不易破壞，因此需增加將纖維分解糖化的過程，單此增加的製程就將消耗 1 倍的能源。目前以木質纖維作為生質能原料還在研究階段，技術及成本上是否可行還在未定之天，但決非易事。

6.3　氫能源

　　除生質能外，另外有一個有潛力取代化石燃料的能源是「氫」，雖然目前在全球的使用量是零，但許多人對之寄以厚望。許多人認為稱其為「氫能源」還不足表達其重要性，另冠之為「氫經濟」，可見其在許多人心目中的重要地位。

　　為什麼「氫」會引起人類這麼大的興趣？原因在於氫與氧產生化學作用釋出能量（電能或熱能）的過程中，其副產品是水。完全不會造成污染，更不會構成暖化威脅。

燃料電池

　　目前以氫作為能源的主要目的是產生電能，以氫產生電能的裝置稱之為燃料電池（Fuel Cell）。氫能源讓人有這麼大興趣的主要原因是希望有朝一日，人類可以擺脫石油而以氫作為運輸能源，希望將來「氫經濟」可以取代「石油經濟」。圖 6-2 為燃料電池的示意圖。

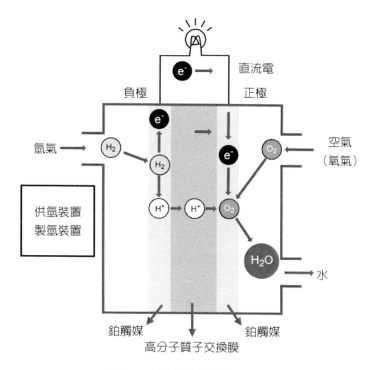

圖 6-2　燃料電池原理

資料來源：市川勝，圖解氫能源（2009）

　　燃料電池構造非常簡單，正負極均為鉑（白金）作為觸媒，其間有一個質子交換膜（Proton Exchange Membrane, PEM）作為電解質。在電池一側導入氫氣，另一側導入空氣（提供氧氣）。在氫電極側，氫氣由鉑的觸媒作用而分解為質子（氫離子）及電子。

$$H_2 \rightarrow 2H \rightarrow 2H^+ + 2e$$

　　質子交換膜只允許質子（氫離子）通過，電子不能通過，電子只能由連接氫電極與氧電極的外部電路通過，以產生電流供人們所用。在氧電極一端，借由鉑觸媒的作用會使氧、氫離子及電子結合產生水。

$$1/2\ O_2 + 2H^+ + 2e \rightarrow H_2O + 熱$$

　　燃料電池的原理十分簡單，只不過將電解水的過程反其道而行。燃料電池有許多種，基本上是依電解質來分類。

　　目前大家較為關注的燃料電池是上述以質子交換膜（PEM）作為電解質的燃料電池。因為這種燃料電池可以在較低的溫度下（65℃）運作，適合安裝在車上作為車用電池。

　　寄望燃料電池取代今日汽車的內燃機，燃料電池就要符合幾個條件：一、重量要夠輕，體積要夠小。二、起動迅速。三、價格低廉。四、電池可靠度要高。

　　燃料電池有許多種，但有些必須在極高溫下運轉，如固態氧化物電池（Solid Oxide Fuel Cells, SOFC）要在 1,000℃ 的高溫下運作，要花很長的時間才能達到如此高溫，顯然就不合適作為需要立即發動的車用電池。

氫的生產

　　燃料電池需要的氧可由空氣中取得，但問題是氫從那裡來？

　　氫是宇宙中數量最多的元素，從宇宙初始的大爆炸開始，直到目前宇宙中的恆星甚至有些大型行星基本上都是氫所構成。

　　但氫實在太輕了，所以在地球大氣中數量極少，多半在地球形成初期就都飄到外太空了。目前地球上的氫都是以化合物的形態存在，如水（H_2O）及天然氣（CH_4）等等。

　　換句話說，氫是要製造出來的，並不像煤、石油、天然氣在開採後立即可以作為能源使用。氫並像化石能源是一次能源，而是和「電」較為相似的二次能源。

　　基本上可以用兩種方式製造氫，一種是由化石燃料製氫，因為化石燃料（如石油、天然氣）本身就是碳氫化合物，而碳經過與水蒸汽產生化學作用可以製氫；另一種方法是電解水來製氫。

　　目前世界上已經有相當大的製氫工業，但製氫的目的不在利用其能源，而是提供肥料工業（製造尿素 NH_3）及煉油工業使用。

　　因為電解水製氫的成本遠高於以化石原料製氫，所以目前全球有 90% 以上的氫是以化石原料製造。其中以天然氣為原料製氫占了一半，其次為

石油、再次為煤。不論以何種製程來製造氫都要消耗能源，如果製氫的目的是為了供肥料廠或煉油廠使用，則能源使用的成本不過是眾多成本中的一項，只要銷售價格高於總成本，製造氫氣就有利潤。

但如果製氫的目的是為了能源使用，並考慮減碳效益，則更重要的考量是：一、製氫所消耗的能量是否大於製造出來的氫所能提供的能量？二、製氫使用的能源如果來自化石燃料，則製氫過程的碳排數量與使用氫所減少的排碳數量相差多少？考慮這兩個問題，我們分別討論以不同化石原料及以水為原料製氫研討其優劣。

1. 以天然氣／石油製氫

天然氣／石油製氫是一個十分成熟的製程，這兩種碳氫化合物與水蒸汽在高溫及有觸媒的環境下反應而製氫，此一製程稱為蒸汽甲烷重組（Steam Methane Reforming， SMR）。

2. 以煤製氫

在上章 CCS 的討論中曾解釋將煤氣化製氫後發電的方法（IGCC），其製氫過程也是將碳與水蒸汽在高溫環境下起化學作用而製氫。

以上兩種製氫方法不但耗費相當多能量，而且製程中都會產生二氧化碳，因為以化石原料與水蒸汽反應製氫的基本原理，就是將水蒸氣（H_2O）中的氧移除以製氫（H_2），而移除的氧就與碳氫化合物中的碳結合成二氧化碳。所以以化石原料製氫很難通過能量需求／減碳兩項考驗。

美國政府在 2003 年曾經推出一個雄心勃勃的 Future Gen（未來發電計畫）計畫，基本上就是用 IGCC 方式發電，同時將製程中產生的二氧化碳予以捕捉並封存（CCS）。但在進行數年後，發現建廠成本較原先預估將成長數倍，最後終於放棄此一計畫。

3. 電解水製氫

將水（H_2O）電解為氫（H_2）和氧（O_2）也是一種十分成熟的科技，以水製氫的最大優勢是可以製造純度非常高的氫，美國太空總署就是以純氫作為火箭燃料將太空梭送上太空，基本上是不計成本的。

以電解水製氫非常耗能，成本極高。每製造 1 單位的能量就要消耗 1.4 單位的能量。如果用來電解水的電來自火力電廠，則以氫作為運輸燃料的減排效果難以抵消原來的電廠碳排量。

依計算，如果要將全美汽車使用的汽油均由電解水產生的氫來取代，則製氫所需的電力將超過目前全美用電量，碳排及暖化將更形加劇。

上一章討論電動車就提過，電力可以直接為車用電池充電以提供行車能源，又何必多此一舉以電製氫（效率極差）再以燃料電池提供行車動力呢？

氫氣車如何貯氫

要由「石油經濟」轉變為「氫經濟」，還有許多技術問題要克服。

首先，汽車的油箱加滿一箱油約可行駛 500 公里，原因在於汽油的能量密度非常高。氫在一般大氣壓力下（未加壓）是以氣體型態存在，單位體積的能量密度極低（氫是最輕的元素），所以在氫氣車的「貯氫箱」就必須以加壓氣體、液化或固化三種方法來貯氫。

以氣體加壓方式貯氫，其壓力大約要在 350 大氣壓到 700 大氣壓左右。以 700 大氣壓貯氫箱而言，其壓縮氫的過程就將消耗約 15% 的氫能量，但即使在如此高壓之下，貯氫箱所貯的能量也只有同樣體積油箱中汽油能量的 1/4，但燃料電池的效率比汽車引擎（內燃機）效率高出約 1 倍，所以要行駛同樣距離，貯氫箱的體積就必須有 2 倍油箱的容量。

在如此的高壓，貯氫箱只能設計為圓筒狀（其他形狀的容器單位應力會更大）。整個車子的空間設計就必須全盤改變。這種 700 大氣壓的高壓容器造價極貴，貯氫箱的造價恐怕將超過傳統油箱的數十倍。在安全上也令人擔憂，在車禍發生時，這種高壓容器如果發生爆炸，造成的傷亡恐遠大於車禍本身的傷亡。

將氫以液態方式貯存也要克服許多困難，氫氣要在 -253℃ 的極低溫下才會液化，絕對零度也不過是 -273℃，可以想像要將氫液化本身就極為耗能，約消耗 40% 的能量。液態氫貯槽又必須使用能耐極低溫的材料製造，並使用大量隔熱保溫材料來隔熱，這些材料都價格不菲。

此外，氫加壓為液態所使用的電力排碳量也與同樣能量的汽油排碳量相當。而且，液態貯氫還有一個問題，就是漏氣。美國通用汽車公司曾製作一台示範車，以液態氫為燃料，但每天氫氣的損失量約在 4% 左右，表示如果一個禮拜加氫一次，約有 30% 的氫會「漏氣」。

氫也可以與不同金屬發生化學反應，而以固態方式貯存。金屬作用如同海綿吸水一般，先與純氫起化學作用形成化合物，在行駛時再以加溫或其他方式逆轉化學反應，因而釋出氫供燃料電池使用。

但選擇合適的金屬並非易事，有些容易與氫發生反應（貯氫速度快），但釋氫過程慢，有些又相反。以金屬儲氫最大的問題是重量，貯 1 公斤的氫約需 50 公斤的金屬，貯 6 公斤的氫就需 300 公斤的金屬，使氫氣車在任何時刻都要載運這些額外重量，大大降低行車效率。以何種方式為氫氣車貯氫顯然是一個必須克服的技術問題。

氫氣車的加氫站

氫氣車要推廣還有一個很大的障礙要克服，就是加氫站的設置。

全球目前有超過 8 萬座加油站，這些加油站花了百年才陸續建成。今日如果公路上沒有足夠的加氫站，則消費者就會遲疑於購買氫氣車，但如果氫氣車數目不足，也沒有企業會投資加氫站，這就形成雞生蛋、蛋生雞的兩難。

加氫站的氫怎麼來？有兩種可能：一種是在大型氫氣工廠製造再分送到各加氫站，如目前汽油是在煉油廠製造再分送到各加油站；另一種是在各加油站以「天然氣」為原料而以蒸汽甲烷重組的方法製氫。

這兩種方法都有其困難之處，集中在製氫工廠製造的好處是成本較低，製出的氫純度也較佳。但如何運送到各加氫站是一大問題，一種是將氫液化再運送到各加氫站，另一種是用高壓儲槽的方式運送氫。液態氫可用特殊低溫卡車或管線（如目前汽油管線）輸送。不過液態氫最大的問題還是將氫液化的過程本身非常耗能，此外以特殊低溫卡車運送氫則成本太高。

一般而言，以管線運輸汽油比油罐車運送成本低上 10 倍。但以管線輸氫可不便宜，因為長期輸送極低溫液態氫易使金屬脆化。液態氫又極易

氣化洩漏，所以管路及閥門都要特殊製造。加壓氣態氫可以用卡車運送，但加壓氫的能量密度遠低於汽油，要 10 輛的加壓氫氣卡車才能運送同樣能量的汽油油罐車，運送過程就消耗了太多的能量。

因為在大型製氫工廠製氫再運送到加氫站有許多困難，許多人就傾向在加氫站以天然氣製氫。但在加氫站製氫的最大問題就是成本。在加氫站製氫表示將每個加氫站都變成一個小化工廠。其中不但要有製氫的蒸汽甲烷重組設備，還要有淨化氫及加壓氫氣的壓縮機等設備，其投資遠高於一般加油站，有人計算至少要營運 10 年以上才能回本。

氫能源的未來

如果我們再回頭檢視熱衷於氫能源的兩大原因：一是減少碳排、二是未雨綢繆取代化石燃料，因為化石燃料總有因開採太過，儲藏量銳減而導致價格高不可攀的一天。但如果用天然氣製氫，在製氫過程中也會同時製造二氧化碳，並沒有解決取代化石燃料的問題。麻省理工學院史隆汽車中心主任海伍（John Heywood）就曾說過，如果氫氣不是產自再生能源，則不論從環保或經濟的角度都不值得推廣。

以再生能源（風力、太陽能）等產生的電力電解水製氫，一方面在製程中不會製造二氧化碳，另一方面原料是水而不是化石原料（如天然氣），似乎完全合乎氫能源的初衷。但再生能源發電十分昂貴，而且有許多充電式油電混合車或電動車可直接將車用電池充電行駛，利用電製氫再供車輛使用也沒有很強的說服力。

在未來數十年，燃料電池發展進步的同時，車用電池（鋰電池等）也會不斷進步，氫能源又牽涉極複雜的基礎建設（加氫站及氫運輸）問題，無怪乎許多人認為氫能源的推廣使用，恐怕至少要再 30 年後才可能略具雛形。

第 7 章

氣候工程與暖化調適

第五章討論減少發電排碳的方法，第六章討論減少交通排碳的手段。由這兩章的討論，大家可以了解到減碳真不是件易事，無論是談減碳時程或減碳目標，恐怕都應了解以目前的科技要達成近程減碳目標實在是力有未逮。

本章討論的兩個主題，一為氣候工程（Climate Engineering）也有稱之為地球工程（Geo-Engineering 或 Earth Engineering），一為暖化調適（Adaptation）。

五、六兩章討論降低排碳，是 IPCC 所謂的減排（Mitigations）手段。氣候工程討論的是如何降低太陽輻射或加強吸收大氣中二氧化碳，兩者都以「釜底抽薪」的方式來降低全球暖化的威脅。至於暖化調適則是著眼於既然全球溫度上升 2℃以上似乎不可避免，可以採行那些因應之道來降低氣候變遷造成的損害。

7.1 氣候工程

氣候工程可以分為兩大類，一種是減少太陽輻射，又稱為太陽輻射管理（Solar Radiation Management, SRM）。一種是移除大氣中的二氧化碳（Carbon Dioxide Removal, CDR），又稱為 Air Capture（AC）。

太陽輻射管理是一種快速使地球降溫的手段，移除大氣中二氧化碳的成效則慢得多，而且太陽輻射管理的成本也比移除大氣中二氧化碳的成本為低，是比較值得期待用來解決氣候變遷的技術。

太陽輻射管理

太陽輻射管理的構想是以阻絕太陽輻射以抵消因溫室氣體造成的全球增溫。太陽輻射能量極為巨大，所以只要阻絕 1%的輻射就可以抵消二氧化碳倍增造成的暖化。1991 年菲律賓 Pinatubo 火山爆發所釋出到平流層的大量二氧化硫，使全球溫度降溫 0.5℃，就是一個極佳的啟發與驗證。

目前有三種較常為人所討論的太陽輻射管理方式。一是造雲，二是在平流層釋出二氧化硫等懸浮微粒，三是在太空中適合地點放置反射鏡。三種手段都可以降低太陽輻射，以下將針對三種方法作進一步解說。

1. 造雲

目前討論最多的就是在海洋上以特製的造雲船、抽水機及其他配合設備，將極細微的海水釋入大氣中造雲。雲的形成除了水蒸氣外，最重要的是要有雲核，由海水中抽向大氣的除了水氣外，還有無數微米大小的鹽粒子非常適合作為雲核。圖 7-1 即為沙特教授（Stephen Salter）所提出的造雲船示意圖。

圖 7-1　造雲船示意圖

資料來源：C. Coodall，綠能經濟真相（2010）

　　一般商船在海洋航行時，人們很容易觀察到商船的航線上方會有長條型的雲，這些雲形成的原因就是商船柴油引擎釋出的二氧化硫在大氣中提供大量的雲核，如大氣中水氣充沛，長條雲就自然形成了。

　　與其他兩種太陽輻射管理方式相較，海洋造雲有相當的成本優勢，主要原因在於海洋造雲造的是低雲，而其他兩種方式必須將微顆粒或鏡片釋出於平流層或太空中，因此相較之下能源消耗就小得多，從成本效益觀點是一種投資報酬率較佳的方案。

2. 在平流層釋出懸浮微粒（Aerosol）

　　如前所述，當火山爆發釋出大量二氧化硫到大氣平流層後，因為二氧化硫等懸浮顆粒會反射太陽光，可造成全球降溫。所以許多科學家就建議若能將懸浮顆粒釋入大氣的平流層，藉此阻絕太陽輻射，降低大氣溫度。為什麼要釋入平流層呢？因為地球的各種天氣現象（風、雨、雲等）主要發生在由地表到離地 10 公里的大氣對流層。懸浮顆粒如果只釋入對流層很快就會因各種氣象行為而回到大地，失去阻絕陽光的效果。大氣平流層是在對流層之上的 10 公里到 50 公里之間。在這個高度，基本上是萬里無雲，飛機航線基本上就是在平流層，以避開各種天氣現象對飛航的干擾。如果將微小顆粒釋入平流層，可以維持一年。在一年之後才降回大地，可以長時間的阻絕陽光。有許多科學家鼓吹在平流層釋出微粒，其中最有名的是 Paul Crutzen，Crutzen 是因研究大氣臭氧層破壞，獲得諾貝爾獎的著名化學家，他的建議有一定的份量。

　　如果要人為釋出微粒於平流層，最合適的大小就是和可見光波光（0.4μ-0.7μ）大小相當的粒子，因為這種大小的粒子可以最有效的散射可見光。此外粒子越小，越不容易降回大地，滯留於平流層的時間越長，效果越佳。

　　科學家也粗估每年必須釋出 $800,000m^3$ 的微粒，這總量不過是邊長 90m 的立方體，遠小於目前全球電廠每年釋出的二氧化硫量。

　　科學家也討論將懸浮微粒釋入平流層的方法。以飛機飛航於平流層釋出，似乎是一個很合理的方式，但成本可能不菲，也有人建議以空飄氣球方式釋出，最近更有人建議以軟管釋出，並在一定間隔的軟管上繫上大

型氣球提供浮力。但越往高空空氣越稀薄，是否有足夠的浮力，也有待證實。

要真正施行在大氣釋出懸浮微粒，還有許多研究工作有待進行。

3. 在太空中釋出鏡片

在太陽與地球間有一個重力平衡點，在該處物體受到太陽和地球的引力相同而保持平衡，這一點名為拉格朗 L1 點（Lagrangian L1 Point）。理論上在該點的物體可以數十年穩定的留在太空而阻擋陽光。但要將極大量的微鏡片射入太空的 L1 點，顯然是成本極高的手段，所以雖然有人提出種方法，但真正認為可行的人並不多。

至於「造雲」和「平流層釋微粒」兩種方法的投資報酬率，也有學者曾進行較為深入的探討，結論是前者的報酬率超過 10,000 倍，而後者在 25～50 倍之間，顯然前者是一個較為優越的方案。

移除大氣中的二氧化碳

太陽輻射管理有一個較為人垢病之處是並沒有完全解決大氣中二氧化碳增加的問題。太陽輻射管理對降溫可能很有效，可以減緩因二氧化碳增加導致全球暖化可能造成的許多氣候災害，但沒有解決海洋酸化的問題。

針對這一個弱點，有些科學家就提出直接由大氣中吸收二氧化碳的方法。目前討論較多的方法包括：一、海藻法；二、基因植物法；三、化學吸收法。以下就提供簡單的說明。

1. 海藻法

光合作用是大自然吸收二氧化碳的最好示範。海洋中的浮游植物（Phytoplankton），最主要為藻類，其進行光合作用所吸收的二氧化碳大於陸上植物的總和。浮游植物死亡後有兩種可能，一種是在海洋上層分解而釋出生前固化的二氧化碳，但有 20% 的浮游植物在死亡後會沉到海底。浮游植物最重要的養分就是鐵，有人提出在海洋中撒入大量鐵粉，幫助浮游植物大量生長，如此可以大量吸收大氣中的二氧化碳而達到直接減碳的目

的。目前美國加州的一家浮游生物公司（Planktos）已在赤道太平洋加拉巴哥群島西方 600 公里的一個 10,000 平方公里的海域傾倒了 50 公噸的鐵粉作為試驗，並觀察浮游生物增加的情況，國內也有科學家進行相關研究。

2. 基因植物法

陸地上的植物進行光合作用時，吸收空氣中的二氧化碳與植物中的葉綠素結合以製造植物需要的養分，在過程中並將氧氣排回大氣。

但大自然中植物進行光合作用的效率很低。目前生物學已非昔日可比，基因工程已有長足的進步。有些科學家就提出「人造超級植物」的構想，試圖以基因工程的手段改造現有植物的光合作用效率。目標是增加 100 倍的光合作用效率，如果這種方法成功，則種植一棵「人造樹」可抵上 100 棵一般樹木，在 100 平方公里的範圍內造林等於目前 10,000 平方公里的造林吸碳效果。名科學家戴森（Freeman Dyson）就是對基因植物這種手段寄以厚望的科學家之一。

3. 化學吸收法

以空氣過濾機直接由大氣中吸收二氧化碳也是一個方興未艾的研究。目前全球有不少研究團隊，但較為知名的是哥倫比亞大學 Klaus Lackner 的團隊。Discovery 頻道曾專訪 Lackner 製作了一個二氧化碳吸收的節目並曾在台灣播放。

其實各團隊的方法都類似，主要是讓空氣通過某種設備，與可結合二氧化碳的「吸收劑」接觸以捕捉二氧化碳。以洗滌器（scrubber）去除二氧化碳並非新主意，在潛水艇或太空船中都有類似設備，以除去海軍人員及太空人所呼出的二氧化碳。當然在潛艇或太空船回收二氧化碳是不計成本的，但要大規模去除大氣中的二氧化碳，成本就是首要考量。

成本分成兩部分，一部分是吸收二氧化碳，成本不高。但如何由吸收劑中抽取出二氧化碳予以處理才是花大錢的部分。以空氣過濾器來吸收二氧化碳，本身就不是經濟的手段，試想燃煤電廠煙氣中二氧化碳濃度約占 15%（因空氣中主要成分是氮氣），許多人就覺得 CCS 要處理太多非二氧化碳的氣體並不經濟。今日大氣中二氧化碳濃度不過 400ppm，以空氣過

濾器來處理不是更沒效率？以成本而言，Lackner 估計要去除每噸二氧化碳成本約 200 美元，如此高昂的價格顯然無法大力推廣。

第三次全國能源會議的某次會前會曾邀請 Lackner 教授來台。在會議中 Lackner 與筆者正好都擔任引言人。會後曾與 Lackner 討論二氧化碳儲存問題，猶憶 Lackner 曾建議因台灣東臨太平洋，似乎可嘗試將液化二氧化碳打入 3,000 公尺深海，因在此種深度，液態二氧化碳的密度將大於水的密度，而自動會沉降至海底。有人做過小規模試驗證明可行，但大量二氧化碳沉在海底，是否會返回大氣層及對海洋生態的影響則尚無定論。

7.2　暖化調適

IPCC 2007 年的報告超過 3,000 頁，除了一本較薄的節錄外，基本上分成三大部分，第一冊討論暖化的科學證據，第二冊討論如何減緩暖化（Mitigation），第三、四兩冊則討論人類如何調整適應（Adaptation）暖化。

從某個角度看來 IPCC 其實比較著重於減緩暖化，希望人類經由各種減碳手段來減緩暖化及氣候變遷帶來的災害。並不十分「提倡」在暖化後如何調適，似乎擔心如果人類認為暖化後的世界可以用調適的手段來解決，會降低人類減緩暖化的努力。

IPCC 在討論氣候變遷的災害時，常常先「假設」人類沒有作針對氣候變遷以「調適」來應對，比方假設農人在氣候變遷的環境下，仍然在同樣的區域，同樣的季節種植同樣的農作物。

在這種沒有「調適」的情況下，氣候變遷當然會造成農作物歉收的災難。IPCC 報告經常「系統性」的忽視人類必然會採取的「調適」手段，因而誇大暖化的災難。

但別忘了人類是一種特別會調適環境的物種，在人類生存的歷史上（經歷了冰河期及間冰期）及今日 70 億人分布在全球各種氣候條件下，人類都能以不同的方式調適各種惡劣環境而生存發展。以前述農業為例，人類會因地制宜而在不同的地區選擇不同的農作物及在不同的季節種植。IPCC 報告中常「假設」人類沒有採取「調適」的手段，這與人類的歷史發展不符。

　　如前述，在早期討論暖化時，注意都集中於減緩暖化的政策，似乎有意避免討論調適的手段。但現在人類漸漸明瞭，要減緩暖化是極為艱巨的任務，百年後全球增溫 2℃到 3℃似乎是不可避免，所以「調適」這個題目終於受到大眾應有的重視。在 2007 年峇里島召開的會議中，已將「調適」列為應付氣候變遷的重要手段。在《聯合國氣候變化框架公約》第 13 次締約國會議（Conference of Parties, COP13）中也正式成立了一個調適基金管理委員會。

　　人類對氣候變遷可以採取三種行動，第一種是不予理會，後果要承受氣候變遷帶來的經濟損失。第二種是減緩暖化，天下沒有白吃的午餐，各種減緩暖化的措施都要付出成本。第三種就是調適，調適的手段也有很多種，但也都有其經濟代價。

　　這三種行動的經濟代價是會互相影響，如現在投入資源進行減緩暖化的行動，則將來氣候造成的經濟損失會減緩，調適的成本也會降低。（見圖 7-2）

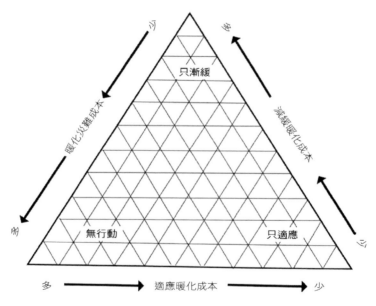

圖 7-2　暖化、減暖、調適成本關係圖

資料來源：B. Lomburg, Smart Solutions to Climate Change (2010)

減緩暖化和調適暖化的手段有很大的不同。

1. 減緩暖化是一個需要全球齊心協力才可成功，並且要經過非常長期的努力，調適暖化則是一個地域性的行動。

2. 減緩暖化的時機是「現在」，而調適暖化的行動基本是在「將來」。氣候變遷在全球各地區到底會造成何種災害及程度很難預測，許多人建議不如等到趨勢較明朗後再採取合宜的行動，成本較低。

3. 減緩暖化的行動必須要在中央政府的層級推動，甚至牽涉到國際條約（如京都議定書）。但調適行動完全可以由地方政府自行決定及執行，與減緩暖化的行動相比，有效率得多。

未來氣候變遷的災害較可能發生在開發中國家，而造成氣候變遷的溫室氣體又多是已開發國家在過去百年釋出，所以從「使用者付費」的原則而言，目前全球的共識是已開發國家應對開發中國家的「調適」提供經濟援助。

不少人一想到「調適」就只想到工程手段。不錯，以工程手段來調適氣候變遷，當然是一個重要的方法，工程方式包括加固堤防、建築、水利工程等。但另外有兩個重要手段是科學面和制度面。

以科學手段調適包括研發耐旱耐澇的農產新品種、疾病防治及治療的新方法，對生態系統的進一步了解，在在都有助於調適氣候變遷。

制度上的調適包括政策的行政立法措施，如碳稅、碳交易、氣候保險、區域性疏散等都可歸於制度調適。不論是以何種手段調適，目前看來比較需要加強準備的有四個領域。一為農業；二為水資源；三為健康風險；四為沿海基礎建設。

也有人認為氣候調適是遠比減緩暖化較為經濟有效的方法。比如以上述調適的四大領域而言，對人類而言並無新奇之處，人類在這四個領域的調適可說是經驗豐富，等到趨勢確定再對症下藥，遠比傾全球之力減緩暖化更為有效。

真正要進行調適的各種手段也在五十年之後。依估計，到時候的世界將較今日遠為富裕，科學也較今日遠為進步，調適的成本對當時而言，將遠低於減緩暖化對當前經濟的衝擊。

　　本章所討論的氣候工程及暖化調適在目前似乎被刻意忽視，所有的關注都集中於減緩暖化，但氣候工程及暖化調適都將是人類對抗暖化的重要手段，國人實應有適當的了解並投以應有的關注。

第三篇
國際條約與經濟分析

8. 京都議定書與哥本哈根會議

9. 減碳經濟分析

第 8 章

京都議定書與哥本哈根會議

第二篇是由技術面來討論減碳，本篇將討論國際間的減碳條約及減碳的經濟考量。

8.1　京都議定書

京都議定書（Kyoto Protocol）大家耳熟能詳，其實有其發展背景。

1988 年於聯合國架構下成立了政府間氣候變遷委員會（Intergovernmental Panel of Climate Change, IPCC）。IPCC 在 1990 年發布第一次科學評估報告，1992 年在巴西里約召開了里約環境與發展大會，通過「聯合國氣候變化框架合約」（United Nations Framework Convention on Climate Change, UNFCCC），1994 年 3 月該公約生效。其後在 1995 年 3 月在柏林召開第 1 次締約國大會（Conference of Parties 1, COP1），同年 IPCC 發表了第二次科學評估報告，1997 年 12 月在京都召開的第 3 次締約國會議（COP3）中通過了具有法律約束力的「京都議定書」。

減碳目標

京都議定書最主要的規定是列於 UNFCCC 附件一的國家承諾在 2008 ～2012 年的平均溫室氣排放量將低於 1990 年排放量（少數國家排放不減反增），表 8-1 為各國承諾該五年平均溫室氣體排放量與 1990 年排放量的比率。

表 8-1　附件一國家減碳目標

國家	與 1990 年的排放量增減
澳洲	108
奧地利	92
比利時	92
保加利亞	92
加拿大	94
克羅埃西亞	95
捷克	92
丹麥	92
愛沙尼亞	92
歐盟	92
芬蘭	92
法國	92
德國	92
希臘	92
匈牙利	94
冰島	110
愛爾蘭	92
義大利	92
日本	94
拉脫維亞	92
列支敦斯登	92
立陶宛	92
盧森堡	92
摩納哥	92
荷蘭	92
紐西蘭	100
挪威	101
波蘭	94
葡萄牙	92
羅馬尼亞	92
俄國	100
斯洛法克	92
斯洛法尼亞	92

西班牙	92
瑞典	92
瑞士	92
烏克蘭	100
英國	92
美國	93

資料來源：David G. Victor, The Collapse of the Kyoto Protocol and the Struggle to Slow Global Warming (2001)

列於附件一的國家主要是位於歐洲的 33 國，其中歐盟國家為 27 國。歐盟國家實際上可分為兩大區塊，一塊是西歐國家（15 國），一塊是前東歐共產國家（12 國）。位於其他洲的有五國，包括澳洲、加拿大、日本、紐西蘭及美國，均為先進國家。歐洲國家中歐盟 27 國整體承諾減碳 8%，非歐盟的其他歐洲國家則有不同承諾，包括冰島增加 10%，挪威增加 1% 及俄國的不增不減。非歐五國的減碳目標則分別為：澳洲增 8%，美國減 7%，加拿大、日本減 6%，紐西蘭不增不減。

美、俄兩大國在京都議定書的發展過程中也都扮演了十分重要的角色。

京都議定書在 1997 年第 3 次締約國會議中通過並未馬上生效，該協議規定必須由一定數目國家正式認可才生效。因此京都議定書自 1997 年提出後一直到 2004 年都沒有跨過「有效條件」門檻。俄國政府的通過與否就成為最重要的關鍵，歐盟最後只好使出利誘手段，以俄國政府正式認可京都議定書作為同意俄國加入世界貿易組織的條件。當時俄國急於加入該組織，所以在 2004 年 11 月承諾京都議定書，京都議定書也就在俄國承諾 90 天後於 2005 年 2 月 16 日正式生效。

美國是附件一國家中唯一未正式承諾減碳目標的國家，布希總統在 2001 年就任後正式宣布退出京都議定書，原因有二：

1. 氣候變化問題在科學上仍有不確定性。
2. 承諾並實現京都議定書對美國經濟影響太大，中國等開發中大國沒有參與減碳，對美國不公平。

許多人因此抨擊布希總統退出京都議定書的決策。然而 1997 年底京都議定書在第 3 次締約國會議通過時，柯林頓擔任總統，高爾擔任副總統。

兩人在京都議定書發布後到卸任有 800 多天主政白宮，從未將京都議定書送交國會認可。其原因在於美國參議院在美國代表團於 1997 年底參加第 3 次締約國會議前，以 95 票對 0 票訓令美國政府不得簽署任何將危害美國經濟及沒有開發中大國（中、印等國）承諾減碳的任何條約。所以不參加京都議定書的過程經歷了美國民主、共和兩黨的主政期間。也有人指出美國至少是一個誠實的國家，以世界首強地位的美國不願簽署一個明知達不到的承諾，與大多正式承諾但終究無法達成承諾的國家相較，美國到底維持了一個坦誠面對現實的立場。

減碳成效

圖 8-1 是 UNFCCC 公布各國在 2008 年與 1990 年的排碳值，由該表可以十分明顯的看出達到承諾值（約為-8%）的幾乎全都是前共產東歐國家。理由十分簡單，前蘇聯及東歐共產集團自 1989 年解體後，到 2008 年各國經濟實力還趕不上 1989 年的經濟實力。經濟既然發生長達 20 年的大衰退，能源使用及碳排自然大幅衰減，非戰之功。非歐五國的排碳都有相當的增加，澳洲（+32%）、加拿大（+31%）、紐西蘭（+23%）、美國（+13%），日本成績最好只增加 1%。

西歐國家中，增加最多的依序為西班牙（+42%）、葡萄牙（+32%）、希臘（+23%）、愛爾蘭（+23%）。西歐 15 國中達到減碳目標的只有三國：瑞典、英國及德國。瑞典已完全邁入一個後工業化社會，德國及英國有如此亮眼的表現都各有特殊的原因。

德國減碳「成功」最主要的原因是 1989 年東西德合併，西德將東德效率極差的工廠及發電廠陸續拆除，改建為高效率的現代化工廠及高效的發電廠，這種歷史事件只會發生一次，其他國家無法複製，也就是說，德國在未來 20 年也很難重複其過去 20 年的減碳績效。

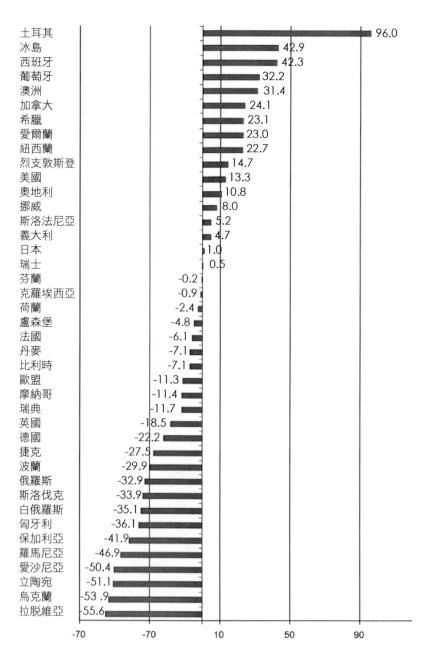

圖8-1　附件一國家實際碳排量（2008 與 1990 比較）

資料來源：FCCC/SBI/2010/18

　　英國減碳成效卓著也有天時、地利、人和的因素。英國鐵娘子柴契爾夫人為保守黨，保守黨最大政敵是工黨。支持工黨最力的是英國各工會，其中力量最強大的就是煤礦工會。柴契爾夫人一心想剷除煤礦工會的政治影響力，真是天助柴夫人，英國竟然在北海發現了大規模的油田及氣田。自工業革命以來英國發電廠主要是依賴燃煤發電，發現北海油田後，保守黨政府就大力推動天然氣發電，30 年來將天然氣發電比例大幅提升，而將戰後初期增建的低效能燃煤電廠逐一淘汰。煤礦最主要的客戶就是燃煤電廠，燃煤電廠一旦減少，煤礦只好一一關閉，煤礦工會的會員及影響力自動消減，英國煤礦工人由全盛時期的超過百萬人減到目前不及 1 萬人。但英國改煤為氣的手段也只能發生一次，近年來英國減碳速度已大不如過去 20 年來的好光景了。

　　德國、英國並沒有什麼科技上的減碳妙方，純粹因緣際會。西班牙、葡萄牙、希臘、愛爾蘭等西歐國家並沒有如此機緣，20 年來排碳自然隨著經濟及能源使用成長而節節高升，加拿大、澳洲、紐西蘭及美國也無不如此。

　　京都議定書的總體減排目標是在 2008～2012 年均較 1990 年減少 5.2%，即使各國都達到各別減（增）碳目標，在 2050 年時全球降溫效益只有 0.07℃，可說是杯水車薪微不足道，何況大多數國家根本無法達成其減碳目標。

　　但為何京都議定書如此重要呢？最主要的原因在於京都議定書是第一個全球達成協議的減碳條約，只是減碳的第一階段，其象徵意義遠大於實質意義。

8.2　哥本哈根會議

　　京都議定書原訂將於 2012 年失效，1997 年協議京都議定書減碳責任只落在附件一 38 個已開發國家，理由是這些已開發國家應該「以身作則」先行減碳。到 2012 年京都議定失效後的新議定書就將要求全球各國「共襄盛舉」，一致減碳。2009 年的哥本哈根會議就負有這偉大的使命，希望協議出一個要求全球減碳的「後京都議定書」或「哥本哈根議定書」，但實際上事與願違。

在哥本哈根會議的前一年（2008 年），各國在印尼峇里島經艱苦談判達成「峇里路線圖」，對哥本哈根會議作為某種程度的指標。

但期望世界百餘國能心平氣和的坐下來為了「拯救地球」毫無私心，甚至犧牲小我的提出各國都能誠心接受的協議，可能過於樂觀。

減碳牽涉到能源，能源牽涉到經濟，各國政府既有振興經濟的使命，兼以民意選票的壓力，提出「公平」的減碳目標實為天方夜譚。而何謂「公平」的減碳目標？各國也各有解釋與盤算。

減排責任

開發中國家對公平的論點基於要算歷史的總帳，從工業革命開始到 2005 年人類總排碳中，已開發國家占 70%，未開發國家才占 30%。以人均排碳來比較更為驚人，英、美兩國人均歷史排放的二氧化碳都超過 1,100 噸，而中、印兩國人均排放分別為 66 噸和 23 噸，實在不成比例。所以，已開發國家應為造成目前全球暖化的歷史碳排負責。另已開發國家因為累積這麼多碳排，才造成今日的國富民強，在道德上如何能阻止開發中國家也要經過大量碳排才能發展經濟的階段呢？這也就是「氣候變化框架條約」與「京都議定書」都十分強調的「共同，但有區別的排碳責任」。

問題是已開發國家不想算太多歷史舊帳，希望世界各國不分歷史碳排責任而一起為「未來」碳排努力。在哥本哈根開會頭兩天，與會代表十分驚訝的發現作為東道主的丹麥竟然和澳洲、美國等密謀提出了一個減碳方案，其中規定已開發國家最終每年人均碳排可達 2.67 噸，而開發中國家限制在每年 1.44 噸。這一下群情嘩然，擔任會議主席的丹麥部長也只好含淚辭去主席一職。

在哥本哈根會議中，已開發國家和開發中國家還有一個重大爭論，就是所謂單軌談判還是雙軌談判。

單軌／雙軌談判

在峇里路線圖中明確要求在哥本哈根會議時應進行「雙軌」談判。一軌是已開發國家應依京都議定書第二期承諾在 2020 年時將碳排較 1990 年減少 25%到 40%。第二軌是開發中國家依「氣候公約」提出 2050 年的減碳目標。

但大多數已開發國家連京都議定書第一階段（即 2012 年）的目標都無法達成，對 2020 年的減碳目標自然是一點把握也沒有，所以不願進行雙軌談判，而希望進行「併軌」談判，也就是全球各國都提出 2050 年的減碳目標。美國在 2008 年曼谷預備會議中提出「併軌」提案並得到歐盟支持。

但開發中國家認為已開發國家是捨近求遠，在 2020 年減碳目標都無法承諾的情況下，如何奢談 2050 年的減碳目標？

已開發國家並提出 2050 年時全球相對於目前碳排減少 50%，已開發國家減少 80%，開發中國家減少 20%，看來十分大方。但 2007 年已開發國家人均碳排 11.21 噸，減 80%後人均 2.24 噸，開發中國家 2007 年人均碳排 2.56 噸，減 20%，人均碳排為 2.05 噸，仍低於已開發國家，也未被開發中國家接受。

按照 80%、20%目標減碳，1850～2050 年已開發國家人均累積排放近 1,000 噸，而開發中國家只有 200 噸，相差 5 倍，更沒有達到糾正歷史責任的目標。

其他爭議

除了單軌雙軌的爭議外，在哥本哈根會議上還有許多歧見和未決事項。第一項難題是到底以溫度（增溫 2℃）為目標，或以二氧化碳濃度為目標（450ppm），還是減碳數量（50%）為目標。這難題的主要原因在於目前科學無法將「人造」碳排所產生的大氣中二氧化碳濃度與大氣升溫有效聯結，討論結果因為既然承諾減碳目標無法達成共識，只好以一個較虛無的氣溫上升不超過 2℃為目標。

　　減碳基準年也是一個爭議點。雖然京都議定書簽約時間是 1997 年，但減碳基準年卻定為 1990 年也有其秘辛。因為英、德等國在 1997 年的碳排都已遠低於 1990 年，所以用 1990 年為基準年是有利的，等於已經偷跑了一些減碳目標。美國相反，1997 年碳排高於 1990 年，後來又見年年增加。所以美國總統歐巴馬承諾 2020 年減碳目標是以 2005 年為基準年，減少 17%，但若回歸京都議定書的 1990 年，則只減少了 3%，不但如此，美國還另有 20 億噸的碳匯（因美國造林增加）可抵減其碳排。

　　資金是另一爭論點。依原協定，已開發國家每年應提供 1,000 億美元給開發中國家進行減碳，但哥本哈根協議縮水為 2012～2020 年每年提供 100 億美元，也沒有明確規定那一國要出錢，到目前還是一紙空頭支票。

　　另外一個令開發中國家忿忿不平的就是碳關稅威脅。已開發國家因成本考量將工廠移往開發中國家，製成產品之後再輸回已開發國家消費，但又回頭指責開發中國家工廠排碳。但試想若這些工廠沒有遷移則全球總碳排還是一樣多。所以從全球角度而言，並沒有「碳洩漏」（Carbon Leak）問題，開發中國家認為碳關稅是貿易壁壘，應在世界貿易組織的框架下討論，不應在氣候會議中討論。

減碳承諾

　　在哥本哈根會議後，不論是附件一國家或某些非附件一國家都陸續提出 2020 年的減碳目標。詳表 8-2 及 8-3。

表 8-2　附件一國家 2020 減排目標

附件一締約方	2020 年減排目標	基準年
澳洲	-5%，無條件 -15%，達成全球協議，但不能保證濃度穩定在 450ppm，主要發展中國家顯著抑制排放，已開發國家減排-25%，達成濃度穩定在 450ppm 的全球協議	2000
白俄羅斯	-5%～-10%，前提是加入《京都議定書》靈活機制、加強技術轉讓和能力建設等	1990

加拿大	-17%，此目標與美國國內立法結果掛鈎	2005
克羅埃西亞	臨時性-6%，以加入歐盟後按照歐盟內部的要求為準	1990
歐盟	-20%，無條件 -30%，達成全球協議，其他已開發國家可比減排以及發展中國家在其責任和能力下作出足夠貢獻	1990
冰島	-30%，達成全球協議，其他已開發國家可比減排以及發展中國家在其責任和能力下作出足夠貢獻	1990
日本	-25%，前提是有主要國家加入的，並承擔雄心勃勃目標的國際協議	1990
哈薩克斯坦	-15%	1992
列支敦斯登	-20%，無條件 -30%，達成全球協議，其他已開發國家可比減排以及發展中國家在其責任和能力下作出足夠貢獻	1990
摩納哥	-30%	1990
紐西蘭	-10%～-20%，條件是達成全球協議，其內容為溫升控制在2℃，已開發國家減排，排放大的發展中國家按照其能力採取減排行動	1990
挪威	-30% -40%，主要排放國加入的全球協議，減排目標能夠使溫升在2℃之內	1990
俄國	-15%～-25%，合理計算俄羅斯森林碳匯量和其他排放大國也承擔有法律約束力的減排義務	1990
美國	-17%左右，以國內能源和氣候立法的結果為準。立法還將包括 2025 年減排 30%，2030 年減排 42%和 2050 年減排 83%的目標	2005

資料來源：王偉光等，應對氣候變化報告（2010）

表 8-3　部份非附件一國家 2020 減排目標

非附件一締約國	行動	條件和備註
巴西	到 2020 年溫室氣體排放相對予 BAU 減少 36.1%～38.9%，包括減少毀林、恢復草地、農作物和畜牧複系統、生物固碳、提高能效、增加生物燃料、增加水電、替代能源、鋼鐵部門等措施	是自願的自主減緩行動，並依據《聯合國氣候變化框架公約》第 4.7 條，取決於已開發國家資金和技術轉讓的支持。按照《聯合國氣候變化框架公約》第 12.1（b）等相關條款提供此信息

南非	到 2020 年溫室氣體排放相對於 BAU 減少 34%，到 2025 年減少 42%。2020～2025 年達到峰值並保持 10 年，隨後絕對量下降	依據《聯合國氣候變化框架公約》第 4.7 條，取決於已開發國家資金和技術轉讓的支持。按照《聯合國氣候變化框架公約》第 12.1（b）等相關條款提供此信息
印度	相對於 2005 年，到 2020 年將單位 GDP 排放強度（不包括農業排放）降低 20%～25%	按照國內立法的要求實施，並依據《聯合國氣候變化框架公約》第 4.7 條，取決於已開發國家資金和技術轉讓的支持。按照《聯合國氣候變化框架公約》第 12.1（b）等相關條款提供此信息
中國	到 2020 年使單位國內生產總值二氧化碳排放比 2005 年下降 40%到 45%，非化石能源占一次能源消費的比重達到15%左右，森林面積比2005年增加 4000 萬公頃，森林蓄積量比 2005 年增加 13 億立方米	是自願的自主減緩行動，並依據《聯合國氣候變化框架公約》第 4.7 條，取決於已開發國家資金和技術轉讓的支持。按照《聯合國氣候變化框架公約》第 12.1（b）等相關條款提供此信息
韓國	到 2020 年溫室氣體排放相對於 BAU 減少 30%	
墨西哥	根據墨西哥《2009 氣候變化特別方案》，到 2012 年將排放總量相對於 BAU 情景減少 5100 萬噸二氧化碳 eq，到 2020 年相對於 BAU 情景減少 30%	全球協議中規定有已開發國家充足的資金和技術支持
新加坡	到 2020 年相對於 BAU 情景減少 16%	有法律約束力的全球協議，並且各國有誠意地去履行義務
馬紹爾群島	到 2020 年二氧化碳排放相對於 2009 年減排 40%	取決於足夠的國際支持
摩爾多瓦	通過全球市場機制，在 1990 年基礎上，溫室氣體減排至少 25%	
以色列	到 2020 年相對於 BAU 情景減少 20%	
哥斯達黎加	到 2020 年實現碳中和	
馬爾地夫	到 2020 年實現碳中和	自願的、無條件的

資料來源：王偉光等，應對氣候變化報告（2010）

註：BAU（Business as Usual），一切如常，不做減碳努力情境時的碳排

表 8-4　1990-2020 主要國家／地區碳排趨勢

（單位：百萬噸二氧化碳）

國家／地區	1990 年	2004 年	2020 年	1990-2020 年(%))
美國	4989	5923	6944	39.2
加拿大	474	584	694	46.4
墨西哥	300	385	592	97.3
歐盟 15 國	4092	4381	4579	11.9
日本	1015	1262	1294	27.5
韓國	238	497	614	158.0
澳洲／新西蘭	291	424	516	77.3
俄羅斯	2334	1685	2018	-13.5
中國	2241	4707	8795	292.5
印度	578	1111	1720	197.6
巴西	220	334	500	127.3
中東	705	1289	1976	180.3
非洲	649	919	1423	119.3
全球	21246	26922	36854	73.5

資料來源：EIA (2007)

　　表 8-4 為美國能源資料中心（Energy Information Agency, EIA）所預測全球主要國家在 1990 年、2004 年與 2020 年的碳排及碳排變化百分比，與前兩個表的承諾顯然有巨大的落差，到底各國在 2020 年可以達到其於表 8-2 或表 8-3 的承諾值，還是如表 8-4 般的碳排繼續增加，5 年內即見分曉，但如果依京都議定書的達成率來預測，結果恐不十分樂觀。

　　減碳與經濟發展顯然不能雙贏，最重要的是取其平衡。太魯莽的減碳耗費極高，經濟學家曾計算若要將大氣二氧化碳濃度穩定於 450 ppm 的成本將比穩定於 550 ppm 的成本高出 4 倍。最主要的原因是若要將二氧化碳濃度穩定在 450 ppm，就會有許多電廠或工廠要提前淘汰除役，這筆以數十兆美元的資產決不是小數目。

　　另一個重要觀念是：增進低度開發國家經濟，是應付全球暖化災變的最佳手段。例如孟加拉地勢平緩，大多數人民務農，如果海平面上升，災民必定不少。但如果孟加拉的經濟發展如今日的韓國，大多數人脫離務農

生活，住在有適當防洪設施的大都市中，則海平面上升對其造成的損害自然大幅降低。

8.3　減碳政策

總量管制與交易

　　針對減碳應採取何種政策，主要有兩種意見，一種是京都議定書所採用的「總量管制，允許交易」（Cap and Trade）政策，這種政策是為總排碳量設限，每個國家都規定其排碳額度。例如雖然都以 1990 年排碳量為基準，但有些國家減 10%，有的減 8%，有的不減反增（見表 8-1），若有些國家減排成效優益，排碳甚至低於其配額（如許多東歐國家），則這些國家可以將其實際碳排與配額間的差異售予排碳績效不佳的國家。這種政策就稱之為「總量管制，允許交易」，因其一方面對排碳總量予以限制，另一方面又允許碳權交易。

碳稅

　　另一種意見是徵碳稅。以一定的公式來計算各種商品的「碳含量／碳足跡」，再依每單位碳含量課多少稅的方式將所有商品（或選擇碳排最多商品）課以碳稅。

優劣比較

　　這兩種方式各有優劣，但其中有一個最根本的不同：

　　總量管制，允許交易政策規定了排碳量，但要花多少成本來達到這排碳量無法確定。碳稅正好相反，花多少成本來交碳稅是確定的，但在實施碳稅後到底能減多少碳排則無法確定。

　　贊成總量管制，允許交易政策的人，最主要的理由是因為這種政策的減碳量確定，基本上規定每個國家的年度排碳配額，較易控制大氣中的二

氧化碳濃度，自然較有把握控制大氣溫度的上升溫，這不正是全球共同努力減少排碳的最終目的嗎？

　　但這種論點也正是其弱點。因為到目前為止，科學界還是無法明確的指出到底大氣升溫多少會造成氣候多大的變化？對人類造成的損失又有多少？在這麼多不確定的情況下，冒然規定排碳量（尤其規定數十年之後的碳排）更是冒險，不是失之過低就是失之過高，並且改變政策的彈性很差。

　　以總量管制，允許交易政策來控制碳排還有一個很大的問題，就是價格因市場供需變動極大。歐盟在 2005 年實施碳交易，規定歐盟國家中排碳最多的 10,000 家企業（約占全歐盟排碳 50%），予以一定的排碳配額並允許碳交易。但歐盟碳市場開張後，每噸二氧化碳的價格從 2006 年 1 月的 30 歐元，到 5 月降為 10 歐元，在 2007 年 1 月為 1 歐元，在 2007 年底更降為 0.1 歐元，企業界是完全無法預測碳價，對公司財務及運作造成很大影響。

　　是否二氧化碳價格特別不穩定？答案是否定的。美國早對硫氧化物（SOx）排放施行總量管制，允許交易政策，硫氧化物的價格也極不穩定，在 1996 年每噸硫氧化物的售價為 60 美元，到 2005 年漲為 860 美元。

　　總量管制，允許交易政策最為人垢病的是賦予政府太大的權力，各個企業的額度由政府來規定，因牽涉利益太大，難免產生弊端。尤其交易在國際間進行，各國政府的透明度、可信度、行政效率、貪腐程度實有天壤之別，如何形成一個公平的交易市場實有待努力和觀察。

　　如表 8-2 所示，俄國有相當大量的減碳配額可以在市場上出售，許多人認為這也是俄國終於通過認可京都議定書的主要原因，因為俄國認為說不定他們可以由販賣「熱空氣」（Hot Air）而賺進數十億美元。

　　贊同碳稅的人認為碳稅實施十分簡單明確，只要全球協議出一定的碳稅，各國各自在國內徵稅，一方面在國內避免弊端，在國際間也沒有爾虞我詐的顧慮。

　　反對者認為徵碳稅無法控制實際減碳量，但碳稅可以隨經濟成長，科技進步及氣候科學的進展而調整，在政策上遠較總量管制，允許交易政策有彈性。

　　碳稅的主要問題就是「稅」。沒有人喜歡加稅，雖然許多人指出總量管制，允許交易政策是「隱藏性」的徵稅，但到底沒有明白點出「稅」的

字眼。美國能源部長朱棣文就曾提及增加汽油稅遭到一片撻伐，很快就收回這種建議。

　　碳稅還有另一個問題，就是各國的稅率應不應該一致。如果不一致，稅率高的國家會失去產品競爭力，造成工廠外移，失業率增加。但若各國稅率一致，表示開發中國家就要負擔「人為」能源價格上漲，是否會影響到經濟發展及其最主要的「脫貧」目標也應深入檢討。

8.4　清潔發展機制

　　除了總量管制，允許交易政策及碳稅課徵，京都議定書也規定三種碳交易機制，包括：排放交易制度（Emissions Trading, ET）、共同減量措施（Joint Implementation, JI）及清潔發展機制（Clean Development Mechanism, CDM）。其中排放交易制度與共同減量措施是京都議定書中附件一國家間之減碳合作機制。

　　清潔發展機制為附件一國家與非附件一國家之間建立合作關係的減碳平台，附件一國家以資金或技術來幫助非附件一國家減碳，而其減碳成果認定為附件一國家之減量成果。

　　到 2010 年底，全球約有 2500 個清潔發展機制項目註冊成功，相當於每年減排 3.8 億噸二氧化碳，其中中國幾乎占了 1,000 個，年減排 2.3 億噸，占全球 60%（見圖 8-2）。

　　但中國也曾遭受很大的挫折，2009 年中國近 9 成的風力發電被清潔發展機制執行委員會（CDM Executive Board）退回，因為執行委員會懷疑這只是中國政府以清潔發展機制為名，向國外要求補貼。清潔發展機制非常重視「額外性」，意思是說如果主辦國就算沒有清潔發展機制也會進行的減碳項目，就不可列為清潔發展機制交易對象，中國在風電項目上提出清潔發展機制很難說服執行委員會。

　　以台灣而言，清潔發展機制應是比較可行的方案，以台灣的經濟實力和人均排碳量，很可能會歸類於已開發國家，如何與開發中國家進行清潔發展機制交易就是一個重要課題。

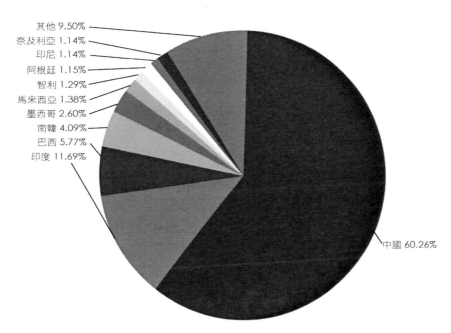

圖 8-2　2010 年各國 CDM 全球占比

資料來源：FCCC/SBI/2010/18
彩圖詳見 P367

　　清潔發展機制的規範十分嚴謹。首先出售碳權國家要先建立永續發展
指標，清潔發展機制應滿足其永續發展的標準。其次也要建立溫室氣體盤
查，確定減碳目標是否達成。執行委員會對清潔發展機制計畫也有所規
範。另外，清潔發展機制應符合所謂「額外性」，意即該計畫的減量是確
實因清潔發展機制計畫才產生的。另因清潔發展機制涉及國際交易，對兩
造雙方的國內法律也應依循。

　　清潔發展機制的計畫有一定的法律步驟及標準文件格式，計畫完成認
證後會獲得排放減量權證（Certified Emission Reductions, CER，1 噸二氧化
碳減量為 1 單位）。與任何計畫相同，清潔發展機制計畫也存在一定的風
險，如何作風險控管也是至關重要。

　　台灣減碳很可能要運用清潔發展機制的手段，如何預作準備是一個應
予以關注的重要課題。

第 9 章

減碳經濟分析

第 8 章討論京都議定書及國際間相關減碳討論及政策。但國際減碳條約和各國減碳政策都離不開經濟考量。經濟考量才是形成國際條約及國內政策的理論基礎。本章即討論針對減碳政策經濟考量的相關議題。

成本效益分析

減碳經濟雖充滿了不確定因素,但一般減碳經濟分析仍利用成本效益分析(Cost Benefit Analysis)為工具,作為提供建議政府決策的理論基礎。

減碳的成本就是從今日開始減碳,年年累積,越來越高並長達數世紀的花費。減碳的效益則是減緩因溫度上升造成的災難損失金額。短期氣溫上升造成的災難損失有限,主要效益是在 50 年或 100 年後避免全球氣溫上升超過 2℃～3℃的效益,所以主要效益是在相當遙遠的未來。

氣候科學本身就有相當的不確定性,未來數十年或百年後到底大氣二氧化碳濃度會增加多少?這與全球經濟發展、科技進步,如碳密度(Carbon Density)降低的速度及新能源科技發展的速度有直接關係。二氧化碳密度增加後溫度到底會增加多少?溫度增加後氣候變化到底多大?最後也可能是最重要的是,在氣候變化的條件下因而造成全球經濟損失的數目到底多大?

基本上減碳成本較易計算,比如使用昂貴的再生能源取代化石燃料造成的能源成本增加,因而導致經濟成長率減緩,都是比較傳統性的經濟問題。

但減碳效益的計算就十分困難,不但要涵蓋全球,而且主要效益是在遙遠的未來。有些效益不難計算,比如因為氣溫上升較少,冷氣使用較少,節省了能源費用。但因減碳而使 2100 年氣溫上升由 3℃降為 2.5℃對全球

觀光業到底影響為何？各國觀光業個別影響為何？因熱浪稍減而減少死亡人數的效益如何計算？富國及窮國人民生命是否等值？許多價值判斷已牽涉到倫理學的範疇。經濟分析的結果是希望能提供全球各國都可接受的減碳方案，要提出時間上（每年）如何減碳，空間上（各國間）如何減碳的方案。但每個國家和每個人對「危險」的認知和情願承受的程度不同。富國因為已全面開發，對未來危險的接受度很低。窮國最重要的目標是「脫貧」，寧可多使用化石燃料發展經濟而較不在乎冒些氣候上風險（比方增溫 3℃而不是 2℃的風險），對風險的評價不同自然影響對減少風險效益的「估價」。

到底氣溫上升造成的損失有多大？保險公司對風險評估最為專業，慕尼黑再保公司曾預估，若二氧化碳倍增對全球造成的損失為每年 3,000 億美元。其中最大的損失來自死亡率增加（27%）、水資源緊張（15%）、農業損失（13%）及海岸濕地漁業損失（10%），這數字初看十分驚人，但若與目前全球 GDP 約為 65 兆美元相較約只占 0.5%。

美國國會預算局也曾估計若全球氣溫上升 1.3℃，利弊正好相抵（比如雖然熱浪增加但寒流也減少）。到 2100 年若全球氣溫上升 2℃，則全球 GDP 損失 1%（約 1 兆美元，以 2000 年幣值計算），到 2200 年若氣溫上升 3.4℃，則全球 GDP 損失 3.4%（約 7 兆美元）。依歐巴馬總統提出的 2020 年減碳目標（較 2005 年降 17%），估計美國每年減碳成本約 1,000 億美元（也有人認為低估，每年成本應為 3000 億美元），但實際減碳及降溫極少，所以被許多人認為是「得不償失」的減碳政策。

9.1 DICE 模型

耶魯大學教授諾德豪斯（William Nordhaus）被稱為氣候變化經濟學之父，發展一個將氣候變遷與經濟分析合而為一的 DICE 模型（Dynamic Integrate Model of Climate and the Economy），如果要選一個氣候經濟分析模型作為討論案例，DICE 模型顯然為首選。以單一模型來研討各種方案的最大好處，是可以在同一假設基礎上比較不同減碳條件下其成本效益分析的結果。

七種情境之假設

諾德豪斯以下列各種情境計算成本效益。

1. 基準情境（250 年內無減碳計劃）

2. 最佳情境（成本效益最佳情境）

3. 以控制二氧化碳濃度為目標（與工業革命前的 280 ppm 相較）

　　a. 420 ppm（比工業革命前 280 ppm 的濃度高出 1.5 倍）

　　b. 560 ppm（比工業革命前 280 ppm 的濃度高出 2 倍）

　　c. 700 ppm（比工業革命前 280 ppm 的濃度高出 2.5 倍）

4. 以控制氣溫上升為目標

　　a. 氣溫上升 1.5℃

　　b. 氣溫上升 2℃

　　c. 氣溫上升 2.5℃

　　d. 氣溫上升 3℃

5. 京都議定書模式

　　a. 京都議定書目標（假設美國加入）

　　b. 京都議定書目標（假設美國不加入）

　　c. 加強版京都議定書

6. 激進減碳情境

　　a. 史登報告建議（Stern Report）

　　b. 高爾建議（2050 年全球減碳 90%）

7. 成功發展低成本減碳科技（取代現有化石燃料）

七種情境分析結果

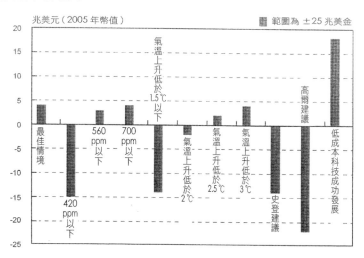

圖 9-1 不同情境之減碳成本（範圍為±25 兆美金）

資料來源：W. Nordhaus, A Question of Balance (2008)

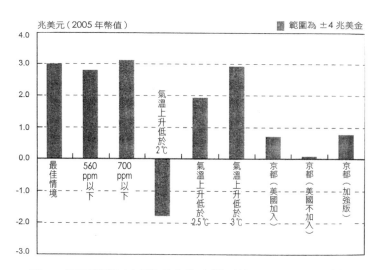

圖 9-2 不同情境之減碳成本放大版（範圍為±4 兆美金）

資料來源：W. Nordhaus, A Question of Balance (2008)

　　圖 9-1 及圖 9-2 即為 DICE 模型分析上述七大情境（含小項）的減碳目標與基準情境（250 年間不減碳）的成本效益分析結果。圖 9-1 的縱座標由-25 兆美元到 20 兆美元，幅度較大，故諾德豪斯將成本效益在-3 兆美金到+4 兆美金間的情境另表現於圖 9-2，如此較易於分辨其數值大小。

　　由 DICE 模型比較各種情境可以得出幾個結論：

1. 由圖 9-1 可以看出，效益最高的情境是人類發現與化石能源價格相當的低碳替代能源（地球工程也歸於此類）。這並不令人驚訝，因為這是最理想的情境。今日的人類不需要為減碳而付出成本，而後世也沒有暖化威脅。全球經濟可以繼續成長，不因恐懼暖化而造成能源使用上的限制。貧國可因低價能源而脫貧，富國也可繼續發展，皆大歡喜。與基準情境相較，全人類福祉約增加 17 兆美元。請注意基準情境是人類 250 年不進行減碳努力的情境，所以減碳成本為零，但後世因暖化災害累積的經濟損失，折現到今日仍十分驚人。

2. 由圖 9-1 可以看出，不論以二氧化碳濃度或以氣溫上升作為減碳目標，過分激進的減碳：如將二氧化碳排放控制於 420 ppm（比工業革命前 280 ppm 的濃度高出 1.5 倍），後果極為嚴重。2014 年大氣中二氧化碳濃度已接近 400 ppm，表示要在極短時間內停止全部化石能源使用才能達成目標。人類恐要面臨能源價格高漲，經濟全面衰退的情境。全球糧食產量因今日農業需要大量能源而將銳減，如過於快速減少能源使用與碳排，恐將發生大規模飢荒乃至死亡。若將目標定為氣溫上升 1.5℃也有同樣的後果。因今日全球溫度較工業革命前已升高 0.8℃，即使今日全面禁止排碳，但因過去百年聚集在海洋中的熱能還是會漸漸釋出，大氣將繼續升溫約 0.5℃才會達成平衡。所以即使今日全面禁排，大氣溫度在數十年後仍會較工業革命前增加 1.3℃。若將全球上升溫度限定在 1.5℃，則與限制二氧化碳濃度為 420 ppm 結果類似，人類福祉與基準情境相較將損失約 15 兆美元。

3. 最佳情境是採取「最合適」的減碳政策，一方面今日的世代要付出減碳成本但在後世因暖化造成的災害也會大量減少。與基準情境相較，全人類福祉增加約 3 兆美元。

　　　　另由圖 9-2 可看出「最佳情境」與二氧化碳濃度為 700 ppm（比
工業革命前 280 ppm 的濃度高出 2.5 倍）及增溫 3℃的效益相當。
表示以「最佳情境」手段減碳的最終結果是大氣中二氧化碳濃度與
大氣增溫將於 700 ppm（比工業革命前 280 ppm 的濃度高出 2.5 倍）
及增溫 3℃達到平衡。

4. 由圖 9-1 亦可看出不論是高爾還是史登（Stern）的減碳建議都屬於
極為激進的減碳方式。與基準情境相較，人類福祉將各降低 22 兆
美元及 17 兆美元。甚至較限制二氧化碳濃度於 420 ppm（比工業革
命前 280 ppm 的濃度高出 1.5 倍）或大氣溫度上升 1.5℃的損失更大。

　　諾德豪斯的「最佳情境」所建議的減碳方式是採取全球一致的「碳
稅」。他建議目前每噸二氧化碳的碳稅定為 7.5 美元（約台幣 225 元），但
每年以 2%到 3%的速率調升碳稅，依他的模型計算，這種先期碳稅較低，
但隨著時間慢慢加碼的方式是最合理的減碳方式。

9.2　史登報告

　　討論氣候經濟一定要討論史登報告（Stern Report）。因為史登報告受
世人重視及引用的程度幾不亞於 IPCC 報告。

史登報告背景與結論

　　2005 年英國是八大工業國會議的地主國。該次峰會將協助非洲脫貧及
氣候變遷作為峰會兩大主題。在峰會中對非洲脫貧議題取得很大的進展，
但對氣候變遷議題卻沒什麼作為。

　　在峰會後英國財政部長布朗委託曾擔任世界銀行首席經濟學家的史
登爵士帶領一個團隊對氣候變遷，特別是對全球經濟的影響進行深入研
究。厚達 600 頁的史登報告於 2006 年 10 月出版，當時英國首相布萊爾稱
讚該報告是他任職中英國政府所發表最重要的報告。

　　該報告最重要的結論就是，如果人類不立即採取抗暖化的政策，氣候
變遷將為人類帶來巨大災難。報告並指出，若不立即採取行動，地球的氣

溫將上升 5℃。即使氣溫只上升 3℃到 4℃，受水災所影響的人數將增加上千萬人。到 21 世紀中全球受水、旱災及海洋上升影響的氣候難民將達 2 億人。氣溫上升 2℃以上將會嚴重影響全球糧食生產。上升 4℃會使全球 15%～40%的物種滅絕。未來一、兩百年氣候變遷將帶給全球經濟每年 5%～20%的損失。這種損失並將「永遠」每年發生。對世界經濟的影響將遠大於世界大戰及 1930 年代的經濟大蕭條。

史登報告之批評

這本報告描繪的人類前景實在太黑暗了，出版後遭到全球學術界的嚴厲批評。

許多學者認定史登報告並不是一個嚴謹的學術報告，應將該報告視為政府宣傳品。

世界知名的環境經濟學家托爾教授（Richard Tol）就對史登報告提出嚴厲批評。托爾教授是德國漢堡大學教授並兼任海洋及大氣科學中心主任，是整合 IPCC 報告的重量級學者。

托爾指出史登報告有意忽視大多數的研究，只採用最悲觀的研究報告。在許多報告中模擬發生機率極低的「最惡劣情境」，史登報告竟假設其發生機率很高。

史登報告完全忽視人類適應氣候災害的能力。假設各國防災能力與經濟發展無關。但事實上人類很善於以工程手段減低自然災害，富國與窮國的防災能力更有天壤之別。後世人類若依 IPCC 甚至史登報告的經濟成長率計算，將遠較今日人類富裕也更有能力減低氣候災害。

所謂人類經濟將「永遠」年年損失 5%～20%，也完全不計人類對抗氣候災害的能力，全球經濟發展及未來的科技進步。

托爾並深深憂慮這一類誇張的言論會損及全體氣候／環境經濟學者的名譽及可信度，世人對較合理的經濟評估也會投以不信任的眼光。

休姆教授（Mike Humle）是英國氣候研究重鎮東安格利亞大學（East Anglia）的教授，並兼任氣候變遷研究中心主任。多來呼籲英國及各國政府重視氣候變遷的威脅，對誇張的災難性報告也有嚴厲的批評。

　　休姆認為將氣候變遷描繪為會造成巨大災難的言論都是基於許多未經證實的假設。他對於布萊爾首相向歐盟各國領袖發出的公開信中所提「我們只有 10～15 年時間來對抗全球暖化，否則地球將跨過一個巨大災難的轉捩點」更是給予嚴厲的批評。

貼現率的決定

　　為什麼史登報告和大多數氣候經濟學家的研究會有這麼大的不同，有一個基本原因是對貼現率（Discount Rate）的選擇。

　　貼現率和利率的觀念是相同的，若利率為 10%，表示今日的 100 元在一年後值 110 元。反過來明年的 110 元，在今日只值 100 元。

　　所以決定採用何種貼現率對動輒以百年計的減碳經濟學影響重大。

　　一般而言，經濟學家以投資報酬率來評估貼現率，世界銀行通常以 8%～10% 的貼現率來評估投資計畫是否可行。各國政府公共建設的投資報酬率都不一致，但投資報酬率鮮少小於 5%。一般私人企業更都希望有 12%～15% 的投資報資率。

　　貼現率對長年限的折現影響尤為重大，貼現率若以 1% 計，100 年後的 100 元折現到今日值 37 元，若貼現率以 4% 計，則 100 年後的 100 元折現到今日只有 2 元。史登認為暖化對後世經濟影響不應折現，所以他想用 0% 作為貼現率，但他考慮到人類未必會永遠存在，若有一天彗星撞地球，人類可能和 6,500 萬年前的恐龍般滅絕。所以史登以 0.1% 作為後代福祉的貼現率，加上他假設人類未來 200 年的人均消費以 1.3% 增加，兩者相加的結果使他以 1.4% 作為名目貼現率。

　　諾德豪斯指出這麼低的貼現率實為荒謬，拋開彗星撞地球不說，人類後代會代代相傳。若每一代的福祉都和當代相同（貼現率接近 0%），則因為未來世世代代人類總數將遠大於今日人類的數目，任何後代微小的經濟損失以低折現率回推到今日都會無比巨大。依史登理論，今日人類應盡其所能降低千萬年後人類的少許損失（如增加了幾隻蒼蠅），這種計算基礎實為荒謬。諾德豪斯並指出，依史登報告顯示，後代折現到今日的損失，一半以上是發生在西元 2800 年之後。

　　這也就是為何史登認為氣候對人類經濟造成的災害每年會在全球 GDP 的 5%到 20%之間，而大多數經濟學家（包括諾德豪斯）認為損害應在 0.5%到 2%之間，整整低了 10 倍。依史登對後世損失的折現計算，今日每噸碳的社會成本為 360 美元，也高出一般經濟學家預估的 10 倍（諾德豪斯估為 30 美元）。

　　補充一句，諾德豪斯在其經濟模型中所用的名目貼現率為 5.5%。此值為一個較合理而略嫌保守的數字，若與一般投資報酬率相較仍高估後世經濟損失的現值。

理性減碳時程

　　不少人總有種錯覺，以為減碳越快越激進對人類越好，我們可以以一個日常經驗來解釋並非如此。

　　目前社會有許多人有體重超重的困擾，減肥就成為時尚。減肥最快最有效的方法就是立刻絕食，但問題是絕食雖然是最有效最快的減肥方法，但顯然不是最好的減肥手段，因為絕食若超過一定時日，生命也不存在了。最佳的減肥方式應該是「適宜」的節食，可能要花上一年半載，但顯然與最有效的減肥方式（立刻絕食）相較是一個較佳減肥方案。

　　減碳也是如此，最有效的減碳方式雖然是立即停止化石能源的使用。發電還可以部分依賴核能、水力提供，但交通就必須全面停擺。汽車、航運、飛機幾乎是百分之百使用化石燃料，我們可以想像一個全面停止交通運輸的現代社會嗎？

　　當然今日並沒有人瘋狂到要全球立即停止使用所有化石燃料，但許多激進減碳目標與全面停止使用化石燃料其實相去不遠。

　　我們可以再思考一個問題，無論是依 IPCC 較慢或較快的經濟成長情境推估，2050 年的人類將較今日富裕至少 3～5 倍。我們是否應力行節碳剝奪今日地球上 20 億極為困苦人類經濟發展的機會（經濟發展必須靠低價化石能源），錦上添花的造就未來遠較今日為富裕的世代？

　　受氣候變遷影響最大的是農民，幫助這群最弱勢族群最有效的方式是減少農民在窮國的比例。經濟發展提供農民在都市城鎮的工作機會（都市化），是減低氣候變遷對未來世代影響最有效的策略。

　　人類要對抗暖化，不論是何種手段都需要投入大量的研發經費，只有在一個正常經濟發展的社會才有餘力投資研發，在經濟衰退時，首當其衝遭到削減的就是研發費用。但如諾德豪斯模型顯示，如何發展出有效而價廉的低碳能源，或是發展減緩暖化的科技（如氣候工程），是成本效益分析中對人類福祉最有幫助的策略。如何維持經濟的穩定發展，以投入大量研發經費才是最佳策略。若今日實施激進減碳手段，重挫經濟發展，錯失正常研發可能提供的科技解決方案，才真是因小失大得不償失的政策。

　　人類經濟資源是有限的。人類今日面臨許多問題，如果資源過度集中於對抗暖化，表示將排擠資源運用在其他更值得關注的全球性問題。

　　2004 年在哥本哈根曾召集一個會議，討論經濟資源應如何最佳分配來解決人類面臨的許多問題。參加會議的學者包括 8 位諾貝爾經濟獎得主。會議的結論是當今增進全世界人類福祉，最有效而應集中資源來解決的問題中，最重要的問題是愛滋病、瘧疾及其他傳染病的防治，第二類是解決水資源及相關饑饉的問題。投注資源於對抗全球暖化被歸類於增進人類福祉效益最低的投資。

　　這類結論也頗發人深省。

第四篇
全球暖化

10. 高爾的真相

11. 暖化的科學

12. 懷疑論者的觀點

第 10 章

高爾的真相

10.1　IPCC 報告與高爾論述

前數篇討論的主題集中在能源，第一篇描述能源的全貌，第二篇討論低碳能源技術面，第三篇討論低碳的政經面。本篇將討論氣候和暖化的議題。能源和氣候原是兩個互不相干的領域，但自從科學家發現使用化石能源造成的排碳會造成全球暖化氣候變遷後，能源和氣候兩個領域就從此緊密相連無法切割了。本篇在討論能源相關議題告一段落後，進而研討氣候相關議題。

全球暖化其實應分兩個層次來討論，一個是聯合國 IPCC 的結論是否正確？是否毫無質疑的空間？另一層面是許多偏離 IPCC 報告加油添醋，將暖化威脅極端擴大的論述，這不但要予以澄清，還該加以駁斥。本章即先行討論此一層面。

IPCC 自 1990 年發行第一版報告，之後又出了 1995 年、2001 年、2007 年三版的報告。2007 年第四版報告超過 3,000 頁，以極小字體印行，真有精力和專業素養閱讀全本報告的專家可說少之又少，更不要提一般民眾了。

在這種情勢之下，許多「簡化」的論述就應運而生了。有些論述危言聳聽，將全球暖化描繪為世界末日來臨，但這一類資訊充斥坊間，不但新聞界及一般民眾多從其中「學習」到全球暖化的威脅，就是政府官員、民意代表也不例外，許多國家政策竟基於這一類錯誤訊息，實為恐怖。這一類的論述以美國前副總統高爾《不願面對的真相》一書為指標，該書還

拍成紀錄片，獲得奧斯卡獎，高爾本身也因本書而與 IPCC 同獲諾貝爾和平獎。

有諾貝爾獎及奧斯卡獎背書加持的論述，自然風行全球，誤導了無數人，影響許多國家的政策，台灣也不例外。

全球暖化當然是人類應嚴肅對的課題，但解決任何問題，都必須基於正確的資訊，在此基礎上才能權衡各種解決方案的利弊得失，進而採行最合適的解決方案。如果構思過程是基於誇大，甚至基於錯誤的資訊，所提出的解決方案必然偏頗，甚至「藥方」比原先的「病因」造成更大的傷害。

基於以上的思維，我們實應仔細檢視影響力猶勝 IPCC 正式報告的高爾之類論述。幸運的是英國法庭已經為我們檢驗過高爾的論述了。

10.2　英國法庭判決

在高爾影片問世不久，英國政府就決定做為小學教材，在學校播放。這下可惹惱許多知道該影片錯誤百出的家長，其中一位就狀告法庭，英國法庭在諮詢許多專家意見後，主審法官 Michael Burton 在 2007 年 10 月 10 日宣判高爾的影片有九大謬誤。細讀高爾大作，其中提出「暖化威脅」的言論不過十餘項，其中九項為英國法庭判定為錯誤，全書的可信度及其立論為之動搖。

海平面上升

高爾對全球暖化造成後果的描述中，令人印象深刻的就是一連串的天然災害。最令人震撼的是描述因南極及格陵蘭的冰原融化造成海水暴漲 7 公尺，淹沒全球各沿海城市精華地區，而造成 10 億難民流離失所。

台灣雜誌或電視也不時將「水淹 101 大樓」做為暖化報導的封面故事。某知名雜誌報導，如果不針對全球暖化採取立即的行動，到西元 2100 年，海水將會上升淹沒 101 大樓的 3 層樓。如果 101 大樓都水淹 3 樓，全台北市自然一片汪洋，成水鄉澤國。如果後果如此嚴重，如何對抗全球暖化當然是全體人類的當務之急了。

　　但事實是否如此呢？依聯合國IPCC2007年發布的報告，海平面在2100年預估較目前大約會升高18至59公分（平均不到40公分），高爾為什麼會誇張到近20倍呢？原來從報告中提及「如果」格陵蘭的冰河「全部」融化，海平面才會升高7公尺。那到底格陵蘭的冰河多久才會全部融化呢？答案是1,000年。高爾在書中花了幾十頁的篇幅描述全球許多大城市，如紐約、舊金山、邁阿密、北京、上海、阿姆斯特丹及孟加拉全境都將被海水淹沒，「慘況」彷彿發生在即，難怪引起全球恐慌。

　　過去一百年海平面大約升高18公分，世界絕大部分的人其實毫無感覺，如果下個一百年海平面升高40公分，真對人類會造成任何重大災害嗎？以台北市為例。台北盆地的地表高出海平面約5公尺到10公尺，101大樓所在地也高於海平面10公尺，硬要說海水上漲40公分就會淹到101大樓的3樓高，也實在太離譜了。

　　與格陵蘭相較，南極大陸有更大量的積冰，許多人因此憂心忡忡認為，近年來部分南極冰棚的崩塌說明南極大陸也在融冰中，將造成海水急速上升。

　　但IPCC報告指出，南極大陸因為溫度太低，不可能有大規模的融冰，反而因為氣候暖化導致大氣中水蒸氣增加，造成南極大陸的降雪及積冰增加，反而減緩海水上升的趨勢。

　　但非常不幸的是，我國政府竟然以高爾論述作為制定政策的依據。圖10-1即為我國政府官員在國際會議中展示台灣在2035年因海水上漲而造成的海岸線退縮。依該圖所示，到2035年（20年後）海面上至少上升10公尺，臺北市成了台北湖，較高爾論述（100年後上升7公尺）更為誇張。政府減碳政策如果是建立在這種錯誤資訊上，也難怪如此乖張離譜。

圖 10-1　2035 年台灣海岸線退縮圖（錯誤資訊舉例）

資料來源：M. Ho，台美潔淨能源論壇（2011）
彩圖詳見 P368

島國移民

　　高爾書中也提及有些太平洋島國的人民已因海水高漲而離鄉背井遷移到紐西蘭，英國法庭調查後發現並無此事。事實上據最新的調查，有許多島國的海平面在過去數十年並無變化，馬爾地夫即為一例。而在吐魯瓦測量陸地與海平面高度的相對變化後，發現陸地與海平面相比甚至還相對增高。

暖化與颱風

颱風是高爾在書中一再著墨的災難，高爾指出，對紐奧爾良造成毀滅性打擊的卡崔那颱風就是因全球暖化所造成，不過英國法庭也認為這種說法並無根據。高爾在其書中不厭其煩的花了 30 頁來描繪全球暖化將造成許多超級強烈颱風形成，後果非常可怕。

世界氣象組織（World Meteorology Organization, WMO）2007 年的年會則指出「目前並無根據可以推論氣候變遷將影響全球熱帶氣旋（颱風）」發生的頻率」。更進一步聲明：「過去數年造成人類重大傷害的強烈熱帶氣旋，沒有一個可以論定是地球暖化所造成的」。

即使是認為暖化將影響颱風強度的麻省理工學院的伊曼紐教授（Kerry Emanuel）也不得不承認，科學的進展還不足以讓我們對「颱風頻率對全球暖化的反應」這個論述發表任何有意義的結論。

許多人也指出，近年來颱風造成的財產損失遠超過過去數十年的記錄，這也有保險公司理賠為依據。但財產損失增加的主要原因是海濱房地產在近年過度開發與炒作，同一個規模的颱風，當然會造成更大的財產損失。

海洋輸送帶

「明天過後」是一部描述全球暖化的災難片。片中主要「科學」論述在於預測大西洋暖流「輸送帶」會因全球暖化而停止運作，導致全球許多地區因此變冷，造成另一個冰河時期。英國的法庭指出，此一「預測」在科學上是「極不可能發生」。麻省理工學院的海洋物理教授文森（Carl Wunsch）指出，大西洋暖流基本上是一個表面洋流，其動力在於海風，所以除非地球停止自轉，全球海風跟著停止，否則海流輸送帶是不可能停止運作。

IPCC 報告中也明白指出，大西洋暖流在 21 世紀突然發生巨變是「非常不可能」（very unlikey）發生。

北極熊無恙

　　高爾的書中除了描述自然災害，也有相當篇幅描述暖化對生物的影響。

　　北極熊目前是極端暖化威脅論者最喜歡描述的「受害者」。誰不喜歡北極熊呢？又威武、又優雅，通體雪白奔馳於茫茫雪地，這種景象真令人目眩神移。高爾自然不會放過北極熊這個意象。

　　在其書中描述因氣候暖化，導致北極浮冰減少，浮冰間的距離變遠，導致北極熊由一塊浮冰游向另一塊浮冰時，因距離太遠，北極熊力竭而溺斃，實在是一大悲劇，但事實如何？英國法庭調查發現，研究人員曾觀察到四頭北極熊在暴風中溺斃，高爾的描述完全沒有事實根據。

生物滅絕

　　書中描述地球許多物種將因暖化而大量絕滅，高爾指出，物種絕滅的速度會是正常速度的 1,000 倍。也有類似的論述指出，若地球溫度比目前增加 0.8℃將導致 20%的物種絕滅。但我們回想一下，在 20 世紀氣候暖化約為 0.75℃，的確有許多物種因為各種原因絕滅（如人類濫墾破壞生物的棲息地等等），但幾乎沒有任何生物是因為暖化而滅絕。如果 21 世紀氣溫上升 0.8℃，會導致 20%的物種絕滅，20 世紀氣溫上升 0.75℃，也應該有不少生物因而滅絕，但事實上這種因暖化而生物滅絕的現象並未發生。

　　我們可以再深入回顧地球溫度變化的歷史和生物滅絕間的關係。地球在過去百萬年間已經歷多次冰河期（氣候酷寒期）及間冰期（氣候溫暖期），目前地球生物絕大多數存在地球的時間都超過百萬年，也就表示目前物種都經歷過溫度極遽變化的考驗（包括北極熊），為何地球生物就無法適應下一次的氣候變遷呢？

　　加州大學榮譽教授包特金（Daniel Botkin）深入研究暖化對生物界的影響長達 40 年，他嚴正指出，根據研究過去 250 萬年的紀錄（期間有時地球溫度遠較目前為高），極少生物因為溫度升高而絕滅。

高爾承認「誤導」

英國法庭判決公布之後，有雜誌訪問高爾，請他解釋為何他的著作和影片有這麼多錯誤。

高爾的回答也很妙，高爾的藉口是「為了喚起民眾的意識，將事實予於誇張敘述（Over-representation）是合宜（appropriate）的。」

這代表他明知這樣的暖化論述是「誇張」的，但為了喚醒民眾（不如說是欺騙恐嚇民眾），他亦將科學界所最重視的「誠信」兩字拋到九霄雲外。

高爾這種不誠實的手法造成全球熙熙嚷嚷、人心惶惶，近而影響許多政府推動不可行的錯誤政策，遺害國家百姓。

回歸正確資訊

我們應將氣候變遷和氣候變遷造成的影響當成兩個命題來討論。

氣候變遷本身並沒有什麼好擔心，設想若目前地球處於冰河期，氣候變遷如朝向暖化發展，人類豈不要歡呼？

目前人類擔心的其實是第二個命題，氣候變遷對人類社會造成的負面影響，但負面影響到底多大？如果大多數人不了解影響的幅度，而被暖化極端威脅論者所蒙蔽（如海水 100 年將可能上升 40 公分被誇大為 7 公尺），就會在極度恐慌下做出錯誤的抉擇。本章只是將暖化可能造成的威脅回復其正常面貌，只有基於正確資訊才能對全球暖化這種重要挑戰的解決方案指出較為正確的方向。

第 11 章

暖化的科學

11.1　全球溫度

　　討論暖化，最重要的就是檢視地球的溫度，及地球溫度與大氣中二氧化碳濃度的關係。

　　近 20 年來，全球對溫度關注的重點完全集中在人類排放的二氧化碳造成的暖化現象。經過新聞媒體的推波助瀾之下，許多人產生二氧化碳是造成地球溫度變化「唯一」原因的認知，反而忽略即使在人類出現在地球前，地球的溫度就曾歷經過劇烈變化的事實。

冰河期與間冰期

　　5,000 萬年前的地球曾經是個完全無冰的世界。不像今日的地球，南極及格陵蘭的積冰是終年不化的。當時地球的溫度較今天約高出 15℃。拉近一點，在過去 200 萬年間，地球經歷 17 次的冰河期及間冰期（暖化期）。今日的地球是處於適合人類發展的間冰期。一個冰河期及間冰期的循環約為 10 萬年。其中冰河期約 9 萬年，遠長於間冰期的 1 萬年。在冰河期時整個歐亞大陸及北美大陸積冰極多，冰河甚至南達今日紐約及倫敦的緯度。

　　很顯然，在遠古時代冰河期與間冰期交互變化的過程中，並沒有「人類排放」二氧化碳的因素，劇烈的溫度變化還是發生了，可見溫度變化是自然界的常態，人類至今仍無法了解自然界溫度變化的所有機制。造成地球冰河期與間冰期交替的原因，目前較被接受的理論是米蘭科維奇（Milankovitch）提出的理論。米蘭科維奇認為地球繞日的軌道變化及地球

自轉軸的擺動會造成太陽輻射照射地球的強弱變化，因北半球陸地較多，冬日較易積冰，若前一年冬季積冰因太陽輻射減弱而無法在次年夏天融化，則冬天積冰就會越來越厚，年復一年終於進入冰河期。再經過數萬年，地球軌道及自轉軸又使地球接收較多的太陽輻射，夏季融冰速度又再次大於冬季積冰速度，地球又漸漸的離開冰河期而進入暖化期（間冰期）。這個理論是否完全正確仍不得而知，但米氏理論倒提出了一個重點「地球接受太陽輻射的變化」才是引起地球溫度變化的主因。

千年溫度變化

我們將時間再拉近到人類文明已有歷史記載的近 2,000 年，在西元前 250 年到西元後 450 年有所謂的「羅馬溫暖期」。歷史上記載漢尼拔曾率領大軍越過阿爾卑斯山進攻羅馬帝國。這種軍事行動只有在阿爾卑斯山在無冰雪狀態下才有可能。與今日相較，當年歐洲氣溫恐較今日尤暖。中國古籍也載有許多熱帶動植物在黃河流域出沒的記錄，這也表示遠古時黃河流域氣溫應暖於今日。

但在 IPCC 報告及高爾等人的大力宣傳下，導致人們以為今日地球溫度是過去 1,000 年來最高的誤解。

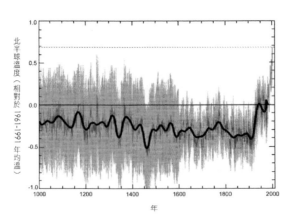

圖 11-1　1000 年－2000 年溫度圖（IPCC 曲棍球桿圖）

資料來源：IPCC, 2001, The Third Assessment Report

　　圖 11-1 是 IPCC 2001 版第三版報告中一再出現的地球過去千年溫度變化圖，這就是非常有名的「溫度曲棍球杆圖」，這個圖顯示，過去千年來地球溫度都十分穩定，直到 20 世紀地球溫度忽然竄升，整個溫度圖很像一個橫擺的曲棍球杆。左邊平放於地面，而右方如同擊球的杆尾成垂直狀，所以有「溫度曲棍杆圖」的名稱。

　　因此這個圖就成為二氧化碳造成地球暖化的最好「證明」──過去千年來地球大氣層二氧化碳濃度原約在 280ppm 左右，而工業革命後二氧化碳增加 120ppm 以上，使大氣二氧化碳濃度超過 400ppm，與過去千年的溫度變化不謀而合。這豈不是二氧化碳造成全球暖化的明證？無怪乎 IPCC 在 2001 年第三版的報告中，一再引用本圖，全球不知多少書刊報紙都一再轉載，成為一般大眾最常看到的一張「千年溫度變化圖」。

　　但在 IPCC 報告出版後不久，就有學者發現該圖所依據的論文錯誤百出，因為這影響到 IPCC 的聲響及可信度，美國國會終於介入調查。在國會授權下，於 2006 年完成由美國科學院統計委員會主委愛德華‧魏格曼（Edward Wegman）所主導的調查報告，指出該圖有統計學上的嚴重錯誤，不應採信。IPCC「從善如流」，在其 2007 年第四版的報告中悄悄的將該圖移除，但該圖已造成極大的影響，至今還有無數人認為目前地球溫度是過去千年來最高的。

　　到底過去千年來地球溫度變化為何？我們可以參考 IPCC 1995 年第二版報告的附圖（詳圖 11-2）。

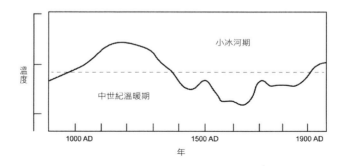

圖 11-2　1000 年－2000 年溫度圖

資料來源：IPCC, The Second Assessment Report (1995)

　　由圖 11-2 可明顯看出在過去 1,000 年，地球溫度並非如「溫度曲棍杆圖」所顯示的一成不變，而是有相當程度的變化。在西元 900 到 1300 年間有「中世紀溫暖期」，而在西元 1300 到 1850 年間，地球溫度又下修而有所謂的「小冰河期」。從 1850 年到今日，地球基本是擺脫小冰河期而漸漸走向暖化。

　　過去 1,000 年並無所謂「人造二氧化碳」，而大氣層中二氧化碳濃度也保持在 280ppm 左右。一千年間地球軌道及自轉的變化也很小，無法以米蘭科維奇的理論來解釋。顯然自然界有其他影響地球溫度變化所不為人們了解的機制。二氧化碳顯然不能成為解釋過去千年溫度變化的唯一選項。對所謂「溫度曲棍球杆圖」到底是無意之失還是有心做假，竟然也有驚人的發現。在 2009 年底，英國研究地球溫度變遷重鎮的東安吉利亞大學（University of East Anglia）電腦伺服器中的電子郵件遭人批露。郵件中竟然發現科學家在通訊時有「一定要消除該死的中世紀暖化資料」的驚人之語。該校氣候研究中心主任也不得不引咎辭職。

百年溫度變化

　　將時間再拉近到 20 世紀的溫度變化（見圖 11-3）也有太多無法以二氧化碳解釋之處。

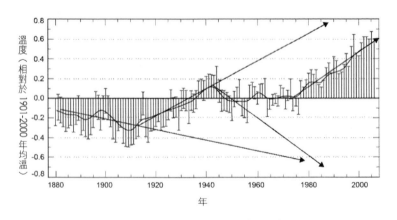

圖 11-3　1880 年－2000 年溫度圖

資料來源：H. Hayden, A Primer on CO_2 and Climate (2008)

　　20 世紀的大氣溫度主要可以分成三段來觀察。1880 到 1945 溫度上升，1945 到 1975 溫度下降，1975 到 2000 溫度再度上升。

　　20 世紀全球溫度的變化與二氧化碳的變化完全看不出有任何關係。在本世紀初全球人口只有現在的 1/4，人均能源使用極低，所以二氧化碳排放很少。20 年代末和整個 30 年代又經歷了經濟大蕭條。其後二次大戰爆發到大戰 1945 年結束。整個 20 世紀上半年人類排碳非常低，但全球溫度顯著升高。20 世紀總共升高約 0.75℃，其中 1910 年到 1945 年就升高 0.35℃。

　　二次大戰後，人口急速增加，人均能源使用也節節高升。OECD 國家經濟成長快速，相對全球碳排也急速增加，但全球氣溫在戰後 30 年間（1945 ～1975）不升反降。

　　在 1960 年代和 1970 年代，科學家最擔心的是全球冷化而不是全球暖化。當時許多科學家預言地球將進入下一個冰河期，時代雜誌甚至將此一「威脅」以封面故事報導。美國科學家也上書總統警告國家應提出對抗進入下一個冰河期的對策。

　　20 世紀最後一個 25 年（1975～2000），地球再度變暖。二氧化碳在這 25 年增加也更為快速，科學家很快就將暖化與二氧化碳連結，認為暖化完全是二氧化碳增加所造成。但這如何解釋 1910-1945 年全球極少碳排卻造成溫度一路上升，以及 1945～1975 年全球大量碳排，溫度卻不升反降？

　　圖 11-4 為 1850 到 2005 能源使用造成的排碳，與 20 世紀全球溫度變化（圖 11-3）對照來看，實在看不出有連帶關係。

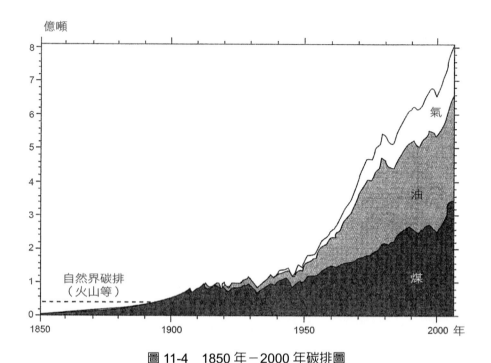

圖 11-4　1850 年－2000 年碳排圖

資料來源：T. Volk, CO$_2$ Rising (2008)

　　目前科學界的解釋是發電廠及工廠在排碳時也同時排出許多懸浮微粒（污染物）。這些懸浮微粒在大氣中會反射陽光，造成地球輻射量減少。所以 1945 年到 1975 年雖然碳排增加，但溫度反而降低。在 1975 年之後，先進國家為了防止空氣污染，增加大量投資，在電廠及工廠加裝排煙防污設備，所以大氣中污染物大量減少，二氧化碳的增溫效應就顯現出來，這也似乎言之成理。

十年溫度變化

　　但這種理論又不能解釋 21 世紀前十年 2000-2010 年地球溫度維持不變的現象。

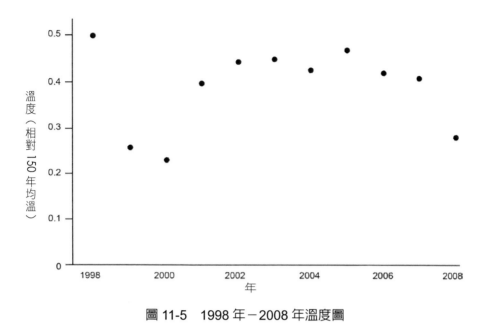

圖 11-5　1998 年－2008 年溫度圖

資料來源：C. Gerondeau, Climate: The Great Delusion (2010)

　　圖 11-5 是英國氣象局（British Met Office）發布之 1998 到 2008 全球年平均溫度記錄。由圖可看出，1998 年是過去 10 年溫度最高的一年。1998 到 2008 年間全球二氧化碳約以每年 2ppm 的速度增加，十年間幾乎增加了 20ppm，約占人類自 1850 年以來總排碳量的 20%，但溫度竟然持平。

　　本章將地球溫度由兩百萬年前的冰河期，到近 1,000 年、近 100 年及近 10 年的變化做全盤檢視。其結果似乎表明地球溫度變化原因很多，並不是大氣中二氧化碳濃度可以完全解釋的。

11.2　二氧化碳與暖化

溫室氣體為什麼會造成全球暖化？這可以從地球物理學解釋。

溫室氣體物理

　　大氣中含量最多的氣體是氮氣（N_2）及氧氣（O_2）。京都議定書規範的溫室氣體包括二氧化碳（CO_2），甲烷（CH_4），氧化亞氮（N_2O），氫氟氯碳化合物（CFCs, HFCs, HCFCs），全氟碳化物（PFCs）及六氟化硫（SF_6）等六種。

　　任何溫度高於絕對零度的物體都會輻射電磁波。太陽會輻射電磁波，地球會輻射電磁波，每個人也都會輻射電磁波。但每個物體輻射電磁波的主要頻率都不同。溫度越高的物體，其輻射電磁波的主要頻率越高。太陽溫度極高，所以其輻射電磁波的頻率很高。50%以上的能量都集中在可見光頻率範圍，也有相當的能量以高於可見光頻率的紫外線輻射地球。地球的溫度遠低於太陽，所以地球輻射的電磁波頻率都低於可見光，而在人眼所看不到的紅外線範圍。

　　溫室氣體就是大氣中能吸收地球所輻射紅外線能量的氣體分子。這些分子在吸收紅外線電磁波後也會釋出同樣的電磁波。氣體分子能吸收紅外線的原因在於分子中的原子鍵會與紅外線頻率的電磁波產生共振。但要有三個原子以上的分子才會與紅外線產生共振。只有兩個原子的分子，如前述大氣中最多的氮氣（N_2）及氧氣（O_2）都只有兩個原子，不會與紅外線產生共振，所以氮氣、氧氣都不是溫室氣體。上述五種溫室氣體分子組成都至少有三個原子。

　　但每種溫室氣體能吸收電磁波的範圍也各不相同，圖 11-6 就顯示各種不同溫室氣體吸收電磁波的範圍，由圖我們有兩個發現：

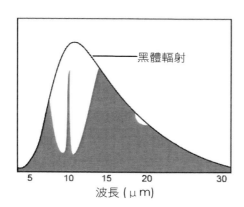
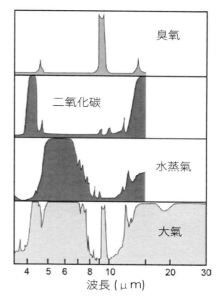

圖 11-6 地球輻射及溫室氣體輻射吸收圖

資料來源：IPCC, The Third Assessment Report (2007)

1. 這些氣體最有效吸收電磁波的範圍基本上都是波長介於 1μm 到 100μm 的紅外線，太陽輻射電磁波的頻率太高（波長太短，可見光波長在 0.4μm 到 0.7μm 間），無法與這些氣體分子產生共振，所以基本上可以長驅直入，其電磁波未被這些溫室氣體分子所吸收。相反地，地球輻射的電磁波主要都在紅外線範圍，所以地球所輻射的電磁波就很容易被這些溫室氣體所吸收。

2. 圖 12-6 還表現了另一個重要的物理性質，由圖不難看出水蒸氣是比二氧化碳更為有效的吸收紅外線，在大氣中的水蒸氣又遠多於二氧化碳，所以水蒸氣是遠較二氧化碳為重要的溫室氣體。

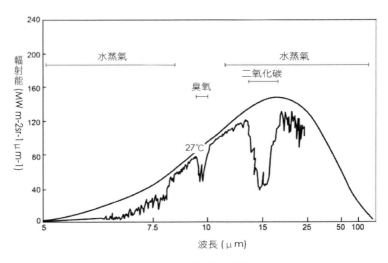

圖 11-7　地球輻射圖

資料來源：S. G. Philander, Is Temperature Rising? (1998)

　　圖 11-7 為人造衛星在太平洋關島上空所量測的地球輻射和各種溫室氣體。很明顯可以看出水蒸氣所吸收地球輻射電磁波的範圍遠大於二氧化碳所吸收的範圍。地球溫室氣體效應，水蒸氣的貢獻占了 2/3 左右，而二氧化碳的貢獻只有 1/4。但為何全球的注意力都集中在二氧化碳而不是水蒸氣呢？很主要的原因之一人類無法改變地球的水循環，而大氣中二氧化碳的增加可以很明確的追溯到「人為」成份。既然是「人為」，人類就覺得可以予以「控制」，這也就是為何世界的注意力都集中在二氧化碳，而不是水蒸氣了。針對水蒸氣與二氧化碳的回饋關係，在下一章將有較詳細的討論。

溫室氣體的貢獻

　　「溫室氣體」現在已經成了一個「壞」名詞，但如果地球的大氣層沒有這些溫室氣體，今日地球會是怎麼一個狀況？

　　地球是處於一種熱平衡的狀態。從外界獲得多少能量，就會以輻射的方式釋出同樣的能量。地球由太陽輻射所得到的能量不難計算。如果沒有

溫室氣體給予地球額外的輻射，地球的平均溫度將為-18℃。因為-18℃的地球所輻射的能量與由太陽所獲得的能量保持平衡。

今日地球平均溫度在 15℃，比沒有溫室氣體的地球溫度高了 33℃，而成為一個適合人類居住的星球，完全是拜溫室氣體之賜。

但問題在於就算溫室氣體是一個「好」氣體，但如果溫室氣體一再增加，如同目前地球二氧化碳已近 400ppm，較工業革命前的 280ppm 高出120ppm，表示有更多的地球輻射因這些額外的二氧化碳被吸收又釋回地球。地球為了保持熱平衡，必須輻射出更多的能量，如何輻射出更多的能量呢？地球只有變暖（增加溫度）以輻射出更多的電磁波來保持熱平衡，這就是溫室氣體造成地球暖化的真正科學原因。

由以上的解釋，大家可以明白地球除了接受由太陽釋出的電磁波能量外，也由大氣中的溫室氣體釋出的電磁波得到能量，後者甚至大於前者。當然後者的能量也不是無中生有，還是由地球吸收太陽輻射能量後，再由本身釋出的電磁波並由溫室氣體阻絕而得到的。

大家總覺得空氣是輕飄飄，但實際上大氣層高達數十公里。大氣中氣體分子總重極大，大氣中 1ppm 二氧化碳的重量達 78 億噸。目前二氧化碳每年還以近 2ppm 的速度增加中，這也就是為何全球要努力控制二氧化碳排放的主要原因。

11.3　碳循環

對二氧化碳為何會造成地球暖化的原因有初步的了解後，下一個課題就是要研討為什麼「人造」二氧化碳會造成大氣中二氧化碳年年增加，而大自然年年都有更大量二氧化碳排放反而保持平衡呢？

自然界的碳平衡

其實，全球 70 億人類呼出產生的二氧化碳也很驚人。人類每呼出一口氣所含有 5×10^{20} 二氧化碳分子，大氣中目前二氧化碳濃度約在400ppm，人類呼氣的二氧化碳濃度是大氣中二氧化碳濃度的 100 倍。一口

氣呼出 5×10^{20} 二氧化碳分子看似很驚人，實際上微不足道，因為每個分子的質量實在太小了。但 70 億人一整年不停的呼吸，總共排出的二氧化碳也不可小覷。但 70 億人類呼出的二氧化碳為何並沒有使大氣中的二氧化碳增加？主要理由就在於碳循環的平衡。

人類呼出的二氧化碳是由吸入空氣中的氧氣與體內碳水化合物結合後所產生。但人類體內的碳水化合物由何而來？當然是由食物而來，如果來源是蔬菜等植物類，理由就很容易了解了。因為植物是依賴光合作用生長，而植物光合作用的主要「養分」就是大氣中的二氧化碳。所以大氣中的二氧化碳只不過經由植物吸收，人類食用、呼吸而完成了一個循環。如果人類的食物是動物，道理也是一樣。家畜多由飼料餵食成長，所以大氣中的二氧化碳也不過經由植物吸收、動物餵食、人類食用、呼吸，完成了一個碳循環。

換句話說人類呼出的二氧化碳是把我們的食物（不論是蔬菜或肉類）在生長過程中，由大氣中吸收的二氧化碳原封不動的釋回大氣。所以大氣中的二氧化碳並不因人類呼出二氧化碳而增加，而是維持在穩定平衡的狀態。

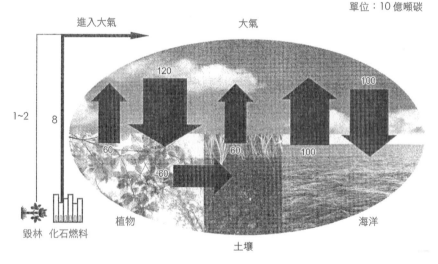

圖 11-8　自然界碳循環

資料來源：T. Volk, CO_2 Rising (2008)

　　人類呼氣的二氧化碳循環，只是自然界整個碳循環的一小部分，自然界的碳循環可用圖 11-8 來表示。圖中的單位是以 10 億公噸碳來表示（不是以二氧化碳為單位），因為自然界的碳循環並不完全以二氧化碳的形式循環，以碳為單位而不以二氧化碳為單位才能更準確表示碳循環。圖中顯示「人造」碳排有兩個來源，一個是大家耳熟能詳的能源使用，每年排碳約 80 億公噸。另一個來源是人類砍伐森林破壞大自然吸收二氧化碳的能力所造成。每年因伐木所造成的碳排約在 10 億噸到 20 億噸之間。所以人類造成的碳排約在 90 億噸到 100 億噸之間。這數字看似很大，但與自然界每年碳循環的數量相較實在是小巫見大巫。

　　圖 11-8 顯示每年海洋與大氣中的碳交換達到 1,000 億噸。而整個生物圈與大氣的碳循環更高達 1200 億噸。大自然每年的碳循環高達 2,200 億噸，遠高於人造碳排（90 億到 100 億噸之間），但大自然的碳循環是處於完全平衡的狀態，雖然排碳量極大但吸碳量也極大，所以在大氣中並未看見二氧化碳增加。

人類碳排

　　人造碳排就不同了，以能源使用造成的排碳為例，能源碳排是因為使用「化石」燃料所造成。不論是煤、石油還是天然氣都是「化石」。換句話說這些化石中的碳是數億年前動植物生存時吸收大氣中二氧化碳所遺留的。今天人類使用化石燃料是將遠古時大氣中的二氧化碳重新釋入大氣，這種單向排放大自然並無法全數回收。因為沒有完整的碳循環來平衡，「人造」碳排於是一年一年的使大氣中的二氧化碳濃度增加。

　　每年由人類排放的二氧化碳不難計算，每年人類消耗多少煤、石油、天然氣有非常明確的數據，很容易計算因燃燒化石燃料所生產的二氧化碳。破壞森林所造成的二氧化碳排放較難掌握，但因其只占人造排碳 20% 以下，所以對影響人類碳排的估計造成的誤差較為有限。

　　大氣中二氧化碳的濃度也可以相當精準的量測，有名的基林圖（Keeling Curve，圖 11-9）簡潔有力的展現過去 50 年大氣中二氧化碳濃度逐年升高的現象。

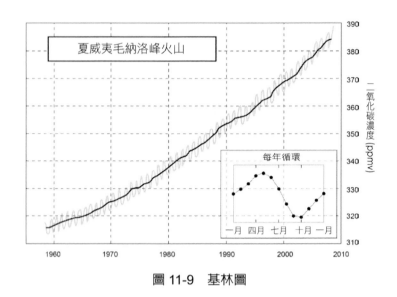

圖 11-9　基林圖

資料來源：IPCC, The Fourth Assessment Report (2007)

　　由圖 11-9 可以計算過去 50 年大氣中二氧化碳增加的總量，另一方面人類 50 年來排放二氧化碳的總量也可以計算。結果發現大氣中二氧化碳增加量只有人類排碳量的 45%，另外 55% 仍然為大自然所吸收了。

　　目前科學家估計在大自然 55% 吸收人造二氧化碳中，海洋占了 30%，而植物占了 25%。

　　為何海洋會吸收人類額外排放的二氧化碳，原因在於海洋與大氣無時無刻都在進行二氧化碳交換。大氣中的二氧化碳濃度由工業革命前的 280ppm 增加到今日的 400ppm，自然會有較多的二氧化碳由海洋所吸收。實際上海洋中二氧化碳的含量是大氣中的二氧化碳的 50 倍。此外植物的光合作用是以二氧化碳為「養分」。大氣中二氧化碳濃度的增加，對植物的生長是有利。植物自然不會放棄「加餐」的機會而由大氣中吸收了更多的二氧化碳。

　　海洋對於二氧化碳實際上有更大的「胃口」，但大氣大約只需要一年時間就可將二氧化碳平均分配於全球。海洋則只有數百公尺的表層和大氣進行二氧化碳交換。海洋深層對二氧化碳有極大的容納量，但海洋表層與深層的對流時間以千年計，所以海洋容納二氧化碳雖仍有極大的餘裕，但無法很快的消化大氣中多餘的二氧化碳，無法更有效的減緩地球暖化現象。

　　不同分子在大氣中停留時間的長短也極關重要。人類燃燒化石燃料的硫化物（SO_x），在空氣中停留的時間不長（以星期計），所以硫化物造成的污染是區域性的。因為氣流還不及將其帶到世界其他地區（氣流全球循環約 1 年時間），硫化物已回到排放源附近的地表。二氧化碳在大氣中會停留多久是一個極關重要但也極具爭議的議題，如果二氧化碳在大氣停留的時間和硫化物一樣短，二氧化碳在排出後很快的就會回到地表，大氣中的二氧化碳就不會增加。目前估計大氣中二氧化碳平均滯留時間以百年計。IPCC 認為二氧化碳在排入大氣後，約有 50% 在大氣中滯留 30 年，30% 滯留數世紀而有 20% 會滯留數千年，這也就是二氧化碳可怕的最主要原因。

11.4　碳排歷史及背景

碳排歷史及預測

　　二氧化碳在大氣中濃度最有名的量測就是基林圖（見圖 11-9）。基林在 1950 年代末於夏威夷及南極建立大氣二氧化碳濃度的連續觀測站。1958 年到 2008 年 50 年間，大氣中二氧化碳濃度由 315ppm 升為 385ppm，增加了 70ppm，平均每年增加了 1.4ppm。但早年增加緩慢，近年因新興工業國大量排碳，使得每年幾乎以 2ppm 的速度增加，人類二氧化碳排放也是年年升高，由 1990 年的 210 億噸增加到目前的 300 億噸，預測到 2030 年將排放 400 億噸，到 2050 年更可能排放到 600 億噸。

　　在工業革命前大氣二氧化碳濃度 280ppm 增加到目前的 400ppm。到 2050 年大氣中二氧化碳濃度極可能再增加 100ppm 而接近 500ppm。

　　IPCC 報告中以六種經濟發展模式推估 2100 年時大氣二氧化碳的當量濃度（含其他溫室氣體），由極端減碳到不減碳的六種模式下的二氧化碳濃度分別為 600ppm、700ppm、800ppm、850ppm、1,250ppm 及 1,550ppm。

　　如果 2000 年到 2100 年間人類每年排碳量維持 2000 年水準，則 2100 年大氣二氧化碳濃度將為 520ppm。目前國際上多以大氣中二氧化碳最大濃度 560ppm（工業革命前二氧化碳濃度 280ppm 之 2 倍）為減碳目標，甚至有團體以 380ppm（較目前濃度尤低）為目標，可知人類減碳是多麼艱鉅的任務了。

　　前述主要溫室氣體有 6 種，每種氣體的暖化能力都不相同，但因為二氧化碳是造成最大暖化現象的溫室氣體，習慣上科學家們就將其他溫室氣體的排放量，考慮其暖化能力再換算為等值的二氧化碳排放量。

不同溫室氣體排放占比

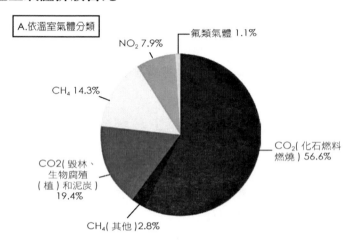

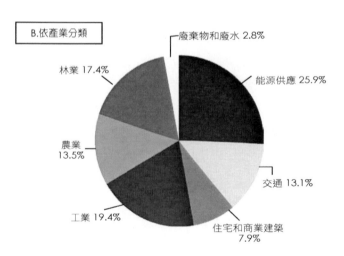

圖 11-10　2004 年溫室氣體排放比例（CO_2 當量）

資料來源：IPCC The Third Assessment Report (2007)
彩圖詳見 P369

IPCC 報告中將 2004 年全球各種溫室氣體的總排放量經換算為每年 490 億噸二氧化碳，其中各種溫室氣體造成暖化的貢獻見圖 11-10A。

由圖可知，因使用化石燃料造成的二氧化碳排放為 56.6%（277 億噸）。檢視各種人類經濟行為排放溫室氣體所占的比率（見圖 11-10B），可以發現各種能源使用造成的溫室氣體比重達 2/3，其他 1/3 是因毀林及農業所造成。

在能源使用造成的 277 億噸二氧化碳中，交通占了 63 億噸（23%）。

而自 1850 年到 2005 年，因化石燃料造成的二氧化碳總共約 1.1 兆噸（1100GT），而 1965 年到 2005 年這 40 年間就製造了 8,000 億噸（800GT）。

另外一個非常值得注意的就是因為毀林而造成的二氧化碳排放，竟高達全部溫室氣體排放的 19.4%（95 億噸）。這就是為何全球排碳排名中，在中、美兩國之後的就是印尼和巴西兩國，其主要原因就是這兩個國家原始森林極多，而毀林也最多。

此外，農業造成的碳排（13.5%）竟高於交通（13.1%），其中最重要的原因是因為人類對肉類的消耗年年增加。全球家畜（牛、羊、豬）等的數目日漸增加，而家畜造成暖化氣體有兩大原因。一是飼料要消耗很大的能源來生產。另一個原因就是家畜的排氣——甲烷，而甲烷又是暖化能力特強的溫室氣體。

同等重量的牛肉所造成的碳排是雞肉的 13 倍，是馬鈴薯的 57 倍。美國人平均每人每年消耗肉類的排碳就相當於一部汽車行駛 3,000 公里的排碳。這也就是為何提倡素食也成了對抗暖化的重要手段了。

各國碳排

全球目前每年二氧化碳排放約 300 億噸，但各個國家之間的排放量相差很大。

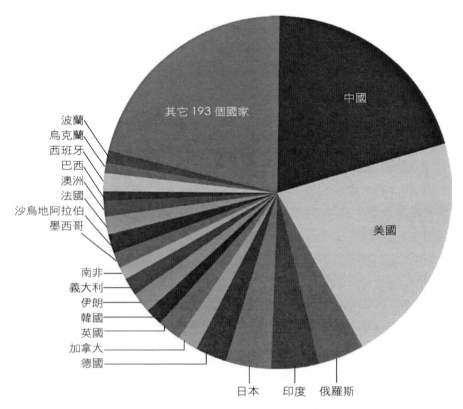

圖 11-11　2006 年全球碳排比例（依國家分類）

資料來源：R. Pielke, Jr., The Climate Fix (2006)
彩圖詳見 P370

　　圖 11-11 是 2006 年時全球主要國家的排碳比例。由圖可見，中、美兩
國占了相當的比例，兩國排碳在當年旗鼓相當都在 60 億噸左右，整個歐
盟排碳約在 40 億噸左右。但歐美等國因經濟發展十分成熟所以每年排碳
增加有限，但開發中國家排碳每年成長就十分迅速。

　　另一個值得注意的國家就是俄國，自 1989 蘇聯解體後，俄國經濟 20
年來尚未恢復，中、俄兩國碳排的對照（圖 11-12）十分顯著。

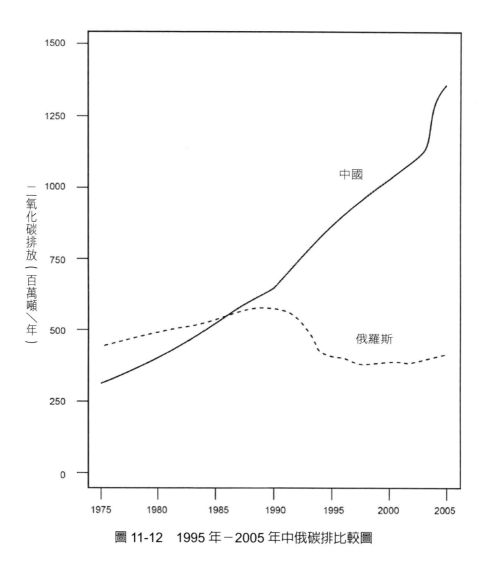

圖 11-12　1995 年－2005 年中俄碳排比較圖

資料來源：V. Smil, Global Catastrophes and Trends (2008)

　　因此，未來人類是否能有效控制碳排，重點在於開發中國家是否能減緩碳排增加的速度。但另外一個不能忽視的數據就是 1850-2005 年各國人均排碳量（見表 11-1）。

表 11-1　1850-2004 年 16 個國家及全球人均歷史累積排放

國別	人均歷史累積及排名（噸 CO2）
	1850-2004 年
全球	173.5
中國	68.9 (92)
印度	23.3 (122)
南非	286.3 (43)
墨西哥	112.3 (78)
巴西	49.7 (99)
印度尼西亞	28.4 (118)
韓國	187.3 (60)
澳大利亞	598 (17)
美國	1105.4 (3)
英國	1134.9 (2)
俄羅斯	626.6 (15)
日本	334.2 (36)
義大利	307.5 (41)
德國	962.8 (6)
法國	525 (23)
加拿大	748.1 (19)

資料來源：王偉光等，氣候變化綠皮書（2010）

　　表 11-1 可明顯看出，已開發國家對目前大氣中累積的碳排有其不可推卸的歷史責任，這也就是為何開發中國家一再要求已開發國家應先行減碳的最主要原因。

11.5　氣候科學

　　到目前為止，我們討論了許多二氧化碳相關議題。如二氧化碳為何造成地球暖化，碳循環，二氧化碳由何種人類活動而產生，及簡單描述世界大國的排碳記錄。但我們並沒有開始討論「氣候」（Climate）。尤其是大氣中二氧化碳增加後對氣候的影響，這才是人類所真正關心的。

風的形成

　　前面討論過，如果地球沒有溫室氣體，則地球平均溫度將是-18℃而不是今日的 15℃。但實情並沒有這麼簡單。如果沒有空氣對流，也就是說，如果空氣沒有將地表的熱帶往大氣層高處，今天的地表溫度將高達 60℃，也完全不合適人類生存。而約離地球 10 公里高處的平流層也將會寒冷到航空油料凍結、飛機無法飛行的程度。

　　大家都知道熱空氣密度較小，而冷空氣密度較大，所以接近地表的熱空氣會上升，而高空的冷空氣會下降。熱帶的空氣熱，寒帶的空氣冷，空氣也會由赤道向極區及極區向赤道移動。再加上因地球的自轉形成的科氏力（Coriolis Force），就造成了南北半球幾個大風系的形成（Hadley Circulation，海德利風系）。所謂貿易風帶、西風帶等大家耳熟能詳的名詞，其最基本的物理背景就是大氣熱平衡的表現。熱空氣與冷空氣的對流造成全球的「氣象」，氣象可說是每日的天氣變化，而氣候則是長期氣象的平均值。

海水蒸發

　　但這只是故事的一半，實際上空氣將地表熱量帶往高空對地表降溫的作用十分有限。地表之所以降溫到適合人類生存的溫度有一個更重要的機制，而此一機制和全球暖化更是息息相關。

　　地球表面陸地只占 1/4，3/4 是海洋。換句話說，太陽帶給地球的熱量，3/4 是由海洋所吸收。太陽照射海洋表面帶來大量的熱的結果，就是將海洋表面的水加熱蒸發成水蒸氣，水蒸氣再往大氣高處飄升。

　　熱量可以由兩種方式儲在物質中，一種方式是物質因為熱而升溫，水在加熱後在保持液態時，可由 20℃、30℃一直升溫到 100℃，但仍然是液態水。第二種方式是將 100℃的水（液態）繼續加熱，則 100℃的液態水會吸收熱量而轉變為 100℃的水蒸氣（氣態）。100℃的液態水和 100℃的氣態水蒸氣溫度相同，但其內含的熱量不同，這種造成相位（液態與氣

態）變化的熱就稱之為「潛熱」（Latent Heat）。這是氣象學中至為重要的概念。

　　海洋表面的水分子經陽光加熱而成為氣態水蒸氣升往大氣高處才是地球表面降溫的最重要機制。水蒸氣向高空飄升後，因高度越高，大氣溫度越低，飽和濕度也越低。所以水蒸氣升到一定高度後，就因到達飽和濕度而重新凝結為水分子，甚或形成雲。在這過程中就放出潛熱，使高空溫度增加，整個過程就將海洋表面接受的熱帶到大氣高處。另一方面，在各種條件配合的狀態下，高空中的雲又形成降雨，水分子又回到了海洋，這一方面完成了水循環，一方面將熱由地表移到大氣高處，使地球表面降溫。

回饋作用

　　我們再回頭來討論二氧化碳在暖化中的作用。討論二氧化碳造成的暖化有一個極為重要的觀念就是「回饋」（Feedback）。所謂回饋就是一個系統在受到外力作用，其系統反應會「增強」或「減緩」此作用。若是增強即稱為「正回饋」若是減弱即稱為「負回饋」，我們可以用地球氣候變化作為例子。

　　假設因某種原因，如地球繞日軌道變化，而使得地球接收較少太陽輻射而變冷。因為氣候變冷而使得地表降雪範圍擴大。雪是白色，反射陽光的能力很強，使得更多陽光反射回外太空，使地球接受的熱量進一步降低。地球溫度原來因為軌道變化而接受較少太陽的熱量，又因為降雪範圍擴大而反射更多陽光，使溫度進一步降低，這種現象就稱之為「正回饋」因為會使原來的變化更加擴大，有加強原來變化的效果，所以稱之為「正」。

　　另一種可能性，比方因某種原因地球變暖，其結果是水蒸氣及雲量都增加，但低層雲會反射陽光，使地球接受較少的熱量而減緩了暖化。因為雲對原先的暖化造成了煞車作用，所以這一種回饋就稱之為「負回饋」，因為減緩原先暖化趨勢。目前每年 2ppm 二氧化碳的增加，竟然造成地球溫度迅速上升，IPCC 認為這是因為二氧化碳增加後，造成「正回饋」而

使暖化更形惡化。依 IPCC 估計，地球暖化二氧化碳的貢獻只有 1/3，另外 2/3 是因為正回饋所造成，最大的正回饋就是水蒸氣。

我們在前面討論各種溫室氣體造成暖化時，曾特別指出水蒸氣是比二氧化碳為重要的暖化氣體。一方面水蒸氣吸收地球輻射紅外線的能力強過二氧化碳，另一方面大氣中的水蒸氣也遠多於二氧化碳。

IPCC 認為，因為二氧化碳造成地球暖化產生更多的水蒸氣飄升於大氣中，水蒸氣又是暖化能力很強的溫室氣體，所以原來並不十分嚴重的排碳問題，因為水蒸氣形成比原來暖化高出三倍的正回饋，小問題因此變成了大災難。這種看法是否完全成立，我們在下章將另討論，圖 11-13 是 IPCC 報告中的地球熱平衡圖。

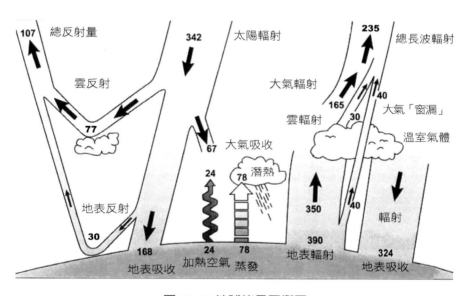

圖 11-13 地球能量平衡圖

資料來源：IPCC, The Third Assessment Report (2001)

火山機制

除了上述太陽幅射、大氣、海洋外，地球還有許多其他影響氣候的機制，其中最顯著的就是火山爆發。火山爆發影響氣候最主要的原因就是爆發時釋入大氣層大量的氧化硫（SO_x），有效阻絕陽光。19 世紀有兩次火山大爆發，嚴重影響全球氣候。一次是 1815 年印尼的 Tombora 火山爆發，據估計有達億噸的 SO_x 釋入大氣中。Tombora 火山本身高度也由爆發前 4,300 公尺降為 2,850 公尺。爆發後的氧化硫遍布全球，使次年成了一個「沒有夏天的一年」，造成全球性的農作歉收及大規模的饑荒。

距今日較近的 1883 年，另一個位於印尼的 Krakatoa 火山爆發。1 萬人為火山灰所埋沒，次年因農產欠收而有 8 萬人因飢荒而死亡。在 2,000 公里外的海南島，太陽也憑空消失。

20 年前的 1991 年菲律賓 Pinatubo 火山爆發是近年來最大一次火山大爆發。火山灰衝上 35 公里高的大氣中並釋出 2,800 萬噸的氧化琉。火山灰在 7 個月內遍布全球，18 個月後才漸漸消失，地球在次年各地降溫 0.5°C 到 0.7°C。

火山造成的降溫對全球暖化有兩個啟示，一是為自 1943 年到 1970 年全球雖排碳大增，但因同時釋出大量氧化琉，使全球溫度不升反降得到合理的解釋。另一方面，火山爆發也替科學家為「氣候工程」提供了靈感。

第 12 章

懷疑論者的觀點

　　氣候模擬學家（Climate Modeler）基於上述人類對氣候的了解發展出不同的電腦程式來推估未來 50 年、100 年地球因溫室氣體造成的全球氣溫上升與對全球氣候的影響，這些看來都十分合理無懈可擊。但實際上人類真的已全面掌握了解並能藉由電腦預估未來的氣候嗎？並不是所有科學家都如此認為，本章即將「懷疑論」者的一些論點提出供大眾參考。

　　懷疑論者對 IPCC 結論未完全信服的幾個重點在於：

　　一、過去百年溫度記錄是否有效；

　　二、IPCC 針對氣候科學的科學假設及論述是否毫無疑問；

　　三、地球氣溫上升是否有其他的可能性；

　　四、電腦模型對地球未來溫度／氣候變化的模擬是否可靠；

　　五、IPCC 本身立場是否公平毫無偏頗？

　　六、IPCC 論述是否真已成為學術界的「共識」？

12.1　溫度記錄

熱島效應

　　首先討論過去百年溫度記錄為何遭人質疑？地球 3/4 為海洋，1/4 為陸地，在 1990 年以人造衛星探測全球大氣溫度前百年來對海洋上空大氣的溫度記錄十分缺乏，有限的紀錄是否可靠也有不少的疑問。換句話說，地球表面 3/4 的地區並沒有值得信賴的數據。何況在陸地的溫度記錄也有一些值得探討的問題。全球城市面積約占全球陸地面積的百分之一，但陸地

溫度記錄絕大部分都在城市附近。眾所週知，城市溫度都遠高於鄉間溫度，主要就是有所謂的「熱島效應」。由上章我們知道地表散熱最主要是靠水分在蒸發過程中吸收的「潛熱」及植物吸收水分的蒸散（evapotranspiration）過程。但城市基本上是一個水泥森林，馬路上舖的是柏油，與鄉間相較，地表水及植被都極少。再加上汽車廢氣及家家戶戶冷氣機的排熱，再再都造成嚴重的「熱島效應」。

表 12-1　日本大都市平均氣溫（百年上升量）

	全年	冬季（1月）	夏季（8月）
札幌	+2.3	+3.0	+1.5
仙台	+2.3	+3.5	+0.6
東京	+3.0	+3.8	+2.6
名古屋	+2.6	+3.6	+1.9
京都	+2.5	+3.2	+2.3
福岡	+2.5	+1.9	+2.1

資料來源：原剛，徹底了解地球暖化世界變遷地圖（2009）

　　表 12-1 為日本各大都市平均氣溫上升記錄，可以明顯看出都市百年來的氣溫大幅上升的主要原因是「熱島效應」而非「全球暖化」。IPCC 雖認為「熱島效應」造成的溫度記錄雖應予以考慮，但調整的數字只有 0.02℃。但許多科學家認為「熱島效應」造成的氣溫上升程度遠高於 IPCC 所估計。IPCC 對熱島效應的估計所依據的一項數據是中國在數十年間的城市溫度記錄，但近年來發現該論文數據有嚴重瑕疵，已使得 IPCC 論點再度受人質疑。

俄國記錄

　　另一個全球平均溫度記錄遭人質疑的是俄國的溫度記錄，或者說俄國溫度的「無記錄」。蘇聯在 1989 年瓦解後，經濟陷入長期衰退，政府預算嚴重縮減，只好減少開支，手段之一就是在 1990 年代初關閉上千個偏遠地區的氣象站。1990 年代正好是全球氣溫上升最嚴重的十年，許多人就質疑，如果全球平均溫度少了上千個最寒冷地區的記錄，平均溫度自然會表

現出全球溫度上升。另俄國氣象資料變動對平均溫度計算影響為何也不易估計。

12.2　氣候科學的假設

IPCC 在氣候科學的一些重要假設也有科學家提出質疑。

氣候敏感度

所謂氣候敏感度（Sensitivity）是一個焦點議題。氣候敏感度就是大氣中二氧化碳增加對溫度的影響。目前科學界多以大氣中二氧化碳濃度較工業革命前倍增（由 1850 的 280 ppm 增為 560 ppm）為假設，爭議地球究竟會升溫多少？如前所述，當大氣中二氧化碳倍增時，單純二氧化碳的氣溫上升效應約為 1.2℃，目前 IPCC 估計二氧化碳倍增，大氣將升溫 3℃ 左右，主要是在於水蒸汽的正回饋，但水蒸汽在大氣中並不是一個獨立變動因子，水蒸氣與雲量、降雨有密不可分的關係。

雲又可分為高層雲及低層雲，兩者都有阻絕太陽輻射（使地球變冷）及阻絕地球紅外線輻射（使地球變暖）的作用，這兩種效應是相互抵消的。高層雲的淨效應是暖化而低層雲的淨效應是冷卻。

雲的厚度和其中水滴的大小都會影響其阻隔輻射的能力。

雲量的增加或減少對地表氣溫有絕大的影響。大氣中雲量的變化到底是因是果（因大氣升溫造成的反饋），仍無定論。

地球表面大部分是海洋，人類對雲量變化的數據也極缺乏，近年來人造衛星 Cloud Sat 置入太空後才對全球的雲量有較正確的記錄及數據。

IPCC 在報告中也明白承認雲的作用有很大的不確定性。

氣溫上升與二氧化碳關係

另外還有一個很重要的觀念應予釐清，就是二氧化碳每增加 1 ppm 可造成多少氣溫上升的幅度也有經濟學上「邊際效應遞減」的現象。

　　這是很容易理解的。假設大氣中原先沒有二氧化碳等溫室氣體，地球的紅外線輻射可以毫無阻隔的向外太空輻射。假設第一個 100ppm 的二氧化碳可以阻絕並反射 60%的紅外線輻射，則地球就會相對增溫來平衡這額外 60%的紅外線輻射熱。假設地球二氧化碳由 100 ppm 增加到 200 ppm，則新增的 100 ppm 也只能阻絕 60%第一個 100 ppm 二氧化碳所未阻絕的剩餘 40%紅外線輻射，換句話說第二個 100ppm 只能阻絕 24%的紅外線輻射。

　　由此可知地球升溫與二氧化碳增加並不是線性關係，而是成對數關係。地球升溫與二氧化碳增加的公式如下：

$$\triangle T = 常數 \times \text{Log}_e \left(\frac{C}{Co} \right)$$

Log_e：自然對數

$\triangle T$：溫度變化

C：目前二氧化碳濃度

Co：原始二氧化碳濃度

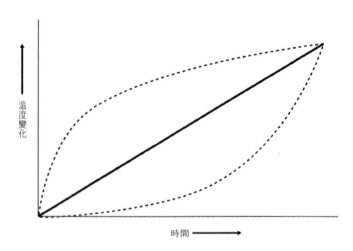

圖 12-1　碳排與氣溫上升的關係

資料來源：P. J. Michaels, Shattered Consensus (2005)

　　圖 12-1 有三條線，最上面的虛線是對數線，表示二氧化碳增加但對增溫效果是遞減。最底下的虛線是指數線，基本上表現的是人類排碳成指數

般的成長，兩者相乘之後成了中間的實線——線性線，表示將來全球溫升成線性成長。

臨界點的探討

不少科學家也一再警告如果大氣中二氧化碳濃度將繼續上升，全球溫度在超過某個臨界值後，地球溫度會因「正回饋」而一發不可收拾的急劇上升。比方如北極洋夏季全部融冰，因與白雪相較，水對陽光的反射率小很多，無冰的北極洋就會吸收更多的太陽輻射而形成一種正回饋。另一可能性是因溫度升高而使西伯利亞等「永凍層」的土壤解凍釋出大量甲烷。甲烷是遠比二氧化碳溫室效應更強的溫室氣體，所以地球溫度也會因這種正回饋機制而益發惡化。

這種全球溫度有所謂臨界值的說法，並沒有完全說服所有人，原因之一是地球已有 40 億年的歷史，地球溫度並未因為某種因素超過「臨界點」而產生強烈正回饋，使地球一發不可收拾的越來越熱（成為另一個金星）或越來越冷（成為另一個火星）。地球氣候的機制似乎是與外在環境變化發生負回饋，因而減緩發生外在變化造成的反應。遠的不說，地球在過去數百萬年間，冰河期（冷凍期）及間冰期（暖化期）的交互發生，似乎顯示地球並沒有所謂的「臨界點」。

12.3　其他暖化理論

如果大氣中的水蒸氣及雲量並沒有造成如 IPCC 所認定的正回饋，或其正回饋的貢獻少於 IPCC 所認定的數值，則如何解釋目前地球升溫顯然高於單純由二氧化碳濃度增加所應有升溫的現象？

太陽磁場影響

不同學者也提出過不同的解釋，可能影響地球溫度最明顯的顯然是太陽，但過去數十年太陽輻射的變化有限，並不足以造成今日的溫差，有一

學說認為太陽對地球的影響不只有輻射，太陽磁場的變化對地球溫度也會造成影響。

　　上節已提到雲量對地球溫度影響關係重大，但大氣中單純的水蒸汽增加並不會自動的造成雲量增加。雲的形成要靠雲核，水蒸汽凝結於雲核才會成雲。在久旱時人造雨的重要手段之一就是以人為手段向空中噴灑出雲核，希望雲核的增加會形成雲量增加進而降雨。

　　有些學者認為宇宙射線不斷的由外太空射入大氣層的過程會與大氣層中的分子作用而形成雲核。

　　當太陽磁場強烈時，會形成太陽風，阻隔外太空宇宙射線射入地球。因雲核減少，雲量減少就造成地球暖化。當太陽磁場減弱時，大量的宇宙射線暢通無阻的進入大氣層製造出大量雲核，當雲量增加阻絕陽光，地球就會變冷。

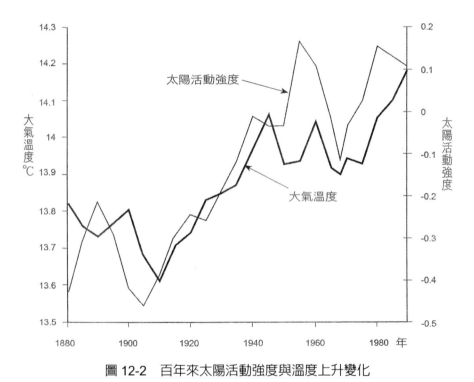

圖 12-2　百年來太陽活動強度與溫度上升變化

資料來源：M. M. Mathiesen, *Global Warming in a Politically Correct Climate* (2004)

圖 12-2 即為二十世紀太陽活動強度變化與地球溫度變化的關係圖。

歐洲最大的聯合實驗室 CERN（European Organization for Nuclear Research）是由 20 個國家所組成，對此一假說也發生興趣。2011 年 CERN 的科學家們利用他們極為強大的加速器模擬宇宙射線對「雲霧室」（Cloud Chamber）的造雲影響，結論是雲量會因人造宇宙射線的影響增加 10 倍。

太陽到底是否有其他尚不為人知而會影響地球溫度的機制？

一個有趣的現象就是近年來火星似乎也有氣溫上升的現象，火星冰帽也有變小的趨勢。火星顯然沒有人造二氧化碳，如果火星持續暖化，是否能解釋地球氣溫上升並不全然是由人造二氧化碳所造成，而有其他影響整個太陽系行星溫度的機制？

海洋溫度影響

有些學者不由外太空而由地球本身找尋是否有其他機制造成地球暖化。

海洋很明顯的對全球氣候有很大影響，海洋的熱含量千倍於大氣。基本上地球的氣候及大氣溫度是在追隨海洋溫度及洋流變化而起舞。

1998 年可能是 20 世紀溫度最高的一年（也有一說是 1934 年）。1998 年的高溫記錄到了 2008 年仍然沒有被打破，但同時期大氣二氧化碳濃度卻增加近 20ppm。

為什麼 1998 年氣溫為何這麼高？主要原因是 1998 年為一個強烈聖嬰年，太平洋水溫在聖嬰年升高，進而影響到整個大氣的溫度。聖嬰、反聖嬰是一個 3 到 7 年循環的氣候現象，但對地表氣溫就造成非常大的影響。這就不免令人懷疑許多目前已知長週期（30 年以上）的海洋溫度變化對過去 30 年的暖化影響為何。

依 IPCC 報告，地球有 6 個大規模長週期的洋流及溫度變化。其中影響地球溫度最大的就是太平洋長週期振盪（Pacific Decadal Oscillation, PDO）。太平洋長週期振盪是太平洋以 60 年為一週期的洋流及水溫變化（30 年冷卻、30 年暖化）。有些科學家發現過去 60 年大氣的溫度變化與 PDO 的變化亦步亦趨。

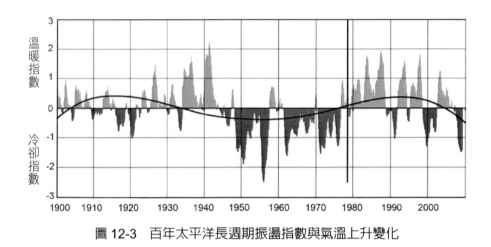

圖 12-3　百年太平洋長週期振盪指數與氣溫上升變化

資料來源：R. W. Spencer, The Great Global Warming Blunder (2010)

　　圖 12-3 即顯示過去一世紀大氣溫度與太平洋長週期振盪變化的對照，如果說太平洋長週期振盪對過去 30 年暖化有相當程度的貢獻可能也不為過。

　　本節只是介紹科學界認為可能除二氧化碳外，全球暖化或有其他機制的一些理論。實際上更有許多科學家一方面並不認為二氧化碳是暖化的元凶禍首，另一方面也未必信服上述的暖化理論，這些科學家基本認為人類對大自然氣候的掌握仍十分膚淺，地球溫度變化的真正原因，人類至今仍未有答案。

12.4　電腦模擬之探討

　　150 年來地表氣溫升高約 0.75℃，今日的全球溫度較 1850 年小冰河期剛結束時的地球溫度相對舒適。依中外歷史記錄顯示，在寒冷時期，常因糧食生產不足造成飢荒，導致社會動盪、盜賊四起甚至王朝傾覆。在溫暖期間糧食豐收、人民安居樂業、社會安定、文明發展迅速。1850 年到 2000 年的 150 年間人類文明的長足進步，全球溫度處於相對升溫期可能也是不可完全抹殺的原因。

　　然而現今人類覺得全球暖化是洪水猛獸，甚至認定「暖化」是環境問題裡重中之重，有人甚至認為如不予控制會導致人類文明的結束。

　　人們有此恐懼主要是擔心如果地球繼續暖化，再過百年到 2100 年時地球恐陷於水深（海水高漲）火熱（全球氣溫上升 5℃以上）之中。但 2100 年距今百年，人們何以知道地球屆時是何面貌？目前人類對未來地球的變化，主要是依賴電腦模擬。電腦假設大氣中二氧化碳年年增加，據以模擬百年後全球溫度及各洲、各國的溫度及其他氣候變化（降雨、水災、旱災等），這些是否可信？本節就從這個角度予以研討。

　　對未來氣候的預測，要先釐清三個問題：

　　1. 未來百年二氧化碳增加多少？

　　2. 二氧化碳增加對氣候的影響為何？

　　3. 如何分辨自然界原有的氣候變化與因二氧化碳增加所引起的氣候變化？

經濟發展情境

　　但如何估計 2100 年全球二氧化碳排放量呢？IPCC 並沒有以個別國家分別計算再加總，而是將全球在未來百年的經濟發展分為 4 種主要模式來估計，如表 12-2。

　　在 A1 情境下再細分為 A1F1、A1T 及 A1B 三種情境，這就是 IPCC 報告中常提及的六種情境。

　　其中排碳最多的情境 A1F1 是經濟成長快速，化石燃料又使用最多的情境。在這種情境下，今日最貧窮的國家在百年後將比今日美國還要要富裕，目前已開發國家經濟也是成倍成長。

　　排碳最少的情境是 B1，強調環境優先。

表 12-2 IPCC SRES 六情境

	較重經濟發展	較重環境保護
強調全球發展	A1 人口：2050 年達到高峰 新科技：快速發展 A1F1：使用化石燃料 A1T：使用非化石燃料 A1B：平衡使用化石燃料及非化石燃料	B1 人口：2050 年達到高峰 新科技：快速發展
強調區域發展	A2 人口：2050 年後繼續成長 新科技：發展緩慢	B2 人口：介於 A1 與 A2 之間 新科技：介於 A1 與 A2 之間

　　經濟預測原本就是非常困難；依 IPCC 的六種情境，全球能源在 2100 年的消耗量會相差 5 倍之多，見圖 12-4。

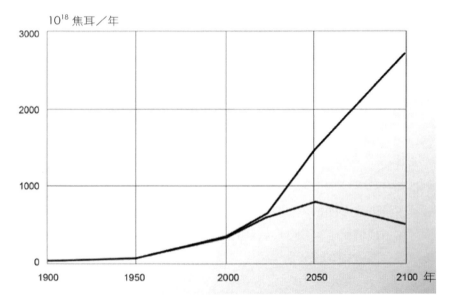

圖 12-4 2100 年全球能源使用量預測

資料來源：V. Smil, Energy at the Crossroad (2003)

先不討論電腦模擬的氣候層面，單單經濟面的預測就相差 5 倍，無怪乎 IPCC 對 2100 年全球溫度預測也有極大的差距，從 B1 的最低溫度上升 1.8℃（1.1℃～2.9℃）到 A1F1 的最高溫度上升 4℃（2.4℃～6.4℃）。

氣候模型

經濟預測其實不是全球氣候電腦模型的重點，電腦模擬的重點還是以數學模式模擬地球在不同二氧化碳濃度下的氣溫上升及氣候變化。

電腦模擬在過去 50 年有極大的進展。一方面是氣候理論的進步，另一方面是電腦科技的進步。使過去不可能的複雜運算，在高速電腦日新月異的發展下成為可能。

影響地球氣候的因素極為複雜，基本上至少可分為四大區塊：大氣、海洋、冰原及生物圈。各區塊不但本身變化無窮，區塊間又有千絲萬縷的連結。

圖 12-5 就是一個簡化的大氣與海洋兩大區塊相互連結的示意圖。

影響氣候變化的因素（Climate forcing）可分為三大來源。

第一個是外界的因素，如前述因地球繞日及本身自轉造成太陽輻射變化的米蘭科維奇理論就是重要外力因素。太陽輻射及太陽磁場的變化也是影響地球氣候的外力因素。

第二是自然界本身也有許多因素會影響氣候，如火山爆發、洋流變化（如聖嬰現象）都是大自然本身會影響氣候變化的力量。

第三類是人類造成的氣候變化，溫室氣體自然名列前茅。人類向大氣排放的懸浮微粒（Aerosols）也是一例。人類對臭氧層的破壞也會影響太陽紫外線的穿透率，人類砍伐森林對氣候也有巨大的影響。

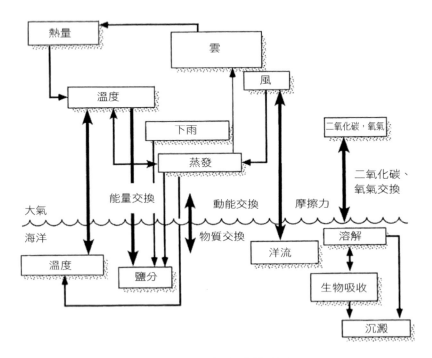

圖 12-5　大氣海洋關連圖

資料來源：K. McGuffie, A Climate Modeling Primer (2005)

在討論外力、自然界及人類行為對氣候的影響，也絕不能忽視幾個重要的「回饋」現象。如北極浮冰的縮減對太陽輻射反射率減弱的正回饋，大氣因氣溫上升而造成水蒸汽增加的正回饋及雲量增加所造成的正或負回饋。

目前 IPCC 所引用的電腦模型是最為複雜的三度空間再加上時間的「大氣環流模型」（General Circulation Models, GCM）。該模型考慮上述各種影響地球氣候的作用力（Forcing）及回饋（Feedback）對地球氣候四大區塊的影響，並考慮區塊間相互作用再以物理公式來描述其相互關係。

電腦模型的建立是將地球橫向（經緯度方向）及縱向（向上為大氣，向下為海洋）分隔為許多小區塊。區塊間的變化再以物理公式描述。區塊切得越細，對區塊中的氣候自然能有更精準的描述。但問題是切得越細，模型越複雜，電腦運算速度馬上受影響。所以區塊的大小就必須在氣候描述的精準性與電腦運算能力中有所取捨。

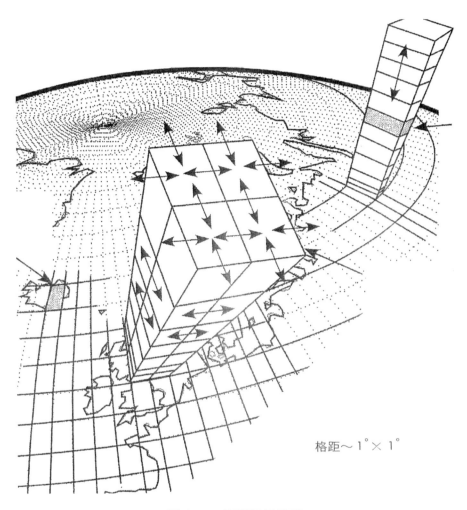

格距～ $1° \times 1°$

圖 12-6　電腦氣候模型

資料來源：K. McGuffie, A Climate Modeling Primer (2005)

　　圖 12-6 就是目前大氣環流模型的示意圖。這個模型基本上是橫向（經緯方向）以 100 公里為一格，地球圓周為 4 萬公里，所以東西南北向各分為 400 格（1 萬平方公里為 1 格），地表可以切割為 5 萬個區塊。大氣若切分 20 層（海洋暫且不計），則可建成一個氣候模型有 100 萬個區塊的氣候

模型。每一區塊中的風速、濕度、溫度、化學物質（含二氧化碳）及上述各種影響氣候變化的外力、回饋都要以物理公式來描述。

區塊中及區塊間的物理行為必須滿足能量守衡、動量守衡、質量守衡及理想氣體公式（$PV = nRT$）。

在 100 萬個區塊的初始條件都設定後，再以 30 分鐘為時間單位來進行電腦模擬，推算百年後溫度變化。即使以超級電腦運算，這任務都太艱鉅了，所以有時不得不採用一些簡化模型的手段，減輕電腦運算的負擔。

由以上的簡單描述，我們對氣候模型專家建立大氣環流氣候模型的艱巨任務有一些初步的了解。目前全球有數百種大氣環流模型，IPCC 取其中的二十種模型並佐以不同的經濟情境得出百年後的地球氣溫上升及氣候預測。

全球政府敬畏於科學界的努力及 IPCC 的權威而據以制定各種能源政策，對各國人民的福祉都有極深遠的影響。但電腦預測百年後全球氣候變化的可信度到底如何？許多科學家提出了許多質疑，也應予適當的討論。

氣候模型特性

先討論一些基本的問題。一般電腦模擬的對象，不論是工程問題、科學現象都是一些較局限的系統。專家們對其中的科學原理、變數都有十足的掌握。最重要的，模擬結果較容易由實驗室中真實系統本身的實驗數據來驗證。比方說實驗時可以控制其他變數不變，在只改變一個變數下得到一些系統變化的數據。電腦模擬也只改變一個變數來驗證電腦程式是否完整的掌握了系統中各種物理、化學特性。換句話說，電腦模擬可以用實驗數據來驗證。今日全球有無數被驗證「有效」的電腦模擬服務人類。一個簡單的例子就是汽車外型對風阻的影響。早期電腦不進步時，許多數據必須由風洞實驗取得。但電腦運算速度加快後，工程師就可以用流體力學公式（多為偏微分方程式）以電腦程式模擬風阻變化再與風洞實驗的數據比較，從而改進電腦程式，因為電腦模擬的正確與否完全可以由實驗數據驗證。

氣候模擬就沒這麼簡單了，大氣環流模型模擬的對象是全球的氣候，影響全球氣候的因素又是如此複雜，如何驗證電腦模擬是否正確就成了一個「不可能的任務」。

以最簡單的例子來解釋，溫室氣體中二氧化碳滯留在大氣中的時間極長，而甲烷停留的時間很短，二氧化碳在大氣中很均勻的分布，而懸浮微粒則集中於排放源。電腦模型無法模擬二氧化碳、甲烷及懸浮粒子的個別影響，再與這些個別影響所造成的實際數據驗證。因氣候變化並沒有單獨二氧化碳、甲烷或懸浮微粒個別影響的數據。

模型解析度

但這還不是真正的問題。氣候模型比較明顯的限制是在於氣候模型的區塊無法細切。上節提過，目前地球經緯度方向都是以 100 公里為一格，每一格的面積就是 1 萬平方公里。氣候模型中不同格子間的氣候參數可以不同，但每格中的氣候參數是相同的。台灣面積 36,000 平方公里，在氣候模型中占不到四格。基本上氣候模型只能將台灣分成北、中、南三個區塊，每個區塊中的氣候參數都是一樣的。但我們知道在每格（1 萬平方公里）內的氣候基本上是千變萬化，但模型因為電腦運算資源的限制，不得不將 1 萬平方公里的氣候「統一」起來，這就產生了大問題。

大多數的氣候現象尺度都遠小於 1 萬平方公里。我們就以影響全球暖化預測最重要的「回饋」來討論。水蒸汽是造成正回饋最重要的因素，而水蒸汽增加造成的雲量變化更是難以掌握。

上節已簡單的描述雲會造成正回饋及負回饋兩種相反的現象，高層雲會造成正回饋，但低層雲造成負回饋，在此做一些進一步的解釋。雲有正負回饋原因很容易理解，雲的正回饋是因為雲中的水蒸汽會阻絕地表紅外線輻射往外太空，而雲的負回饋是在於雲可反射太陽光的照射，所以雲到底會造成正回饋還是負回饋端視何種效應為大而決定。

高層雲常成筒狀，其表面積不大但深度很大，這是表示其阻隔陽光的效能有限，但阻隔地表紅外線的能力強大，所以高層雲有正回饋的現象。

低層雲多成扁平狀，水平方向面積很大但垂直方向很薄，所以對阻絕陽光照射能力很強但阻絕地表紅外線的能力薄弱，所以低層雲的總效益是負回饋。

　　雲的形狀千奇百怪、大小不一，電腦模擬要如何模擬對氣候影響極大的雲呢？1 萬平方公里大的雲不是沒有，在大颱風時，全台被雲所覆蓋，可以模擬代表台灣的幾個模型區塊都布滿雲層。但多半時刻雲都是遠小於 1 萬平方公里，模型要如何處理這些小規模的雲呢？更別提高雲、中雲、低雲的各種變化了。

　　各種不同大氣環流模型對雲的處理都因個別科學家的認知不同而有非常大的差異。實際上雲是各種模型中最不確定的一種因素，人類對水循環的研究自 2006 年有了 Cloud Sat 人造衛星後才有比較詳細的記錄。但如何模擬雲還沒有物理上的堅實基礎，無怪乎各模型就只好各顯神通了。因各模型對雲的模擬各有不同，使得各模型對全球降雨的預測就大相逕庭。雲和雨都是水循環最重要的因子，但各模型並無法有一個統一的處理，至今仍為電腦模擬主要難題之一。

　　圖 12-7 即為雲量的實際觀測值及各模型值，不難看出各模型值的巨大差異。

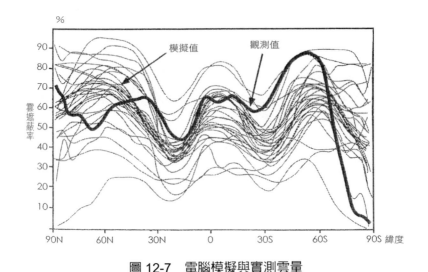

圖 12-7　電腦模擬與實測雲量

資料來源：E. Zedillo, Global Warming (2008)

模型參數

　　模型學家處理雲的方式，或處理任何規模小於 1 萬平方公里的氣候指標（如懸浮微粒）的方式，就是在該模型區塊設定一個「參數」。

　　比方在某區塊設定不同種類雲的覆蓋率，整個氣候模型就充斥著數百個隨不同科學家個別判斷所決定的參數。

　　如何決定這麼多參數是否正確呢？模型學家就調整參數來模擬過去百年的氣候狀況，再以實際氣象數據來驗證參數是否正確。從某個角度來說只是在進行曲線模擬（Curve Fitting）。如果選定的某一組參數可以較正確的複製過去百年的氣象數據，就認為這組參數是正確的，據以模擬未來百年的氣候變化。

　　這種做法實在頗有問題。第一，這些參數並不是依據物理公式決定，而是以過去數據進行曲線模擬所得來的。第二，參數這麼多，很容易微調各個參數來「湊答案」。

　　為何參數的多少會影響模型的可信度呢？我們可以舉一個簡單的例子，以股市指數為例，如果有一個模型只用了很少的參數，比方說利率（影響企業投資意願）、匯率（影響商品國際競爭力）、就業率（國內經濟狀況指標）就很精準的可以重現過去一年的股市指數，我們就不得不相信這個電腦模型還真有些能耐，對於其預測來年股市指數的正確性就比較有信心。另一個電腦模型有 365 個參數，也能很精準的「重現」去年每天的股市指數。但很明顯這些參數很可能就是過去一年每天的指數，當然對「預測過去」可以非常精準，但大概很少人會相信同樣的參數可以準確的預測來年的股市指數。因為參數太多實在很容易以調整個別參數的方式來「湊答案」。

　　有名的數學家馮紐曼（Von Neuman）就曾經戲言：「如果允許我調整四個參數，我就可以描繪一個大象，如果允許我再加第五個參數，我還可以讓這大象擺動鼻子。」

　　目前氣候模型中人為決定的參數太多，也是這些模型對預測未來不能令所有人信服的很大原因。

　　以過去的氣候歷史資料來決定參數還有一個很大的問題：誰能保證這些參數不會因氣候變化而改變？換句話說，誰能保證依賴這些參數預測未來百年的全球氣候是可信的？

延遲負回饋

　　在此可以再舉一個氣候上的實例來討論為何參數可能改變。

　　對全球氣候影響深遠的聖嬰（El Nino）及反聖嬰（La Nina）現象就是一個很好的例子。

　　聖嬰年冬季時，南太平洋東面（靠近南美洲的外海）海水溫度升高，雨量增加，而西太平洋澳洲北邊則發生乾旱。

　　反聖嬰年冬季時，南太平洋東面海水溫度降低，雨量減少，而西太平洋澳洲北部則雨量豐沛。

　　因為聖嬰及反聖嬰現象約在 3～7 年間（平均 4 年）在南太平洋反覆出現，所以又稱之為南方振盪（Southern Oscillation），許多時候科學界將聖嬰現象及南方振盪合稱為 ENSO。

　　聖嬰及反聖嬰現象都有正回饋現象。先以反聖嬰年來解釋，若某年東風較強，則東風會將南美洲西岸外海的表面溫暖海水吹往太平洋西邊。西太平洋因海水增溫而雨量增加，氣壓降低，更利於東風加強，使得更多東太平洋溫暖表面海水吹往西太平洋。同時東太平洋的深層冷海水湧上海面使得海面寒冷，氣壓增加，也有利於東風繼續加強，是非常典型的正回饋。

　　在聖嬰年時東風減弱，上述的反聖嬰現象整個顛倒過來，造成另一個正回饋現象。

　　圖 12-8 即為一個聖嬰年大氣環流及洋流示意圖。

　　聖嬰及反聖嬰現象都因正回饋而加強，在氣象學界較無爭議。但問題是，為什麼聖嬰或反聖嬰現象並沒有因為正回饋而如脫韁野馬似的一路發展？反而會在數年後反其道而行呢？顯然在發生正回饋時也隱含了負回饋的因子，但這負回饋與正回饋並未同時發生而是「延遲」發生，所以聖嬰現象在表面的正回饋現象下還隱藏著「延遲負回饋」（Delayed Negative Feedback）的因子。

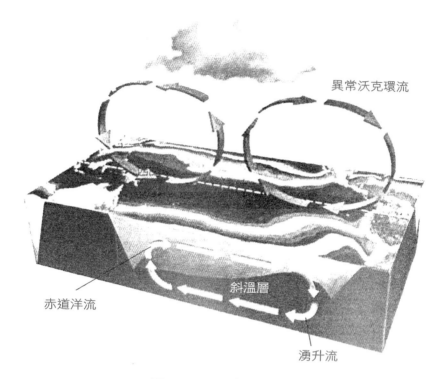

異常沃克環流

斜溫層

赤道洋流

湧升流

圖 12-8　聖嬰年大氣環流

資料來源：涂建翊等，台灣的氣候（2008）

　　回頭看看氣候模型的「參數」。假設某氣候模型試圖模擬聖嬰現象，但手中只有三年資料，也就是說該模型學家並不知道聖嬰／反聖嬰的南方振盪現象是一個海水冷暖交替的循環現象。

　　該氣候模型學家就利用過去三年的資料來調整模型中的「參數」，非常高興他的模型可以非常精準的重現過去三年的聖嬰現象，並十分得意的發現聖嬰現象中還有「正回饋」現象。該模型學家將可以很嚴肅的警告世人，依他已被過去資料「驗證」的模型預測，依目前正回饋現象持續下去，聖嬰現象會越演越烈，地球命運及人類文明危在旦夕。

　　這位模型學家的警告聽起來是否很熟悉？

　　今日依據過去氣候資料所定參數的氣候模型是否真足以信賴，其對百年後的氣候預測，並不是沒有值得探討之處。

實際上這一波的暖化為時約 30、40 年，但氣候變數中許多長週期的變數（如前述的太平洋長週期振盪等）對全球氣候的影響到底為何尚無定論。

順便帶一句，目前的氣候模型號稱能預測百年後的全球氣候，但很不幸的，對資料數據十分豐富的聖嬰現象，目前的電腦模型卻仍無法預測。

模型難解之現象

當然目前世人最關注的是電腦模型對 100 年後全球氣溫和各地氣候變化的預測，但 100 年後的事，今日實在無法驗證。惟電腦模型對因二氧化碳增加導致當前地球的變化也有不少預測，世人倒可以將其與實際觀測值予以比對。

以南極為例，南極是極為酷寒的冰封大陸，在如此酷寒的狀況下水蒸氣的飽合濕度極低，意思是說南極洲大氣的水蒸氣極少，事實上，以降雪量而言，南極洲是世界最大的一個沙漠。在水蒸氣這麼少的大陸，二氧化碳的增加對紅外線的阻隔就應較為明顯，不錯，許多氣候模擬就預測南極洲溫度將升高，降雪量也會增加。但南極洲的實際觀測值都顯示南極洲正在「降溫」，降雪量變動也有限，與電腦模擬完全不同。

另外一例是懸浮顆粒的影響。依氣象理論，懸浮顆粒可以反射陽光，所以懸浮顆粒的多少，會影響各地的氣溫。二氧化碳在大氣中可存在很長的時間（目前認為是以百年計），大氣一年之內就會將二氧化碳均勻的分佈於全球，所以全球二氧化碳的濃度是一樣的。但懸浮顆粒飄浮於大氣的時間很短（以週計），很快就會降回大地，所以污染排放多的地方懸浮顆粒就會多。地球分南、北半球，多數人類及工業、交通活動都在北半球進行，所以北半球的懸浮顆粒應較多，是故依電腦模擬北半球的升溫應低於南半球（因南半球可反射陽光的懸浮顆粒較少）。但實際觀測值顯示正好相反，北半球升溫高於南半球，這又顯示電腦模擬的缺陷。

近十年的預測

過去十年來地球最高溫沒有太大變化，1998 年及 2010 年的全球溫度幾乎相同。但十年前的電腦模擬都顯示這十年地球溫度年年升高，電腦模擬並未模擬出過去十年大氣溫度並未劇升的現象。

當然有許多人說 1998 年是聖嬰現象最厲害的一年，全球溫度異常飆升，是個特例。但有許多科學家指出，過去百年聖嬰及反聖嬰現象的頻率遠高於過去千年的頻率（可由珊瑚變化得知）。如果 1998 單年的聖嬰現象就造成當年全球溫度飆升，過去百年聖嬰現象頻率的增加是否也是過去百年全球暖化一個不可忽視的因素呢？這又牽涉到何者為因何者為果的問題。

電腦模擬對十年的預測都不準確，人們對其百年預測的準確性似乎也應持較保守的態度。

自然界過於複雜

影響地球氣候變化的原因實在太多太複雜了，前面曾提到大氣、海洋、陸地、冰域及生物圈之間的相互作用。其中生物圈與大氣的互動是特別難以用電腦來模擬的。生物圈有植物，有動物，全球大地植被又千變萬化，有森林、草原和農田。大氣中二氧化碳增加對利用行光合作用的植物生長大有助益，所以從某個角度，植物是一種負回饋。土壤中細菌與二氧化碳的互動也是極為重要。一般而言模型學家對可以用流體力學公式來描繪的大氣行為較容易以電腦程式來模擬，但許多影響氣候變化的互動是無法用流體力學公式來描述的，電腦模擬的能力就受到限制。

名科學家戴森（Freeman Dyson）就有一段常被引用的名言：「我首先要說全球暖化是被過度誇張了，我不認同所謂氣候模型學家及相信這些模擬而被搞糊塗的一般群眾的錯覺。當然有人說我不是一個受過正規氣象訓練的科學家，但我曾經研究過這些電腦模型，也知道這些模型的能耐。這些模型以流體力學來描繪大氣與海洋的行為，這一方面模型做得很成功。但對於如何模擬浮雲、懸浮顆粒，以及森林、農田的化學和生物行為就做

得很差。以這種模型來解釋我們居住的世界，那可差遠了」。戴森的這番話頗能發人省思。

模型相互比對

　　氣候模型與其他科學／工程模型相較還有一個特性，其他模擬程式的成功與否可以用實驗室數據來驗證。但如前所述，氣候模型就很難在「控制單一變數」的情形下與大自然實測值驗證。所以氣候模型只好相互比對預測結果來決定那一個模型較好，那一組參數較能預測「過去的氣候」，這與一般科學模擬驗證真偽的路徑大相逕庭。

　　假設若有某個重要影響氣候的因素尚未被科學家們所了解，所以所有模型都會忽略此一因素，但模擬結果相互比對卻仍可能十分契合。這也不足為奇，因為基本上錯在同一個地方，像是同一個師父所教出來的徒弟。即使模擬出來的數據與大自然觀測值契合，也極有可能是因為「調整」各種參數時，湊對了答案。

　　科學家對此不是不了解，美國能源部向美國國會提交的報告中就指出：「目前的模擬仍有系統上的偏差，如北美大陸西側的海水、大氣熱傳、聖嬰現象的頻率、赤道地區的降雨分布及地表溫度等。」

　　另有一個值得一提的現象，目前氣候模型學家多半是出身物理或數學背景，並不是真正氣象學家。所以就有一個很奇特的現象：模型學者對模型很有信心，但真正的氣象學家對模型的信心就差很遠了，因為真正的氣象學家深刻了解影響氣候變化的因素實在太複雜了，當今人類是否全盤了解這些因素並可以用「模擬」方式來複製仍持保留態度。

　　甚至 IPCC 也十分了解模型的限制。在 IPCC 報告中明白承認：「目前模擬還有相當的錯誤，許多小規模的氣候程序無法模擬而只好以近似值來表達。最明顯的不確定就是在如何適當的模擬浮雲及浮雲對氣候變化的影響。」

模型的限制

也有許多人認為將來電腦科技越來越進步，模型區塊可以建構得更精密，預測的結果就會更準確。

但以過去 40 年的經驗看來也未必如此。電腦模型隨著電腦科技是年年進步，但當電腦模擬區塊小到某種程度後，並沒有很強的證據證明當區塊繼續變小，增加模型解析度就可以得到更好的預測結果，甚至有時會發現，不確定性反而增加了。

在 40 年前氣象模型初發展時，許多模型就推估當大氣二氧化碳倍增時，全球氣溫上升約為 3℃，不準度約為 ±1.5℃，所以二氧化碳倍增後地球氣溫上升應在 1.5℃ 到 4.5℃ 之間。如今歷經 40 年，電腦模擬科技大為進步，目前這個數字並沒有太多改變。

有一位加拿大數學家，牛津大學博士大衛・歐瑞爾（David Orrell）對於電腦模擬很有研究，他認為世界上有許多複雜系統無法以電腦模型預測。他觀察到：

1. 預測模型是基於數學方程式。
2. 許多複雜系統並不能以電腦程式來表示。
3. 這些模型只能運用參數，但參數的決定對模擬結果敏感度很高。
4. 更多的數據和更快的電腦未必能改進預測的準確度。
5. 以歷史數據來調整參數，可能會得到不錯的模型，但並不表示我們已掌握複雜系統的「因果關係」。
6. 有時簡單的模型也可提供某種程度的「警告」而不必依賴複雜系統的「準確預測」。

歐瑞爾舉了三個他認為無法模擬的複雜系統：1.以基因資料來預測健康；2.經濟模型；3.氣候模型。

大家應對 2008 年全球金融危機記憶猶新。但大家是否思考過全球各國不知多少財政部、中央銀行、著名大學都有非常複雜的經濟預測模擬，卻無法通過 2008 年的考驗？幾乎沒有經濟模型預測當年會發生金融風暴及經濟衰退，這就是一個非常明顯電腦模擬失靈的例子。

氣象反證氣候

歐瑞爾對氣候模型也提出一個不可忽視的挑戰，他認為目前氣候模型對全球氣候的描述並不全面。

歐瑞爾研究的對象是「氣象」模型而不是「氣候」模型。氣象模型是一般氣象局預測未來 5 天或 10 天天氣所採用的模型，而氣候模型是預測長期氣候變化的模型。當然許多人會馬上指出來兩者是不同類型的模型，氣象模型是「初始條件」（Initial Condition）的模型，而後者是「邊界條件」（Boundary Condition）的模型。

初始條件模型對「初始條件」非常敏感。因初始條件的些微不同，5 天或 10 天後的預測就會越差越遠，這就是一般所謂混沌理論（Chaos）的現象。

許多氣象學家認為氣象預測的不準，基本上是因為初始值的數據與大自然實際數據不契合，所以導致預測不準，基本上是一個混沌現象，氣象模型本身是正確的。但歐瑞爾仔細比較不同氣象模型的預測後得到不同的結論。

因為如果模擬結果的誤差是因為混沌現象而引起，模型的誤差會隨時間而成指數型的成長。但歐瑞爾發現模型的誤差是以時間平方根（$\sqrt{T}$）的形式成長，而 $\sqrt{T}$ 是一個隨機（Random）誤差，並不是一個混沌誤差。隨機誤差表示氣象模型本身有問題，氣象模型之所以預測不準並不是因為初始條件不正確，而是因為氣象模型學者對氣象的了解不充分，反應在模型本身所造成。

氣象模型有誤和氣候模型又有何干呢？

當然兩者是不同的數學模式，以「邊界條件」來建立的氣候模型對初始值的誤差是不敏感的。但關鍵點在於氣候模型對氣候的認知與氣象模型並無太大的不同。如果氣象模型對地球氣象的知識不夠充分，表示氣候模型也有同樣的缺陷。前美國國防部長倫斯菲（Rumsfeld）有句名言：「未知分成兩種，一種是我們知道我們對某些知識未能掌握（Known Unknowns）。另一種是我們甚至不知道我們還未能掌握某些知識（Unknown Unknowns）」，人類對於氣候的掌握可能還存在了許多我們甚至不知道人類尚未掌握的知識（unknown unknowns）。

實際氣候數據

全球暖化大家最擔心的是其對氣候變遷的影響，IPCC 報告也提出許多警示，但依 2008 年美國國家科學及技術評議會（US National Science & Technology Council）提交給總統及國會的一本報告，氣候並未如 IPCC 或報章所描述的如此可怕，該報告指出：

1. 長期而言（1851 年到 2006 年），登陸美國的颶風並無變化（略有減少）。
2. 全美而言，旱象並無增加的趨勢。
3. 降雨略有增加但河流流量的高峰值並未增加。
4. 龍捲風與大雷雨的頻率並未增加。
5. 長期而言，美國東岸各季暴風並未增加。
6. 長期而言，全國熱浪或寒流並無可察覺變動趨勢。

12.5　IPCC 立場

從某個角度而言，IPCC 成立的目的其實就在「證實」全球暖化是由人類活動所引起，所以要說 IPCC 是完全不偏不倚也頗難令人相信。有許多科學家原先被 IPCC 邀約入其團隊，但因不滿 IPCC 的論文審查過程及結論而紛紛退出。

國內新聞偶爾會報導 IPCC 報告中的謬誤，如報告中提及 2035 年喜馬拉雅山會成為無冰世界一說就是較為大眾所熟知的錯誤。但許多科學家也指出更嚴重的錯誤。在 2007 年 IPCC 報告中曾引用科羅拉多大學皮克（Pielke）教授的研究文章，皮克研究過去一世紀由颶風在美國造成的財產損失。其中一個數據是不考慮過去百年社經變化（如海濱人口成長，財產增加）的損失（見圖 12-9），另一個數據是考慮過去百年社經變化調整後的損失（見圖 12-10）。IPCC 報告中採用皮克教授的第一個數據，並用圖 12-9「說明」暖化造成極端氣候事件增加，造成人民財產損失增加。IPCC 有意忽略圖 12-10，由該圖看來 IPCC 的立論並不成立。皮克教授在其書中對此一過程有詳細的描述，十分不滿 IPCC「選擇性報導」。

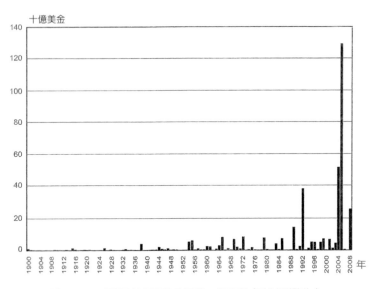

圖 12-9　百年美國颱風損失（不考慮社經變化）

資料來源：R. Pielke Jr., The Climate Fix (2010)

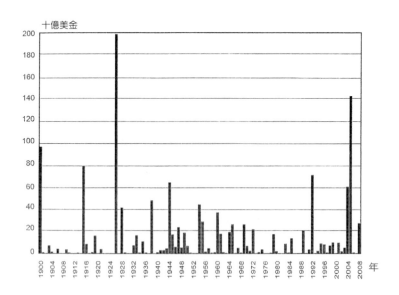

圖 12-10　百年美國颱風損失（考慮社經變化）

資料來源：R. Pielke Jr., The Climate Fix (2010)

　　IPCC 的報告極厚，很少人有工夫讀完，IPCC 將報告內容摘要為一簡要總結（Summary）。一般是報告本身要先出版再由報告中採其要點作成總結，但 IPCC 總結反而是在全本報告出版之前即先予發布，違反一般程序。其總結本身也為人垢病。

　　麻省理工學院有名的氣象教授理察・林森（Richard Lindzen）2006 年在美國參議院聽證會上就指出 IPCC 總結的一些問題：

　　1. 總結與科學家在內文的陳述常不符合。

　　2. 使用誤導外行人的陳述。

　　3. 利用一般大眾對「數字」掌握不足的弱點。

　　4. 誇大科學家的共識。

　　5. 誇大一些不夠格科學家的論述。

12.6　暖化原因尚無共識

　　儘管有上述這許多事實，許多極端暖化威脅論者卻一再製造一種科學界對 IPCC 暖化報告有強烈共識的假象。但事實上並非如此，多年來科學界都有不同的意見，但常為主流輿論界所忽視，因篇幅所限僅舉一例。

　　2006 年加拿大政府正在決定是否要推動減碳法案，有 60 位知名科學家聯名發表公開信給加拿大總理史蒂芬・哈柏（Stephen Harper），反對該法案，該信內容如下（編註：60 位署名科學家在各領域均負盛名，其名字及職務列於附錄二。）：

致總理：

　　身為氣候及相關科學領域方面的專家，我們特此致函建議政府舉辦公正且涵蓋各方面意見的公聽會，以檢驗政府氣候變遷政策的科學根據。此舉符合您提出近期要檢討京都議定書的承諾。雖然我們曾經對前總理 Martin 及 Chretien 同樣建言過，但未獲回應。加拿大至今未曾有過正式而獨立的氣候科學公聽會，沒有針對近來氣候科學的發展做適當評估就魯莽執行京都議定書的承諾，鉅額的費用必將徒然虛擲。

　　自然界觀察的證據與今日電腦氣候模型的不符，以這樣的電腦模型對未來作預測亦難以令人信服。但這卻正是聯合國推動京都議定書的依據，也是加拿大氣候政策的依據。即便氣候模式預測正確，待公聽會後再執行京都議定書或其他溫室氣體減量計畫對加拿大環境也不致造成影響。儘快召開公聽會才是一個負責任政府應有的態度。

　　毫無科學背景的環保團體自信滿滿提出的言論或許可提供聳動的頭條新聞，但不足以做為成熟政策的依據。全球氣候變遷的研究，是像您所說的是一種「發展中的科學」，並可能是人類面對過最複雜的一種科學。事實上還需要好多年我們才得以一窺地球的氣候系統樣貌。但從京都協議以來這方面已經有了不少的進步，讓我們了解對於溫室氣體增加無需特別擔心。假設在 1990 年代中期我們就有今天對氣候的了解，京都議定書幾乎確定不會通過。

　　任何政府在研擬基於科學根據的政策時，會受到最大的雜音影響這種難處是可以體會到的。召集公開、不偏不倚的公聽會，加拿大公民就得以聽到氣候學家正反雙方的聲音。一旦公眾了解到，原來氣候學家之間，對於有關全球氣候改變的各種原因並無所謂的「共識」時，政府就較易於執行對環境與經濟都能兼顧的政策。

　　「氣候變遷是真的」一詞其實毫無意義，是偏激份子不斷用來恐嚇民眾，氣候大災難就要來臨，而且都是人類惹的禍。這兩種恐懼都來自無知，大自然的力量使全球氣候無時無刻都在改變，人類的影響其實還停留在和這種力量相較，根本微不足道的階段。加拿大新政府誓言要降低空氣、土地和水資源的污染值得稱許，但是撥款要「讓氣候變化停止」毋寧缺乏理性。我們需要的是持續廣泛研究氣候改變的真正原因，幫助最弱勢的公民面對下一回大自然要帶來的任何挑戰。

　　我們相信加拿大民眾，以及政府裡的決策者都需要，也有權要求知道有關這個非常複雜問題的全部面相。才不過是 30 年

前，許多今天侈言全球暖化的專家們還危言聳聽地提出世界正在
進入全球冷化的大災難！科學證據常不符預設的政治主張，但即
使許多人選擇忽視它，科學依舊是持續進步的。

　　我們希望您能詳加檢視我們的提案，我們願意也能夠提供這
個極度重要議題更多的資料。

12.7　懷疑論者的立場

行文致此，可將懷疑論者的立場作一總結：

大氣二氧化碳濃度在過去百年因人類活動而增加中，

全球氣溫過去百年也升高中，

二氧化碳對全球氣溫上升有一定的影響，

全球暖化是否可完全歸因為二氧化碳增加尚未有定論，

對影響氣溫上升最重要的回饋機制（如雲量等）缺乏了解，

全球升溫後對氣候的影響不易預測亦無定論，

氣候模擬對百年後的預測並不令人信服，

人類科技的進步難以預測，

氣候變遷對經濟影響無法有效連接，

氣溫上升危害不可輕忽，人類應在科技、經濟可行範圍內減少碳排，

過份激進減排方案有害無益，

應付氣溫上升除減少碳排外，應考慮其他方案，如調適及氣候工程等，

在目前情勢下最佳政策為何應深入考量，不宜魯莽從事。

本篇共三章詳細討論了暖化相關科學及爭議。

　　二氧化碳會造成氣候暖化是基於嚴謹科學理論，但二氧化碳造成暖化
的程度及暖化造成的災害（如高爾等人之論述）則被明顯誇大。非常不幸
的，誇大的報導已成為媒體報導的主流，嚴重誤導民意並影響政策。

　　本篇第 10 章首先駁斥極端暖化論者的誤導，第 11 章將暖化科學回歸
其原來面目，第 12 章則介紹懷疑論者的論點。懷疑論者的論點未必正確，

但國內對這一類的報導幾乎一片空白。在進行氣候及能源政策討論時，陷入資訊不足及一面之詞的陷阱。本篇介紹懷疑論者的論述主要在彌補此一缺憾。國內人士實應了解國外有許多知名學者對暖化科學有嚴肅的批判。期盼國人在正確而非恐慌的認知下凝聚共識，而政府也能制定合宜的政策為本篇論述的主要目的。

第五篇
全球展望

13. 全球減碳前景與策略

第13章

全球減碳前景與策略

前數篇討論了能源及氣候。本篇將在前數篇的基礎上進一步討論針對能源氣候這世紀難題,全球究竟會何去何從。

將此議題先由宏觀的全球角度予以檢視,以免在下篇討論台灣能源政策時見樹不見林。

13.1　未開發國家的能源需求

碳排的趨勢

人類到目前為止的排碳 70%可歸因於已開發國家。這些國家依賴廉價能源在百年來建立了十分富裕的社會,經濟成長已有趨緩的現象,每年經濟成長約 2%到 3%。反觀開發中國家,錯過上兩世紀的經濟成長,近年來才急起直追。以中國為例,過去 30 年改革開放以來,平均年經濟成長率幾乎到達 10%。未來世界排碳完全要看人口眾多的開發中國家的排碳趨勢而定。

以歐盟為例,全歐盟排碳目前約占全球的 12%,中國一國就占 20%。即使歐盟立即減排 50%,以全球而言不過減排 6%。中國只要經濟連續 3 年成長 10%,所增加的碳排就會超過歐盟 50%的減碳量。世界碳排趨勢完全取決於開發中國家碳排趨勢完全沒有言過其實。中國碳排占全球比重越來越大,中國的角色至關重要,本章後段將專節討論。

能源與脫貧

　　以全球而言，目前中國至少已算得上是一個中度開發國家，中國的人均所得，每人能源消耗和人均碳排都與世界平均值十分類似，表示全球有一半人口較中國富裕，而另有一半人口較中國為貧窮。

　　若以每人每日所得低於 1 美元作為絕對貧窮的定義，目前全球有超過十億人可列為絕對貧窮。日所得低於 1 美元，表示年所得低於 400 美元，與歐洲許多國家國民年所得超過 4 萬美元相距超過百倍，換句話說這些富國人民的 3 日所得就超過在絕對貧窮線下掙扎的十億人的一年所得。

　　這十億人主要分布在那些國家呢？依世界銀行 2007 年統計資料顯示，在非洲撒哈拉沙漠以南的 7.5 億人口中（不含北非，多為阿拉伯國家），50%人口日所得低於每日 1 美元。在印度與中國也各有 1/3 及 1/10 人口生活在絕對貧窮線以下。另外有許多亞洲國家（如孟加拉、阿富汗、柬埔寨）及一些中南美國家（如海地），也有上億人生活在絕對貧窮線以下。

　　生活在絕對貧窮線以下的人，基本上全都生活在無電力供應的黑暗中，但全球生活在沒有電力供應的人口遠超過生活在絕對貧窮線以下的十億人。依國際能源總署統計，全球仍有 1/4 的人口（約 18 億人）生活在沒有電的世界。IPCC 報告指出，在非洲撒哈拉沙漠以南，電力普及率只有23%（鄉間只有 8%），烏干達全國甚至低到 3%。在南亞（主要是印度），電力普及率也不過 41%（鄉間只有 30%），中國及南美洲電力普及率約達90%。

　　一個缺乏現代能源供應的國家，該國人民的健康與生命要付出極大的代價。對極度貧窮國家，缺乏潔淨用水及室內空氣污染是對健康（甚至導致死亡）的最大威脅。

　　但潔淨自來水的供應，完全要依靠電力。以電動馬達轉動抽水機是建立自來水系統的先決條件。未經處理、不潔淨的水源，如河流、水塘、井水都可能因昨日排放之污水，次日汲取為飲用水而造成健康的極大威脅，缺乏潔淨飲用水是威脅極度貧窮國家人民健康生命的首要原因。

缺乏潔淨能源烹飪而需仰賴柴火作為燃料是造成室內空氣污染的最大原因。IPCC 報告中引用 WHO 的統計，單印度一國每年就有 50 萬婦孺因室內空氣污染而死亡，全球則遠超過 100 萬人。

低度開發國家因為基礎建設落後，承受天然災害的能力極低。多明尼加與海地處於同一島嶼，一國在島東邊，一國在島西邊。多明尼加經濟發展較佳，而海地是一個低度開發國家。2004 年珍妮颱風登陸該島造成多明尼加 20 人死亡，但在海地造成 3000 人死亡。同樣的一個颱風，在同一個島嶼上的兩個國家造成如此懸殊的傷亡，完全是兩國經濟發展的差距所造成。無怪乎許多人呼籲，發展經濟比目前激烈的減碳手段對貧窮國家對抗未來暖化威脅遠為重要。

脫貧優先於減碳

開發中國家的經濟開發與對激進的暖化政策何者優先非常清楚。一位著名的印度經濟學者指出，要印度人民放棄今日經濟發展所帶來良好教育，以及改進醫療的機會而來考慮節能減碳，以免百年後海水上升 40 公分的威脅實在太不實際。

中國於 2007 年「十一五計畫」中提出「中國國家氣候變遷應變計劃」，明確提出：任何國際減碳義務如果妨礙到中國經濟發展的權利都不會被中國所接受。

巴西總統在 2007 年八大工業國會議上也不能認同已開發國家要求開發中國家為減碳而做出犧牲，他說：「貧窮本身就已經是一種犧牲。」

中、印兩國都提出排碳分為兩種，一種開發中國家「為生存而排碳」，一種是已開發國家的「因奢侈而排碳」，兩者完全不可同日而語。已開發國家對減碳有較大的空間，應該付出較大的努力，就算開發中國家排碳會造成暖化，為了發展經濟幫助人民脫貧，開發中國家相較已開發國家也應享有額外的排碳權力。

已開發國家領袖對此也不是不了解，美國國務卿希拉蕊在訪問巴基斯坦了解巴國長期以來電力極為吃緊造成的社會動盪後，也不得不建議巴國應加緊建設最有經濟競爭力的燃煤電廠。

　　一個國家的進步與否，國內生產毛額（GDP）自然是一個重要指標，但人類發展指標（Human Development Index, HDI）實更具意義。

　　HDI 指標分別為：平均壽命、飲良營養、健康醫療、早夭比率、教育水準、潔淨水源及污水排放等。

　　根據 HDI 的定義，指數超過 0.9 才算是一個中等現代化國家。而要 HDI 達到 0.9，一國人均每年用電至少要達到 4,000 度（台灣超過 9,000 度）。

　　有許多環保人士建議開發中國家不應追隨已開發國家使用化石燃料發展經濟的老路，而應使用「再生能源」，如太陽等。有位肯亞學者就十分憤怒的表示，開發中國家有權決定自己的命運，無庸這些環保人士說三道四，因為開發中國家已經為環保人士的政策吃盡了苦頭（詳 18 章）。

Kaya 公式

　　討論全球二氧化碳排放，最簡要的方式還是要回歸 Kaya 公式：

$$二氧化碳排放量 = \frac{二氧化碳排放量}{能源} \times \frac{能源}{GDP} \times \frac{GDP}{人口} \times 人口$$

　　Kaya 公式的四項變數每個國家都不一樣。以第一項為例，每單位能源使用所排放的二氧化碳每個國家都不一樣，主要不同在於發電方式各國不同。有些國家水力發電（如挪威）或核能發電（如法國）占大宗，則該國每單位能源的二氧化碳排放量就低。有些國家以燃煤發電為大宗（如澳洲、南非），則該國每單位能源的二氧化碳排放就高。

　　第二項也因國家而異，有些國家能源使用較有效率（如日本），有些國家對能源使用頗為浪費（如美國），則每個國家每單位 GDP 的能量使用量就有很大的差距。以美日兩國為例，美國每單位 GDP 的能源使用量就約為日本 2 倍（美國國土大，平均開車距離遠、住宅大、冷暖氣消耗大為主要原因）。

　　第三項每人 GDP 值，每個國家更是天差地別，從最高每年 5 萬美元（如瑞士）到每人每年 400 美元（非洲小國），相差可達百倍。

　　第四項每國人口相差更為巨大。

　　將每個國家分別計算，其每年二氧化碳排放量加總就是全球二氧化碳總排放量。

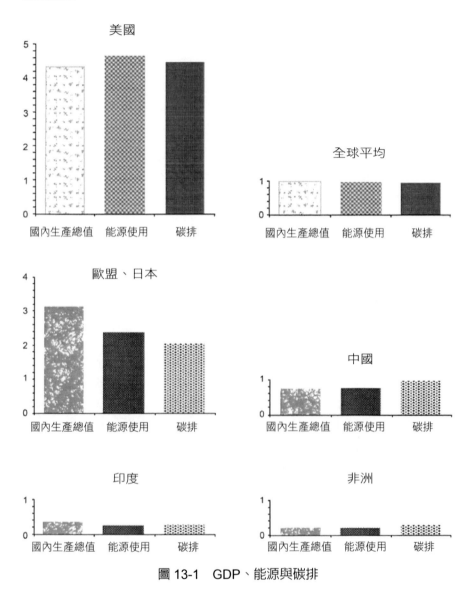

圖 13-1　GDP、能源與碳排

資料來源：T. Volk CO$_2$ Rising (2008)

　　圖 13-1 是全球各地區的人均 GDP，能源使用及二氧化碳排放的相對比較，圖中將三者之世界平均設為一單位以利比較。圖中可以非常明顯的看出人均 GDP，能源使用及排碳的驚人相關性。

　　人類全體的 GDP 及福祉在 20 世紀有極長遠的進步，尤其在二次大戰後的 50、60 年更是突飛猛進。

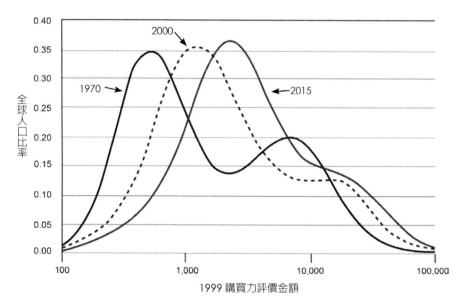

圖 13-2　全球人均收入變化（1970-2015）

資料來源：R. Pielke Jr., The Climate Fix (2010)

　　圖 13-2 是聯合國統計全球人類在 1970 年、2000 年及預測 2015 年的人均所得比例。這個圖可以看到，全體人類的平均所得曲線是不斷的向右移動，表示全體人類經濟及福祉是不斷進步，但如前所述，經濟成長仍是以增加排碳為代價。

表 13-1　各國碳排變化（1971-2004）

地區	二氧化碳排放總量增長 （1971-2004）	2004 年人均排放 （噸 CO_2／人）
歐洲	12%	7.7
其他 OECD 國家	55%	13.7
美國	35%	19.7
俄國／東歐	15%	8.1
亞洲	481%	1.2
印度	416%	1.0
中國	489%	2.9
非洲	205%	0.9
南美	147%	2.0
中東	836%	6.5
世界	88%	4.2

資料來源：IEA, CO_2 Emission from Fossil Fuel Combustion (2006)

表 13-1 是國際能能源總署 2006 年的統計資料。由表中可看出，1971 年至 2004 年的 35 年間全球碳排增加了 88%。主要碳排增長集中在亞洲國家，35 年來，已開發國家碳排成長不過 50%，而全亞洲及中、印兩國碳排都超過了 4 倍。

碳排預測

世界各國畏懼的是未來的碳排。自工業革命以來的碳排，由 280ppm 增加 120ppm 達到 400ppm。若 2100 年大氣二氧化碳濃度變成工業革命時代前碳排的 2.5 倍或 3 倍，則二氧化碳濃度將到達 700ppm 或 840ppm。

21 世紀總碳排以前者計會增加 310ppm，後者更會增加 450ppm，表示 21 世紀的總碳排是過去 200 年的總碳排的 3 到 4 倍。

我們可以檢驗一下這種預測是否太高。前面曾提過一個中度開發國家，人均用電度數要達每年 4,000 度，以最價廉的燃煤電廠而言就是人均 4 噸。假設用電碳排之外的工業交通碳排與用電碳排相當，則中度開發國家每人碳排約 8 噸。

如前所述，目前全球仍有 18 億人生活在無電世界，如果這 18 億人到達中度開發水準，每年就要增加碳排 144 億噸。約增加目前全球碳排 300 億噸的 50%，這還不計目前用電量在未達到 4,000 度的 15 億人要到達中度開發水準所需增加的碳排，也不計全球另一半人口（35 億）用電，能源使用的繼續增加，如果加計後，全球碳排極有可能在 2050 年增加一倍。

IPCC 報告預測 2000 年到 2025 年全球經濟年平均成長 2.9%，自 2025 年到 2050 年為 2.2%，在這樣的條件下，全球 GDP 將由 2000 年的 55 兆美元增為 2050 年的 250 兆美元。雖然 GDP 超過原來的 4 倍，但因科技進步，能源使用只變成 2.5 倍，又因增加使用低碳能源（如核能、再生能源等）每年排碳「只」變成 2 倍。

由 2050 年到 2100 年經濟成長，能源使用及碳排增加更會難以預測，IPCC 的 6 種情境在 2100 的結果差異極大。要預測 100 年後的世界，非常可能有極大誤差。

13.2　人口成長預測

上段比較簡要的討論了 Kaya 公式中每個變數的預測（二氧化碳／能源、能源／GDP 及人均 GDP），但未來人口的預測也是至關重要，可是人口預測也十分困難，有相當大的不準確度。

目前大家最畏懼的就是「人口爆炸」，表 13-2 列出了全球人口由 10 億人增加到 90 億人的實際值和預測值。

表 13-2　世界人口增長

人口（億）	10	20	30	40	50	60	70	80	90
年份	1800	1930	1960	1974	1987	1999	2011	2024*	2045*
增加十億人口（間隔年）	10000	130	30	14	13	12	12	13	22

*2024 年後為預測值

資料來源：國家地理雜誌（2011）

　　20 世紀是一個人口大爆炸的世紀，20 世紀初全球人口不及 15 億人，到 20 世紀末變成 4 倍為 60 億，2011 年世界人口突破 70 億。全球人口由 1960 的 30 億，每十幾年就增加 10 億直到目前約 70 億。許多人擔心地球資源是否負擔得了，Kaya 公式也明白表現出全球人口與全球碳排有直接正比相關性。

　　但世界人口主要增加是在開發中國家。國家越進步，健康衛生條件越好，夭折率越低，撫養小孩成本越高，則家庭子女數就會越少。Kaya 公式非常有趣的一點是，如果以各別國家資料統計，許多人口眾多的開發中國家總二氧化碳排放量是很低的。重點是在於這些國家除了人口眾多外，公式的前三項二氧化碳／能源，能源／GDP 及人均 GDP 都很低。

　　幸運的是，當這些開發中國家漸漸發展進步後，公式的前三項都會增加，但人口增加會趨緩，所以該國二氧化碳也不會成指數般增加，這倒是全球鐵律。實際上全球人口成長率最高峰正是發生在 20 世紀，最主要是因為人類壽命在二次大戰後因醫療的進步而大幅延長。二次大戰後預防注射、DDT、盤尼西林等醫療製品同時出現，大大延長人們的壽命。印度的平均壽命由 1952 年的 38 歲達到目前的 65 歲。中國由 41 歲達到 73 歲。嬰兒出生率不降而死亡率大幅下降的二十世紀下半葉正是人類人口成長最快的時代。

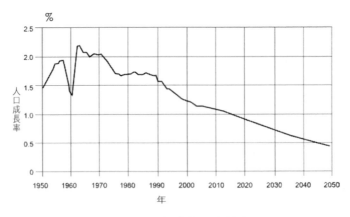

圖 13-3　全球人口成長率

資料來源：US Census Bureau, International Data Base-World Population Growth Rate (2009)

由圖 13-3 可見全球人口成長率在 1970 年達到高峰後已逐年下降，21 世紀將會是一個人類人口達到頂點而會持平或減少的世紀。

IPCC 在 2000 年對 2050 年的全球人口有三個估計值：87 億人，93 億人及 113 億人，最高最低值差了 26 億，依目前推估，中間值 93 億人是一個比較合理的估計。

即使在已開發國家，人口的的增長也是十分不同。與歐洲相比，美國是一個有大量移民的國家。所以 2000 年至 2050 年間，美國人口預估會由 2 億 8000 萬人增加 50%成為 4 億 2000 萬人。歐洲人口反而會由 3 億 8000 萬人減少 20%成為 3 億人。美國與歐盟對減碳政策及承諾有相當大的差異，主要原因就在於人口成長前景完全不同。

有許多人認為地球無法承擔 100 億人口，但家庭計劃在全球而言是個極為敏感的議題。聯合國在 1994 在開羅召開的人口會議討論此一議題遭到極大挫敗後，這議題就很少在國際會議中出現。

當年會議對中國的「一胎化」政策有許多批評。但中國自 1979 年採取一胎化政策後，人口減少了 3 億，等於目前美國全國人口。因為實行一胎化政策，中國政府聲稱每年中國因而減少碳排放 12 億噸，幾為全球碳排 4%，比京都議定書完全履行減碳還更多。為了全球減碳，有學術單位估計若全球採納一胎化政策，則 2050 年全球人口將降為 55 億人，至 2075 年更為降為 34 億人，所謂節能減碳抗暖化的問題就會迎刃而解，但並沒有人敢提出如此激烈的建議。

13.3　中國減碳策略

中國能源與碳排

如果在全球只挑選一個國家來檢視全球減碳的展望，中國無疑是首選。中國減碳的道路和成敗從某個角度而言將決定全球減碳的成敗。

中國自 1978 年改革開放以來，30 年來年平均經濟成長幾乎以 10%的速度成長。目前已是世界第二大經濟體，在 2030 年前後超越美國而成世界第一大經濟體也似乎是指日可待。

　　中國能源使用與排碳在過去 30 年也有驚人的成長。1978 年到 2008 年，中國能源消耗由 5.7 億噸煤當量成長了 5 倍，成為 28.5 億噸煤當量。二氧化碳排放則由 13.8 億噸成長 4.3 倍成為 60.1 億噸（編註：本節數字多引用中國發展改革委員會能源研究所報告。）。

　　中國目前平均國民所得在 3,400 美元左右，與已開發國家的 4 萬美元仍有 10 倍的差距。更重要的，因貧富差距極大，仍有 10%的人口生活在每日 1 美元的絕對貧窮線下。中國目標是在 2050 年達到平均國民所得 2 萬美元（與今日台灣、韓國相當）的中度開發國家。

　　還是一句老話，天下沒有白吃的午餐，14 億人口（中國 2050 年人口預估），由平均所得 3,400 美元在 40 年的一個世代內達到 2 萬美元，絕對是一個驚天動地、驚動萬教的大事，沒有廉價能源，是絕對無法成事的。

中國減碳政策

　　中國國家對經濟發展與減碳政策目標十分明確——「先發展，後減排，先高碳，後低碳」。

　　中國政府將經濟發展與減碳分成三個階段。2010 年～2020 年是能源需求和碳排快速增長階段，2021 年～2035 年是能源多元發展初具規模階段，2036 年～2050 年為二氧化碳減排關鍵階段。中國將經濟發展與減排分成這三個階段符合其政策目標與社經現況。

　　目前中國正複製已開發國家過去百年經濟發展軌跡，正處於能源需求與排碳都急遽成長的階段。圖 13-4 為過去 150 年來，美國、歐盟及中國的累積溫室氣體排放。

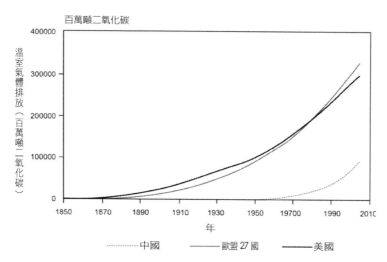

圖 13-4　中國、美國、歐盟累積溫室氣體排放（1850-2010）

資料來源：中國發改委能源組，中國 2050 低碳發展之路（2009）

　　以全體而言，中國人民已脫離了貧窮國家人民以「衣」、「食」需求為主的求生存階段，而處於以「住」、「行」需求為主的高耗能階段。中國都市化程度與已開發國家相較也處於相對落後狀態，中國若要在 2050 年成為一個中度開發國家，由農村移往都市的人口將增加 3 億。無論是「住」、「行」或都市化都代表對高耗能產業的迫切需求。因為都市建築、交通建設、運輸工具成長所依賴的都是高耗能的鋼鐵工業、水泥工業、化學工業。中國在 2020 年前能源需求和碳排快速增長，恐怕是一個無法避免的現實。

　　但與已開發國家相較，中國高耗能產業的效率較差，表 13-3 為 2007 年中國燃煤電廠、鋼鐵、水泥，乙烯等產業耗能與先進國家的比較。

表 13-3　中國工業生產耗能與先進國家比較

	中國	先進國家
火電供電煤耗／【gce/(kWh)】	356	312
鋼鐵綜合能耗／（kgce/t）	668	610
水泥綜合能耗／（kgce/t）	158	127
乙烯綜合能耗／（kgce/t）	984	629

資料來源：中國發改委能源組，中國 2050 低碳發展之路（2009）

依不同產業其能耗有 10%到 56%的改進空間。中國也認定在 2035 年前，中國工業部門將是節能減排的最大貢獻者，圖 13-5 為中國預計高耗能產品未來 50 年耗能變化。2036 年後交通部門將取代工業部門成為節能減碳重點部門。2050 年在中國成為中度開發國家，人均所得超過 2 萬美元之後，建築部門將取代工業、交通成為節能減碳最重要的部門。

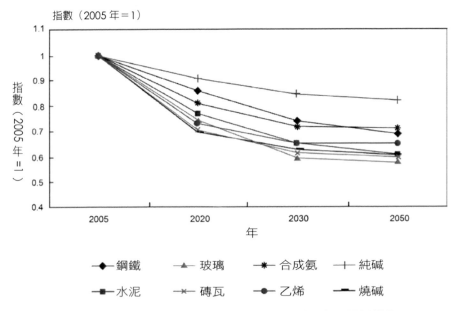

圖 13-5　在低碳情況下，2050 年中國高耗能產品單耗變化

資料來源：中國發改委能源組，中國 2050 低碳發展之路（2009）

中國減碳情境

中國政府針對 2050 年能源及減碳目標及成效假設了三種情境。

第一個已考慮當前節能減排，不特別採取針對性氣候變化對策的情境，稱之為節能減排或節能情境（energy-efficiency improvement scenario, EEI）。

　　第二個情境是低碳情境（low carbon scenario, LC）。該情境綜合考慮經濟社會的可持續發展、能源安全、中國環境和低碳之路的要求。在強化技術進步、改變經濟發展模式、改變消費方式、實現低能耗、低溫室氣體排放方面作出重大努力的能源需求與碳排放情景。

　　第三個是強化低碳情境（enhanced low carbon scenario, ELC）。主要考慮在全球一致減緩氣候變化的共同願景下，中國可以做出的進一步貢獻。該情境設想在全球共同努力情況下，技術進步將進一步強化，重大技術成本下降更快，已開發國家加大對發展中國家給予全力的技術和資金支持。鑒於 2030 年之後中國綜合國力可望成為世界第一，可以進一步加大對低碳經濟的投入，更好利用低碳經濟提供的機會促進經濟社會發展。同時中國在一些領域的技術開發方面領先世界，如清潔煤技術與 CCS 技術，而 CCS 技術在中國得到大規模應用。

　　針對三種不同情境，依產業結構，進出口，能源技術，非常規油氣及各種發電方式，庶民生活方式及交通發展的技術均假設各有不同的情境。

　　對中國來講，低碳發展的道路可以分為三步：第一步就是節能減排，主要通過優化產業結構，控制高耗能工業發展，減少和控制高耗能產品出口，爭取 2025 年左右使中國工業的能源技術效率達到世界先進水準，藉由提高能效減緩溫室氣體排放；第二步是大力發展、使用可再生能源技術，如水電、核電、風力發電要進一步大規模普及，光熱發電、太陽能發電技術併行，接近商業利用的示範，從源頭入手減少化石燃料的使用，取而代之以更清潔的可再生能源；第三步著重發展新一代核電技術、CCS 技術，使零排放成為可能。

電力建設情境

　　在任何國家電力都是排碳大戶，電力建設在減碳三種情境下的發展詳表 13-4。

表 13-4　中國三種減碳情境發展預測

參數	節能情境	低碳情境	強化低碳情境
太陽能、風能等發電技術	2050 年太陽能成本為 0.39 元／度，陸上風力普及	2050 年太陽能發電成本為 0.27 元／度，陸上風力普及，近海風力大規模建設	2050 年太陽能發電成本為 0.27 元／度，陸上風力普及，近海風力大規模建設
核發電技術	2050 年裝機容量約為 300GW，生產成本從 2005 年的 0.33 元／度下降為 2050 年的 0.24 元／度	2050 年裝機約為 350GW，生產成本從 2005 年的 0.33 元／度下降為 2050 年的 0.22 元／度，2030 年之後第四代核電站開始進入大規模建設階段	2050 年裝機超過 400GW，生產成本從 2005 年的 0.33 元／度下降為 2050 年的 0.20 元／度，2030 年之後第四代核電站開始進入大規模建設階段
煤電技術	超臨界和超超臨界為主	2030 年以超臨界和超超臨界，之後以 IGCC 為主	2020 年開始以 IGCC 為主
CCS 技術	不考慮	2020 年開始示範項目，之後進行一些低成本 CCS 技術利用，2050 年已經開始與所有新建 IGCC 電廠相匹配	結合 IGCC 電廠，全部使用 CCS 技術，同時鋼鐵、水泥、電解鋁、合成氨、乙烯等行業採用 CCS 技術，2030 年之後基本普及
水電利用	2050 年裝機 400GW，發電量超過 13,200 億度	2050 年裝機 450GW，發電量超過 14,850 億度	2050 年裝機 470GW，發電量超過 15,510 億度

註：本表幣值為人民幣

資料來源：中國發改委能源組，中國 2050 低碳發展之路（2009）

　　2010 年中國大陸與台灣電力系統的裝置容量及發電量如表 13-5。電廠裝置產量以 100 萬瓩（1GW，約為一部核能機組容量）為單位，發電度數以億為單位。

表 13-5　2010 年中國、台灣電力裝置容量與發電度數比較

	中國大陸	台灣
燃煤	597	12
燃油	8	4
燃氣	19	15
水力	180	3
核能	11	5
風力	25	2
太陽能	7	0
總計	847	41
發電度數（億）	38,000	2,079

裝置容量單位：百萬瓩

電力減碳檢討

表 13-6 為三種減碳情境在 2050 年中國電力裝置容量與發電度數與排量與 2010 年的比較。

表 13-6　2050 年中國三種減碳情境電力裝置容量發電度數及碳排

	2010	2050		
		節能情境	低碳情境	強化低碳情境
燃煤	597	1020	660	350
燃油	8	0	0	0
燃氣	19	210	210	210
水力	180	400	450	470
核能	11	300	350	420
風力	25	350	384	450
太陽能	7	330	430	490
總計	847	2610	2480	2390
發電度數（兆）	3.8	10.6	9.8	9.3
排碳(二氧化碳百萬噸)	1950	3316	2379	1395

裝置容量單位：百萬瓩
資料來源：中國發改委能源組，中國 2050 低碳發展之路（2009）

表 13-6 的資訊非常豐富，非常值得進一步的探討：

第一，不論依何種情境，2050 年時的電力裝置容量與 2010 年相較均約達 3 倍，發電量也至少有 2.5 倍，但排碳量相差極大，由節能情境的 1.7 倍到低碳情境的 1.2 倍，在強力低碳情境下，2050 年排碳甚至較 2010 年要少 30%。

第二，節能情境比較接近於「一切如常」（Business as Usual, BAU）。燃煤電廠在這種情境下將由 6 億瓩（600GW）增為 10 億 2 千萬瓩（1,020GW），占總裝置容量 4 成（今日為 7 成），但在另兩種情境下，燃煤電廠裝機容量將分別為 6 億 6 千萬瓩（660GW）及 3 億 5 千萬瓩（350GW），分別占總裝機容量的 25%及 15%。不但如此，依表 16-4 所示，在低碳情境，燃煤發電將於 2030 年改以 IGCC 為主。而在強化減碳情境，燃煤發電將提前 10 年於 2020 年改以 IGCC 為主，並在 2030 年後普及 CCS 系統，這些假設都較 IPCC 假設情境為激進，是否可行存在太多技術，成本的不確定性。

第三，無論何種情境，燃氣電廠雖都將增加 10 倍但都不到總裝置容量的 10%。

第四，水力發電裝機容量將由 2010 年的 1 億 8 千萬瓩（180 GW）增為 4 億瓩（400GW）／4 億 5 千萬瓩（450GW）／4 億 7 千萬瓩（470GW）三種情境。世界最大的長江三峽電廠裝機容量的 1,800 萬瓩（18GW），表示中國在未來 40 年至少將增加 15 個與長江三峽同等規模的水力電廠，在今日全球環保人士反對水力建設的氛圍下，是否能達成有待觀察。

第五，核能電廠將由今日的 1,100 萬瓩（11GW）在三種情境下增為 3 億瓩（300GW）／3 億 5 千萬瓩（350GW）／4 億 2 千萬瓩（420GW）。核電在今日全球裝容量為 4 億 4 千萬瓩（440GW），表示中國在未來 40 年核電裝機容量將與今日全球核電裝機容量相當，幾乎每年將以增加十部核能機組，在日本福島核災後，其可行性也值得深入探討。

第六，風力太陽能裝機容量將由今日的 3,200 萬瓩（32 GW）在三種情下分別增加為 6 億 8 千萬瓩（680 GW）／8 億 1400 萬瓩（814 GW）／9 億 4 千萬瓩（940 GW）更是艱巨無比的挑戰。如前所述，再生能源不論風力或是太陽能都只能提供間歇性電力，其裝置容量在三種情境下，要達整

體裝機容量的 25% 到 40%，是否可行有非常大的疑問。吾人不必等到 2050 年再驗證，大可每 5 年驗證再生能源裝機容量是否達到目標來推算。

　　在較詳細的檢視中國在三種情境下的電力建設後，對於低碳情境的是否能達成實充滿了疑慮，更不必提強化低碳情境了。

二氧化碳濃度 500 ppm 情境

表 13-7　中國預估 500ppm 情境

	人口（億）	能源二氧化碳排放（億噸）	人口排碳（噸／人）	2005 年後累積排碳（噸／人）
全球	91.9	231	2.51	148
附件一國家	13.2	16.5	1.24	351
非附件一國家	78.7	214.55	2.73	114
中國	14.6	87.24	5.98	259

資料來源：中國發改委能源組，中國 2050 低碳發展之路（2009）

　　表 13-7 是中國推估為達到大氣二氧化碳濃度在 500 ppm 目標下全球及中國在 2050 年全部碳排量、人均碳排量（2050 年）及累積碳排量（2005 ～2050）。非常令人困惑的是中國於 2050 年人均碳排為 5.98 噸，遠高於全球或附件一／非附件一國家平均碳排量，吾人實很難想像世界國家會接受此一現實。

中國的承諾

　　以上三種情境是中國內部研究，並未向世界承諾。中國於 2009 年 9 月哥本哈根會議前在聯合國大會曾有以下的承諾：

- 能源密集度於 2020 年將顯著低於 2005 年。
- 於 2020 年 15% 能源將來自再生能源（含水力發電）。
- 植林 4000 萬公頃（40 萬平方公里），可減碳 8 億噸。
- 發展綠色經濟及推廣氣候友好技術。

仔細推敲這四項承諾，吾人可以發現：

一、中國承諾降低能源密集度，但並未承諾降低排碳絕對值。

二、水力發電容量占今日中國總發電置容置超過 20%，若再生能源含水力發電，則於 2020 年達 15% 也許並非十分困難。

三、植林 40 萬平方公里對減碳貢獻約 8 億噸，與中國今日年排碳量60 億噸仍相對渺小。

中國是未來 50 年排碳增加最多的單一國家，中國減碳政策成敗對全球減碳成敗可謂舉足輕重。但在細察中國減碳道路之後，吾人對中國減碳功效多少，是否真能達到目標仍缺乏足夠信心。

13.4　減碳誤導

減碳科技尚未完備

第三章曾引述 IPCC 估計，即自 2005～2030 年 25 年間，全球電廠裝置容量將增加 45 億瓩（4500 GW）。意即 25 年中每天要增建台中火力電廠一部 55 萬瓩機組，或是 2 天要增建一部 100 萬瓩的核能機組。這還只是電力部門的能源成長，若加上交通、工業、住商某些非電力的能源需求（如石油、天然氣等），較單只考慮電力的需求能源需求又將倍增。

但依第二篇評估人類目前科技的減碳能力，可明顯看出目前各國政府所訂定的減碳目標是無法達成的，這也正是全球許多有實務經驗的能源專家一再指出的。

未來能源及排碳的成長主要將來自開發中國家，這些國家爭取脫貧以提升其國民生活水平的權利，在道德上無法爭辯。當沒有經濟上可行的「低碳能源」可取代低價化石能源的情況下，意圖在 2050 年將碳排減半可謂不切實際。

但問題在於經常有各種專家一口咬定減碳並不困難，在現有科技條件下完全可以達成減碳目標，使得各國政府及人民都在誤信這種說法的情形下提出無法達成的減碳目標及時程，反而耽誤真正應該努力研發的科技及對資源的錯誤分配，這才是令人深以為憂的。

誤導舉例

以下僅舉一些誤導的例子。《科學人雜誌》（Scientific American）是極負盛名的科學刊物，常刊出許多極有啟發性的論文，但不幸有時也刊登一些一廂情願誤導大眾的文章。謹以該雜誌 2009 年 12 月中文版 94 期的一篇題為〈2030 永續能源〉的文章為例，就可發現許多誤導讀者之處。

該篇文章重點在「證明」到 2030 年時，再生能源（水力、風力、太陽能）可全面取代化石燃料，滿足全球能源需求。這種樂觀估計與 IPCC 或國際能源總署的估計都大相逕庭，值得進一步探討。該全篇文章誤導之處不在少數，僅列舉數例如下：

一、風力發電用地面積

風力發電能源密度極低，只有火力發電千分之一。發同樣度數的電，風力發電與火力發電相較要多用 1000 倍的土地。該文提及到 2030 年時，風力發電使用全球土地面積的 1%，可提供全球 50%的電力。暫依此數據估算：地球面積約 5 億平方公里，全球土地面積約 1.5 億平方公里，1%的土地面積即為 150 萬平方公里用地。

全球電力基本上為區域性的自給自足，故檢討風力發電是否可行應由區域性是否可行來檢討。台灣為獨立電網，電力消耗約占全球 1%。即謂要風力發電提供台灣 50%的電力，用地約 1.5 萬平方公里。台灣全島 3 萬 6 千平方公里，平地約占 1/3（1.2 萬平方公里），表示台灣全島平地全部用來裝置風力發電機組還不夠提供我國 50%的電力，風力發電是否可行，一目瞭然。以上論述在許多國家都適用，風力能提供全球 50%電力的神話很難成立。

二、各種發電設備停機時間

該篇文章有個圖表列出燃煤電廠每年停機維修 46 天，風力 7 天，太陽光電 7 天。一年共 8760 小時，燃煤電廠在維修時間之外，可全時發電，每年 7600 小時。風力發電每年約最多有 30%的時間可發電，全年可發電 2600 小時。太陽光電每年約有 15%的時間可發電，全年發電 1300 小時。

　　列出停機維修日數只能誤導缺乏能源知識的讀者，使讀者以為風力、太陽能每年維修日數較少，所以比燃煤電廠每年發電日數多。根據實際的數據，又是站不住腳的詭言。

三、風力發電超越燃煤發電

　　文中有一段提及「由於風電極具競爭性，因此風力發電已超越燃煤，成為近三年來美國第二大新電力來源，僅次於天然氣」。這一段可以一字不漏的描述台灣近年的電力發展。

　　問題在那裡？美國和台灣一樣，開發燃煤發電在過去幾年都受到極大的阻撓。我國自台中 10 號機於 2006 年商轉後，過去 8 年完全沒有完成任何新的燃煤機組，風力發電倒是增加不少。但燃煤發電每年為我國提供 1000 億度的廉價電力，風力發電約提供 10 億度的電。所謂因風力發電價廉而導致電力公司開發風力放棄燃煤電廠，誤導大眾，莫此為甚。

四、電動車

　　本文大力鼓吹燃料電池，認為「氫經濟」可以取代「石油經濟」，為交通運輸造成革命性的改革。這種假設是基於「電力」全部由再生能源產生，再以再生能源產生的電力來電解水以製造氫。但全文以「再生能源」產生電力的論述卻錯誤百出，慘不忍睹。如果電力全部由再生能源產生的假設瓦解，則以電解水製造氫的電力仍將由火力發電（煤、油、氣）所產生，則何需多此一舉，何不直接由化石燃料來提供運輸所需的燃料？

　　該篇文章在有關技術／成本論述的錯誤也比比皆是，本文僅信手列舉一些簡單易懂的誤導部分。

　　該文作者為兩位史丹佛及加州大學教授，對能源並無實務經驗，對再生能源充滿了憧憬。但真正的能源事業是人類百年來十分艱苦一步一腳印「打拚」出來的。而目前的能源政策、減碳目標卻正由這類象牙塔內的迷思所誤導。

　　在能源部門減碳（不論是電力或石油）都困難重重的情況下，也有許多人提出其他的輔助減碳方法，在下兩節將予以探討。

13.5　森林碳匯

毀林碳排

植物生長進行光合作用時會吸收大氣中的二氧化碳，但當植物死亡腐化時，二氧化碳又將回歸大氣完成一個碳循環，不同植物生長週期就決定其減碳功效。

樹林從幼苗到成長為大樹最後凋零腐化可經歷數十年，甚至百年以上，以碳循環而言，樹木生長時所吸收的二氧化碳在樹林凋零分解時又將歸回大氣，但在樹木生長的年份是有減少大氣中二氧化碳的功能。

農作物生長時也會吸收大氣中的二氧化碳，但與樹木不同的是，農作物生長週期太短，一年之內（甚至更短）就被人類或家畜食用，而完成碳循環，對減碳並無助益。

但很不幸的，目前全球以每年超過 1000 萬公頃（10 萬平方公里）的速度毀林改種農作物，依 IPCC 估計，因毀林造成的排碳每年約 50 億噸，占了全球排碳的 17%。所以如何減少毀林，甚至進一步造林，就成為人類減碳的重要手段之一。

增加森林碳匯

減少毀林（Reduction in Emission for Deforestation and Forest Degration REDD），造林（Afforestation）或森林管理（Forest Management）是三種增加森林碳匯（或降低森林碳匯減少）的方法。

任何減碳都離不開成本考量，上述三種方法最重要的成本考量就是「機會成本」。以森林保育而言，最重要的機會成本就是相同面積森林若改種農作物的經濟價值。以造林而言，除了機會成本外還要加上「造林成本」，減少毀林則沒有此一成本，所以顯然減少毀林是比造林為經濟的減碳手段。

針對上述三種增加森林碳匯的方法分別說明如下：

一、減少毀林

依估計，一公頃的森林其中樹木的總碳匯約為 300～400 噸二氧化碳，如果森林遭砍伐，多半樹木的命運是就地焚毀。若每噸二氧化碳價格為 30 美元計算，每公頃每年保留樹木的價值就高過 525 美元，較在熱帶雨林毀林後改種農作物的年收益為高，有學者統計，若以二氧化碳每噸 30 美元計算，每年因此而減少的碳排可高達 30 億噸。

二、造林

造林與毀林相反，是將現有的農地改種樹木，在美國「退耕還林」政策已進行百年以上，目前毀林多半發生的熱帶地區（以巴西、印尼最多），而美國的森林倒是年年增加。

因造林較毀林成本高，所以造林增加的碳匯效益每年約 20 億噸。

三、森林管理

有許多森林是人工培育，目的是看準木材的經濟價值，若能增長樹木的循環年限（Forest Rotation），則可增加碳匯。當二氧化碳有經濟價值時，就會增強林場主人延長循環年限的誘因。對增加森林碳匯也有一定的貢獻。

森林碳匯潛力

圖 13-6 是假設在 2030 年不同二氧化碳價格時森林的減碳潛力，點線表示溫帶森林的碳匯潛力，虛線表示熱帶森林的碳匯潛力，實線為兩者相加。

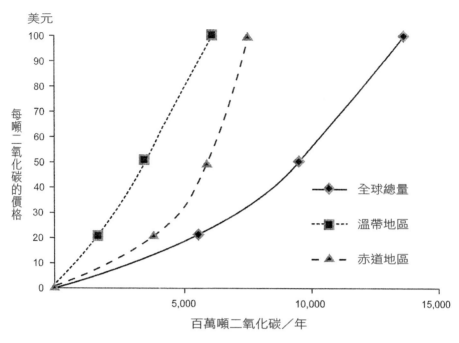

圖 13-6　不同碳價下之森林碳匯（2030 年）

資料來源：B. Lomborg Smart Solutions to Climate Change (2010)

　　由圖可見若 2030 年二氧化碳每噸 100 美元，則全球森林碳匯潛力為每年 130 億噸，幾可吸收大部分人類活動在大氣中所增加的二氧化碳。（目前人類每年碳排 300 億噸，約有 150 億噸滯留於大氣層），由此一數字可見森林碳匯的具大潛力。有許多人可能認為二氧化碳每噸 100 美元價格太高，不過僅用每噸 30 美元計算，仍可提供約 68 億噸的碳匯。（見表 13-8）

表 13-8　2030 年森林碳匯（二氧化碳每噸 30 美元）

	減少毀林	造林	森林管理	總計
溫帶森林	777	0	1,378	2,155
熱帶熱林	1,070	2,827	698	4,595
全球森林	1,848	2,827	2,076	6,751

單位：百萬噸二氧化碳
資料來源：B. Lomborg 2010, Smart Solutions to Climate Change

　　表 13-8 是假設每噸二氧化碳價格 30 美元時全球每年森林碳匯潛力，可以看出熱帶森林還是最具碳匯潛力的地區。在全球減碳的策略中，不能只是關注能源產業。將森林碳匯也納為重要考量還有一個重要原因，因為如果只考慮能源產業減碳，則減碳成本將極高，若一併考量森林碳匯，則能源產業減碳壓力必將大減，將有效降低全球減碳成本。

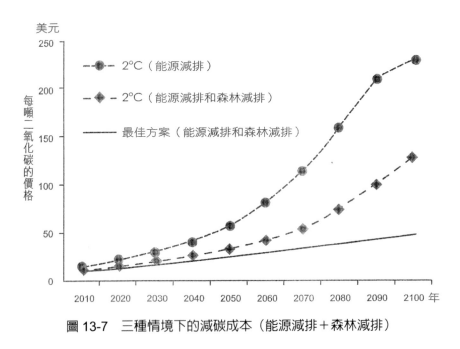

圖 13-7　三種情境下的減碳成本（能源減排＋森林減排）

資料來源：B. Lomborg Smart Solutions to Climate Change (2010)

　　圖 13-7 即為假設三種減碳情境下從 2010 年到 2100 年間每年的二氧化碳成本。

　　點線及虛線均表示氣溫升高目標控制在 2℃，點線假設只有能源產業減碳，虛線表示也納入森林碳匯，到 2100 年前者的二氧化碳每噸成本為250 美元，後者為 125 美元。

　　實線表示氣溫升高目標控制在 3℃，能源產業與森林碳匯一併考量的情境下，2100 年二氧化碳成本將降為每噸 50 美元。因此森林碳絕對是一個全球減碳策略中不可忽視的重要手段。

13.6　甲烷減排

甲烷與暖化

　　第 12 章曾說明溫室氣體主要有 6 種，每種溫室氣體阻隔紅外線的能力都不同，二氧化碳是造成暖化最重要的氣體（約占 73%），甲烷占 16%，僅次於二氧化碳（見圖 13-8）。

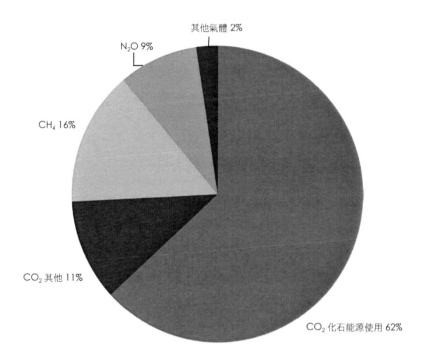

圖 13-8　2005 年人造溫室氣體比例

資料來源：B. Lomborg Smart Solutions to Climate Change (2010)
彩圖詳見 P371

　　以百年為尺度，每一個甲烷分子造成暖化的強度是二氧化碳分子的 25 倍，但與二氧化碳在大氣中平均滯留百年相較，甲烷在大氣中平均滯留時間為 12 年。

　　二氧化碳泰半由化石能源使用所造成，而由能源部門減碳又極為困難，有許多學者就轉而研究降低甲烷排放的可能性。因為甲烷在大氣中滯留時間短，所以降低甲烷排放對抗暖化有立竿見影的效果。假設從現在開始全面「禁止」甲烷排放，則 12 年後大氣中就只剩下極少的甲烷，對抗暖化立即發生 16% 的功效。

甲烷來源

　　甲烷主要有五個來源，家畜（41%）、稻田（15%）、垃圾掩埋場（12%）、煤礦（7%）及天然氣（25%）。

　　以上百分比是美國環保署預估 2020 年甲烷排放資料，由上述比例可知，農業活動占了甲烷排放的 56%，主要來源是有機化合物在缺氧狀況下腐化分解所造成。垃圾掩埋場的沼氣來源也相同。至於煤礦中本來就有相當多的甲烷，天然氣本身的主要成份就是甲烷。

　　以上五種甲烷來源各有不同，應如何減排的手段自然各有不同，分別說明如下：

1. 家畜

　　家畜排氣及堆肥占甲烷排放的 41%，要降低家畜排氣主要可由改變飼料或在飼料中加添加劑等，主要目的在於增加飼養效率及減少甲烷排放。至於堆肥減排，主要是採用一些「低科技」手法，如加蓋或降溫等。

2. 稻田

　　稻田沼氣減排主要是水資源管理，在稻米生長季節和休耕季節利用對水的不同管理方式來降低水田的排氣。

3. 垃圾掩埋場

　　垃圾掩埋場的沼氣可直接收作為能源使用，如果數量太少，在經濟上不適合作為能源使用時，可以予以氧化，將甲烷轉換為二氧化碳，降低

對暖化的影響。對垃圾處理分類也是另一種降低掩埋場沼氣排放的有效
手段。

4. 煤礦

　　煤礦中甲烷濃度本來就較高，當空氣中甲烷濃度在 5%到 16%之間就
很容易引起煤礦火災，所以在煤礦場中密切注意甲烷濃度本身就是一個攸
關安全的重要措施，比較有效的方法包括在開採煤礦前數年就開始抽取甲
烷並將其氧化。

5. 天然氣

　　天然氣本身的成份就是甲烷，所以甲烷在開採、製程、運輸、儲存及
配送過程都會產生洩漏，目前將天然氣液化（Liquified Natural Gas, LNG）
增加了液化及船運的程序，更增加甲烷洩漏排放的機會。

　　防止天然氣洩漏排放並沒有什麼特殊之處，重點還是在加強設備／管
線更新保養。

甲烷減排潛力

　　美國環保署曾估計到 2020 年上述五種甲烷排放量及在不同減碳成本
下可降低的總排放量，表 13-9 即為估計值。

表 13-9　甲烷減排潛力（2020）

部門	CO_2 當量（億噸）	CO_2 價格（美金／噸）				
		0	15	30	45	60
家畜	28.67	83	126	158	175	192
稻田	10.62	114	235	238	259	259
垃圾掩埋	8.17	97	332	405	464	717
煤礦	4.50	65	359	359	359	359
天然氣	16.96	173	428	564	651	913
總計	68.91	531	1,480	1,723	1,908	2,439

資料來源：B. Lomborg, Smart Solutions to Climate Change (2010)

表 13-9 已將甲烷排放量轉換為等效的二氧化碳排放量，由表可以看出，在每噸二氧化碳 30 美元的條件下，每年可減碳 17 億噸，約占甲烷總排放量的 25%。

農業減排十分不易，因為牽涉全球各地不同的農業生產方式，如何輔助全球農民減排有技術上的困難也過於複雜。在垃圾掩埋場、煤礦及天然氣減排就較為有效，因為設施都十分集中，可以用較有效的手段來進行減排。

13.7　全球減碳展望

京都議定書的失敗

全球暖化顯然是一個不可輕忽的問題，人類應如何應付這個巨大挑戰是全球各國極為關注的議題。

回顧歷史，IPCC 是聯合國第一個針對全球氣候變遷所成立的組織。IPCC 於 1988 年成立後已經過了 27 個年頭。從 1992 年在巴西里約召開「地球高峰會」（Earth Summit）通過聯合國氣候變遷框架合約（UNFCCC）也有 23 個年頭，京都議定書於 1997 年在第 3 次締約國會議通過也有 18 個年頭，但很明顯的看出一系列針對全球暖化的政策措施都是失敗的。

在上述各種國際組織、合約、議定書的規範努力下，全球二氧化碳排放在過去 20 年從 1990 年的 200 億噸增加了 50%，而在 2010 年成為 300 億噸。

全球暖化是如此重要的一個問題，全球也史無前例的想透過各種國際合作方式來解決這一個問題，但為什麼從結果看來是一個巨大的失敗？原因其實很簡單，不論是已開發國家還是未開發國家，仍然將經濟成長列為施政目標，碳排與能源使用必將同步成長，已開發國家其實有「停止」經濟成長的條件，因為即使經濟停止成長，「已」開發國家，顧名思義仍將維持一個富裕的社會。但「開發中」國家可就沒有放棄經濟成長的條件。

全球大多數人類仍處於相對窮困的狀況，不用提有 10 億人是處於每日消費低於 1 美元的絕對貧窮線下，日日為溫飽而掙扎。

「後」京都議定書難產

　　過去 20 年各國（尤其是開發中國家）施政的首要目標仍然是經濟成長。在這種背景條件下，要達成「後」京都議定書的簽訂可說是困難重重。

　　京都議定書原訂於 2012 年失效。京都議定書只規範已開發國家，原先在草擬該議定書時，就打算在京都議定書失效後的「後」京都議訂書將要規範全球所有國家的碳排。

　　2007 年在印尼巴里召開的第 13 次締約國會議（提出峇里路線圖）及 2008 年在波蘭波茲南召開的第 14 次締約國會議就在為 2009 年在哥本哈根召開的第 15 次締約國會議預做準備，各國都期望在哥本哈根第 15 次締約國會議中能針對「後」京都議定書達成協議。

　　哥本哈根會議真可說是冠蓋雲集，有上百位國家元首親自出席，全球有 192 個國家派部長級以上官員與會，但結果是眾人皆知的一無結果。哥本哈根會議在近兩週的會商無法達成任何具約束性的「後」京都協定書，只有在會議最後一天急就章的推出一個沒有約束性的「哥本哈根協議」，大會對該協議也只是表示「認知」（Acknowledge），這是一種外文辭令，實際上表示沒有達成任何協議。

　　2010 年底在墨西哥坎昆又召開第 16 次締約國會議，與哥本哈根會議成強烈對比的是極少國家元首參加，會議結果當然不出所料，無法達成任何協議。京都議定書所規範的是「已開發國家」，對全世界大多數國家而言不具約束力，基本上抱持事不關己的態度，僅僅是觀察這些簽約國到底是否達成排碳承諾，結果當然是很不理想（見表 8-2）。

　　由於「後」京都議定書要規範的是全球所有國家，如 13.1 節所述，全球各國經濟現狀有天壤之別，富國與窮國的國民所得相差有高達百倍之譜，在這種狀況下，何能奢望取得可各國一體適用的減碳協定？

　　我們可以以過去幾年財務狀況連連的歐元區來做一比對。

　　歐元區國家間的經濟水準（以平均國民所得而言），比全球窮國富國的差距當然小得多，但還是有相當落差，歐元區各國也處於經濟循環的不同階段。但既然各國都放棄本國貨幣而改採歐元，從某個角度而言，各國

都削弱了本身的主權，各國中央銀行已失去配合經濟現況調整貨幣政策的彈性。在歐元區中，有些國家施政重點可能在解決失業率問題，理當採取寬鬆貨幣政策。另外一些國家施政重點可能在防止通貨膨漲，則應採取貨幣緊縮政策。但現在歐元區各國已失去這種彈性，造成各國無法針對國內經濟狀況調整貨幣政策的窘狀。

試想在經濟水準類似的歐元區都會因為失去政策彈性而造成施政上的進退維谷，何能要求經濟上承受減碳衝擊能力有天壤之別的全球各國承諾一體減碳？

德班方案

2011 年底在南非德班（Durban）召開了第 17 次締約國會議。本次會議離京都議定書第一期失效（2012 年底）只有一年時間。京都議定書是否可以持續進入第二階段（2013 年-2020 年）是本次會議的重點。在會議還未開始前，日本、俄國、加拿大等三國宣布無意承諾第二期減碳目標，加拿大並於會後正式宣布退出京都議定書。

在兩週艱苦會議後，德班會議終於也達成一些決議。其中最重要的就是堅持在京都議定書第一期失效後應進入第二期，原簽約國除了 2012 年的減碳目標外，應承諾 2020 年的減碳目標並繼續減碳努力。

第二項決議是正式啟動「綠色氣候基金」。由目前到 2020 年，已開發國定每年應提供 1000 億美元協助開發中國家調適氣候變化，但錢從何來並無規範。

第三項重要決議則是決定由 2012 年開始討論 2020 年後規範全球各國的公約，並希望該公約在 2015 年前達成，並從 2020 年起生效。

對於 2020 年起的公約到底是否應具法律效力又是各國攻防的焦點。在該會議中，中國、印度、巴西、南非團結一致，中、印兩國更反對 2020 年後的公約具有法律效力。

印度代表激動的聲明：「無法簽定一個具法律效力的合約，斷送了印度十億貧民脫貧的希望」。

中國代表也指出，中國過去數年的減排努力以及達成的巨大成就，反問開發國家除了「口惠」之外，到底為減碳做了什麼努力。

印度並聲稱迫於不公正的壓力，只能不情願的贊同決議。

但要提醒大家的是「協議」只是一紙文件，全球減排抗暖化不是靠一紙協議就能達成。「京都議定書」就是最好的例子。議定書在 1997 年達成協議，但到 15 年後的 2012 年證明，這是一個多數國家無法達成其承諾的協議。

能源政策與科技現實

問題在那裡？問題在於政治協議不能超越科技現實。如果一個協議在技術及成本上是可行的，就會提供協議一個堅實的基礎。如果人類科技還不到位，協議是基於「誤解」，歷史將證明這種協議終將成為空頭協議。

我們可以舉三個與能源相關的例子為證，這三個例子都證明，「樂觀估計」（或應該說「昧於事實」）的政策都將證明無法達成。

1970 年代末葉卡特擔任美國總統的時候，因兩伊戰爭及伊朗人質危機造成全球第二次能源危機，油價飛漲，全球經濟陷於衰退。美國首當其衝當然未能倖免，全國上下對「能源供應安全」的重要有深刻的體認。卡特總統認為美國經濟不能依賴不穩定的中東進口石油，應該大力開發自產能源。三十年前卡特相中的自產能源和今日許多國家大力發展的再生能源相同。卡特認為，以美國的國力及科技實力，成功發展太陽光電是指日可待的事。卡特當時宣布的目標是在西元 2000 年，美國的太陽光電占電力供應的 20%。以美國的科技能力，20 多年全力發展太陽光電還怕達不到這個目標？卡特總統也為民表率在白宮屋頂裝置了太陽光電板。但事實證明，到 2000 年的太陽光電占不到全美用電的 0.1%。政策如果沒有「可行」的科技作為後盾，最終將證明是鏡花雪月。卡特的太陽能政策對今日許多國家一廂情願的再生能源政策是再貼切不過的警訊。

第二個例子是小布希總統的政策。美國總統沒有不為石油問題所困擾的，小布希時又加上了全球暖化問題。小布希在 2003 年國會演講中就大力提倡「氫經濟」。氫能源如果成功，可以一箭雙鵰解決石油問題和暖化問題。如果真能以經濟的方式電解水產生氫，再將依賴石油的汽車改用依賴

氫電池的氫能車，不但不必進口石油，氫能車還沒有燃燒化石燃料產生二氧化碳的問題，兩大難題不就一次解決了嗎？以美國的國力和科技，總統一聲令下登月都能成功，還怕有達不到的目標嗎？布希總統在 2003 年演講中並預言，當年出生的孩子取得第一張駕照時，他開的將是氫能車，而不是一般汽車，這在國會贏得如雷的掌聲。十二年過去了，氫能經濟基本上進展緩慢。美國公路上或許有一些油電混合車，但氫能車仍在試驗階段。這是第二個例子，證明政策如果不是建立在堅實的科技基礎上，終將是一場夢幻泡影。

第三個例子是加州政府在 1990 年代初期立法規定，到 2000 年時，汽車公司在加州銷售的汽車必須有 10%是「零排放」汽車，第 6 章對這法律的失敗已有較詳細的敘述，在此不再細述。這又是一個一廂情願最終失敗的例子。

以上幾個例子的重點在說明科技才是決定減碳是否能成功的必要條件。即使未來數年在締約國會議中達成了「後」京都協議，並不能保證減碳可以達成。減碳能否成功主要基於各種減碳科技的進展。這也正是本書第二篇不厭其煩的研討各種減碳技術的主要原因。

未來難以預測

全球減碳協議或各國減碳政策難以定調的很大原因在於「不確定性」，暖化威脅是在 50 年／100 年之後。許多氣候經濟模型顯示氣溫上升 2℃之內是「利大於弊」，目前全球溫度較工業革命前增加 0.76℃正是處於利大於弊的階段。

50 年／100 年後到底氣溫上升多少？造成多少災害及經濟損失？這有太多不確定因素：

1. 經濟成長

IPCC 將經濟成長分為 6 個情境，人類會循何種情境發展的變數太多。依 IPCC 對經濟成長最樂觀的估計，到 2100 年時，非洲國家人均所得將超過今日美國人均所得，未來 100 年，經濟發展是否會持續過去 50 年的發展軌跡，有待觀察。

2.人口成長

16.2 節曾簡單討論人口成長預測，未來 50 年／100 年人口到底會依循何種模式成長也有太多不確定性。

3.科技發展

科技發展可分為幾個方面來討論，一是能源使用效率提升的速度。車輛、電器的進步都屬於這一類。二是現有低碳科技發展速度，重點在於低碳能源是否能在成本上與化石能源相抗衡。三是科技上是否有突破性的發展，核融合的突破即屬於此類。人類科技進步絕不止步於今日，未來 50 年／100 年新科技的發展絕對不是今日人類所能預見。

4.排碳成長

以上 1-3 點都會直接影響未來百年排碳數量，到了 2050 年，碳排是否會如 IPCC 所預測增加為今日 2 倍也有待觀察。

5.氣溫上升趨勢

碳排增加自然會影響到全球升溫，但「正回饋」的影響程度才是決定氣溫上升更重要因素。今日氣候模型對溫度與碳排敏感度是否有修正的空間，也有待更長的時間及數據來確認。

6.氣候變遷

全球氣溫上升對氣候變遷的影響到底如何？這是一個更困難、更難以在全球各地區量化的課題。

7.經濟損失

經濟損失才是人類所真正關注的。氣候變遷對人類經濟造成的損失有多大？有多少損失可由「適應」來減緩？50 年／100 年後，如果人類普遍富裕，是否更有能力承受經濟損失？

以上的七大項皆是環環相扣，有許多人類無法掌握的不確定性。

依歷史經驗，經濟預測及氣候預測都是十分困難的事，希望這兩者同時準確的預測百年後的世界，實為不可能的任務。

其他抗暖方案

目前人類的困局就在於，一方面在道德上沒有立場阻止開發中國家謀求經濟發展所造成的大量排碳，一方面對未來氣溫上升、氣候變化及經濟損失也沒有確切的答案。在這種環境之下，期盼全球 200 餘國為 50 年／100 年後不明確的未來「買保險」，因而犧牲這一世代的經濟發展，恐怕不是選舉任期只有數年的各國政府有能力或有心處理的。

全世界太多能源業專家都很明白，以今日的科技是無法在 50 年內解決二氧化碳問題。依上節所述，人類似乎不應專注二氧化碳減量，而應投注更多心力在與減碳相較容易在全球取得共識的「增加森林碳匯」及「減少甲烷排放」等抗暖化手段。

至於減碳的經濟手段，由第 9 章分析，碳稅是較可行的方案。但為了避免碳稅影響低度開發國家經濟發展，也可考慮只有在每人每年平均用電 3000 度以上的國家實施全球均一碳稅。但如諾德豪斯建議，碳稅應循序漸進，先低後高，以免損及各國對能源的研發支出。因單純碳稅無法確定減排數量，有許多人也無法忘情於總量管制，允許交易政策的做法。京都議定書已證明，與其要求一個大多數國家無法達到的總量管制，不如設立一個各國努力之下可以達到的排碳目標。此外允許交易可鼓勵全球以較少的資源達成減碳的「最佳化」。

氣候工程日趨重要

大多氣候經濟模型都指出，限制 2°C 增溫目標極為昂貴，而且得不償失，上述各種政策的增溫目標值似應以增溫 3°C 為目標。但許多人對增溫 3°C 有很大的疑慮，別忘了人類還是有兩大殺手鐗，氣候工程與暖化調適。

　　本書第 8 章曾專章討論此二手段，人類對「調適」極有經驗，採行「暖化調適」的最佳時機不是現在，而是在全球各地氣候趨勢較為明朗化之後對症下藥，這才是最有效及最經濟的做法。

　　至於氣候工程，也是人類應正視及嚴肅考量的手段。許多人對氣候工程極為抗拒，但今日的現實是，如果人類使盡各種手段都無法達到增溫 2℃ 的目標，又擔心氣溫上升 3℃ 以上可能造成災難，就沒有理由拒絕「氣候工程」，尤其是經濟上較可行的「海洋造雲」及「同溫層釋放微顆粒」等太陽輻射管理的手段。有人指出這兩種手段無法解決海洋酸化問題，即使此一論點成立，但試想，如果能將全球暖化可能帶來的海平面上升，極端氣候頻率增加及對健康威脅等等災難減少到只有「海洋酸化」一項，人類不致於手忙腳亂窮於應付各種災難，而可以專注單一海洋酸化問題尋求解決，這也不是件壞事。

　　目前願意正視氣候工程的專家及專業團體也日益增加。2009 年英國《獨立報》曾針對氣候工程諮詢了 80 位氣象學家，75%認為應予以嚴肅考慮。美國國家科學院與英國皇家學院也持正面立場。

　　美國前財政部長，曾任哈佛大學校長，前幾年才離開奧巴馬總統白官首席經濟顧問一職的勞倫斯‧桑默士（Lawrence Summers）曾說過：「不對氣候工程做進一步的探討是一件可恥的事，我們不希望在有生之年，因錯失利用此一手段減緩暖化造成的傷害而抱撼終生。」

　　誰知道，很可能氣候工程就是對抗全球暖化最有效的救命仙丹。

第六篇

台灣電力現況
與困局

14. 台灣電力現況

15. 台灣電力困局

第 14 章

台灣電力現況

　　本書主要目的是討論我國的能源政策，特別是電力政策。如序所述，我國電力情勢十分嚴峻，若國家能源政策未重新調整，對全民福祉及國家前途有極長遠的負面影響。

　　要深入檢討我國的電力政策前，對全球能源現狀、減碳技術、國際情勢、暖化威脅及全球減碳前景都必需有一定程度的了解。本書前數篇已分別討論上述議題，希望能為本篇〈台灣電力現況與困局〉及下篇〈台灣能源與降核減碳政策〉的討論提供一些基本知識。

14.1　尖離峰負載

　　本章將描述我國近 20 年電力在需求面及供應面的成長，人均用電及不同燃料的發電配比。不過在討論電力問題時，有一重要觀念應先予以釐清。電是一種非常特別的產品，電無法大量儲存（電池只能儲存少量的電）。換言之，電是要即發即用，台電發電系統要發多少電，完全要配合使用端的用電需求。以每日而言，白天用電量大，夜間用電量小，圖 14-1 即為每天尖離峰負載的示意圖。

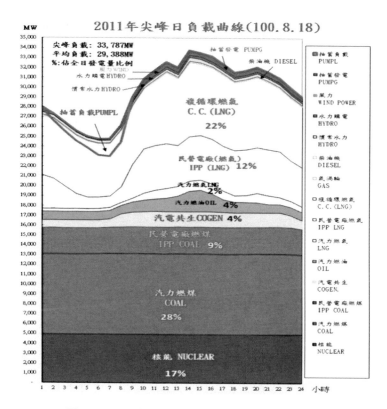

圖 14-1　電力系統之尖離峰負載（2011 年）

彩圖詳見 P372

　　以全年而言，我國夏天用電量大（台灣地處亞熱帶，冷氣使用普及），而冬天用電量小。全年用電量最大的時候就是夏天（通常是 7、8 月）某一個特別炎熱的日子，電力系統必須能供應全年用電最大的單一小時所需的用電功率（以萬瓩為單位），我們可以檢視我國電力系統在過去 20 年的發展，先由需求面談起：

14.2　電力系統－需求面

　　圖 14-2（編註：詳細數字請見附表 1）為我國自 1992 年～2011 年的夏季尖峰用電成長。近年來國內許多工廠外移，導至社會上有許多人誤以為

台灣電力需求過去十年來沒有成長。事實上，20 年來我國尖峰負載由 1670 萬瓩成長了 2 倍，成為 3379 萬瓩。該表與圖之單位為萬瓩（功率單位）。

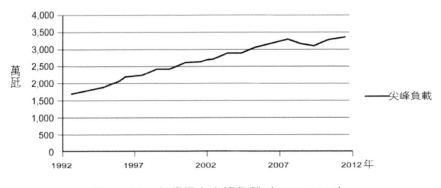

圖 14-2A　台灣電力尖峰負載（1992-2011）

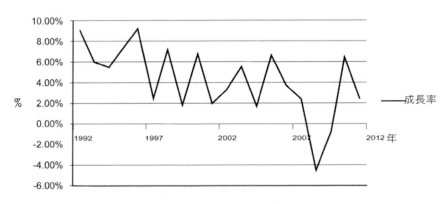

圖 14-2B　台灣電力系統尖峰負載成長率（1992-2011）

資料來源：台灣電力公司 100 年統計年報，作者製圖

　　圖 14-3（編註：詳細數字請見附表 2）可看出我國自 1991 年～2010 每年總發電量由 896 億度成長為 2.3 倍成為 2074 億度。該表與圖之單位為億度（能量單位）。

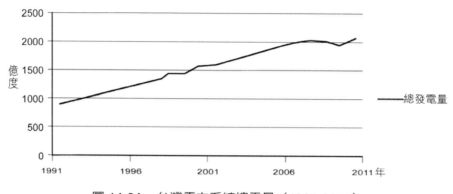

圖 14-3A　台灣電力系統總電量（1991-2010）

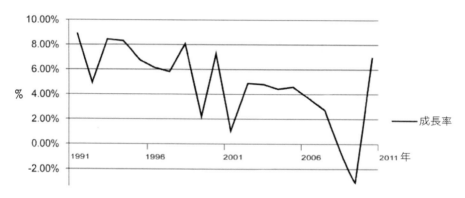

圖 14-3B　台灣電力系統總發電量成長率（1991-2010）

資料來源：台灣電力公司 100 年統計年報，作者製圖

　　圖 14-4（編註：詳細數字請見附表 3）顯示我國人均用電成長由 1991
年的每人每年 4173 度成長 2.2 倍而成為 2010 年的 9378 度。

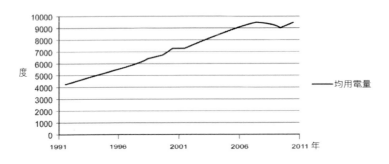

圖 14-4A　台灣每年人均用電量（1991-2010）

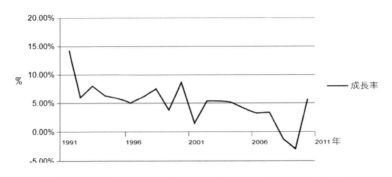

圖 14-4B　台灣每年人均用電量成長率（1991-2010）

資料來源：台灣電力公司 100 年統計年報，作者製圖

　　圖 14-5（編註：詳細數字請見附表 4）為 2010 年我與世界其他主要國家人均用電量的比較。

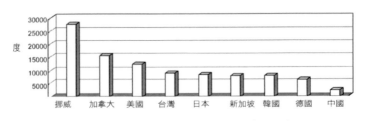

圖 14-5　世界各國人均用電量（2010）

資料來源：台灣電力公司 100 年統計年報，作者製圖
彩圖詳見 P372

14.3　電力系統－供應面及備用容量

　　以上討論的是我國過去 20 年來電力需求面的成長，有需求就需要有相對應的電廠建設來滿足需求。

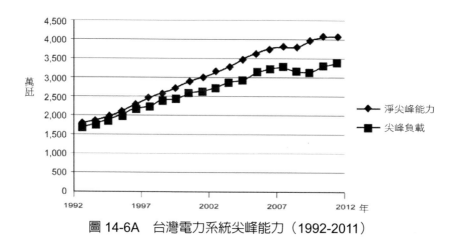

圖 14-6A　台灣電力系統尖峰能力（1992-2011）

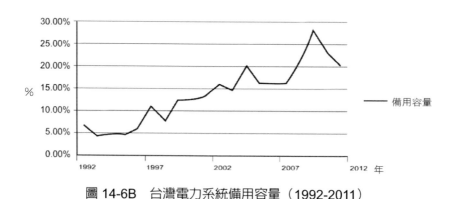

圖 14-6B　台灣電力系統備用容量（1992-2011）

資料來源：台灣電力公司 100 年統計年報，作者製圖

　　近年來因新聞界較專注核四工程，多數人並不知道除核四外，台灣新建火力電廠的腳步從未停止過。圖 14-6（編註：詳細數字請見附表 5）為我國電力系統過去 20 年來供應面及成長。電力系統尖峰能力由 1992 年的 1782 萬瓩成長為 2.3 倍而成為 2011 年的 4075 萬瓩。

　　將每年的供電能力與每年尖峰需求相比較，就可看出過去 20 年來備用容量的變化。何謂備用容量？備用容量就是電力系統尖峰發電能力必須超過尖峰用電需求的百分比。電力機組有時不免故障而無法全力運轉，嚴重時甚至會發生「跳機」。水力發電是靠天吃飯，如果當年降雨少，河川逢枯水期則空有水力電廠設備也無法發電。但電廠備用容量也不能太多，否則是一種投資浪費。權衡各種考量，我國電力系統目前訂定 15%為備用容量目標。1970 年代初期因核四計畫受阻，火力電廠又不是可以在短時間內建廠完工商轉，所以有 10 年左右的時間我國電力處於備用容量不足的狀態。

　　當時常要使用一些非常手段（如暫停大電力用戶用電）來解決缺電困境。近十年來火力電廠建設漸漸趕上，所以備用容量較為充裕，但過去三年備用容量超過 20%實為 2008 年金融海嘯造成台灣電力需求史無前例的連續兩年負成長所造成。但經濟一旦恢復成長，2011 年較 2009 年兩年間的尖峰用電立即成長了 8.95%，非常迅猛，如何應付未來十年的電力成長是我國目前要面對的嚴峻挑戰。

14.4　裝置容量與發電量的燃料別

　　圖 14-7 為 2010 年我國尖峰能力裝置產量（萬瓩）依燃料別之結構圖。圖 14-8 為我國 2010 年發電量（度數）依燃料別之結構圖。

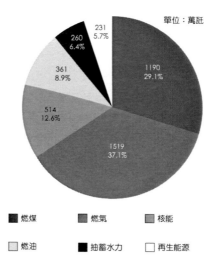

圖 14-7　2010 年裝置容量結構圖

基載：核能＋燃煤＝41.8%
資料來源：台灣電力公司 100 年統計年報
彩圖詳見 P373

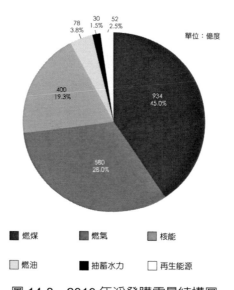

圖 14-8　2010 年淨發購電量結構圖

資料來源：台灣電力公司 100 年統計年報
彩圖詳見 P374

　　讀到此處，似乎我國過去 20 年來電力發展十分正常，電力需求因經濟長成及人民生活水平的提高而倍增，台灣的電力系統發電能力也跟得上需求的腳步，一切似乎十分完美，看不出有什麼問題。

　　但電力專業人士很容易看出我國目前發電結構出了大問題。基載電廠（核能電廠、燃煤電廠）嚴重不足，本應作為中載／尖載的燃氣電廠取代了太多基載電廠的功能。

　　這種情勢在未來因為政策的導向將會越演越烈。何謂基載電廠，電力政策失誤導致的後果為何，將在下一章討論。

第 15 章

台灣電力困局

上章對 20 年來我國電力需求面及供應面的成長作了簡單的鳥瞰。但在進一步深入了解我國目前電力發展的困境前先應解釋訂定能源/電力政策應考量的因素。

15.1　能源政策考量

圖 15-1 為各國訂定能源政策時都必須考量的三大因素，又稱 3E 考量。

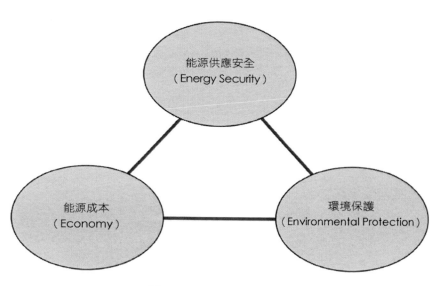

圖 15-1　能源政策 3E 考量

制定能源政策首先要考量的是能源供應安全，不少人都忽略了這一點。能源之於社會就如同糧食之於個人。如果糧食供應中斷，個人無法存

活。能源供應中斷，則社會將全面停擺。這就是為何各國在制定能源政策時都將能源供應安全列為首位的原因了。

　　制定能源政策的另外兩個考量是經濟成本及環境保護。低廉的能源供應方可確保國家的競爭力，適宜的環保政策才能確保環境永續。制定能源政策時，能源供應安定、經濟成本及環境保護三者都應考量，許多時候無法達成三贏，政策上的取捨就要依賴高度的智慧。

能源供應安全

　　如前所述，我國電力主要是依賴火力（煤、油、天然氣）及核能。這四種燃料在供應上的安全可以用其在國內之存量作為指標。圖 15-2 即為這四種燃料在我國的存量。

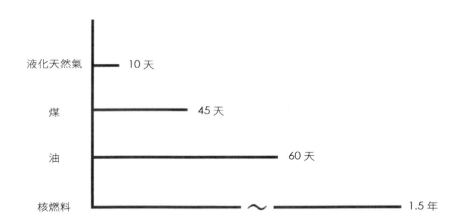

(1)台灣自產能源< 1%，99%靠進口
(2)液化天然氣運輸，儲存均須在-162℃以下

圖 15-2　我國各種燃料庫存天數

　　台灣是自產能源十分貧乏的國家，99%以上的能源都依賴進口，每年進口能源的費用超過 1 兆台幣。由圖 15-2 可知核能燃束在我國有 1 年半的存量，原因在於核燃料能量密度極高，核反應器中的燃料棒一經裝填可使用 18 個月才需停機更換。燃料束的體積又極小，只要一架飛機空運即可

供應。化石燃料能量密度遠小於核燃料，所以就需要大量由海運進口，目前我國油存量為 60 天，煤為 45 天。天然氣必須經過液化才合適運輸，其液化溫度為-162℃，不論運輸船或儲槽都需特別製造。目前我國有永安／台中兩個液化天然氣接收站，總儲存量僅夠 10 天使用。以能源供應安全角度而言，核能最為安全，這就是許多時候核能被歸類為「準」自產能源。油、煤次之，天然氣電廠雖占了我國電力 1/3 的裝置容量，但只有 10 天的存量，不論任何人為或天然的風吹草動，我國近 1/3 的電廠就會面臨「斷糧」的威脅，是我國國家安全的一個軟肋。數年前曾發生因一艘天然氣船延誤，影響到天然氣發電廠斷炊無預警停電，導致當時台電董事長引咎辭職一事，大家恐也未全然淡忘。

能源成本考量

　　能源政策的第二個考量是經濟成本，圖 15-3（編註：詳細數字請見附表 6）即為 2006-2010 五年間我國核能、燃煤、燃氣三者每度電發電成本的比較。燃油發電因成本最高，占我國總發電量日少，未來也無加建計畫，在此不予比較。

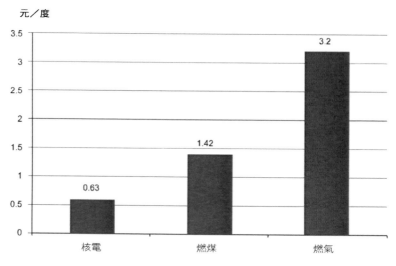

圖 15-3　核能、燃煤、燃氣發電成本比較

由圖 15-3 可以看出核能發電成本極為低廉，原因之一在於我國核能廠運轉都超過 25 年，折舊均已攤提完畢。

燃氣發電極為昂貴，2006-2010 五年間每度電的平均發電成本高達 3.2元，較核能發電每度電成本高出 2.57 元，較燃煤發電高出 1.78 元。

1.78 元或 2.57 元的數字看起來並不大，但勿忘我國每年用電量超過2000 億度，每度電成本差 1 元就是 2000 億元，絕對不是一個小數目。

圖 15-4（編註：詳細數字請見附表 7）為 2010 年核／煤／氣三種燃料的發電度數及成本。由表可看出核能發電 400 億度，總成本不過 264 億元。燃氣發電只有 580 億度，遠低於燃煤發電的 934 億度，但發電成本高達 1,810億元，較燃煤的 1,485 億度高出近 325 億元。近數年來台電年年虧損，最主要的原因就在於燃氣發電占了全系統過高的比例。

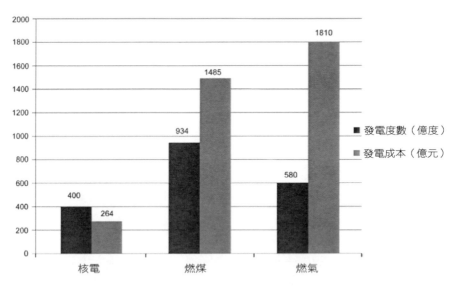

圖 15-4　2010 年不同燃料發電度數與成本

圖 14-1 顯示用電量從早到晚的不同，深夜時段用電低，白天用電高。深夜用電約只有白日尖峰的 7 成左右。從另一個角度而言，表示這 7 成的電力是全天的最低需求，提供這些最低電力需求的電廠全天可以 24 小時不停運轉供電。這些電廠就稱之為基載電廠。在清晨用電漸增時就啟動一

些中載電廠補基載電力之不足，到中午左右用電達全日最高峰，就再啟動
尖載電廠來應付每天只有數小時的尖峰負載。

因為基載電廠必須全日 24 小時不停運轉，而中載、尖載電廠每天運
轉時數較少，全球電力公司就以發電成本最低廉的電廠（核電、燃煤）作
為基載機組。這些基載機組通常啟動費時，較不合適作為中、尖載電廠。
因為中、尖載電廠的供應必須配合用電量升降載，所以通常以較易啟降的
燃氣電廠配合少數燃煤機組作為中載，而以最易啟降的水力（含抽蓄電廠）
配合燃氣機組作為尖載。

我國目前電力系統的最大問題，就是可提供廉價電力的基載電廠（核
能、燃煤）不足，只好啟動極為昂貴的燃氣電廠作為 24 小時不停供電的
基載電廠。針對此一問題，本章將進一步討論。

能源環保考量

能源政策的第三個考量是環境保護，以「傳統」空氣污染排放而言，
核能是零排放，燃煤與燃氣在加裝空氣污染防制系統後也都符合我國環保
法規。目前人們最注意的反而是各種發電方式的二氧化碳排放。

表 15-1 即為核／煤／氣三種發電方式每度電的二氧化碳排放值。

表 15-1　核能、燃煤、燃氣碳排

	公斤／度
核能	0
燃氣	0.42
燃煤*	0.84

*超臨界機組

目前燃煤機組開發時常碰壁，而燃氣機組容易過關的最主要原因，就
在於燃氣電廠排碳低於燃煤排碳，在幾次全國能源會議因而都有「擴大燃
氣發電」的結論。

但燃煤與燃氣每度電發電成本相差 1.78 元（見附表 6），而燃氣與燃煤
相較每度電減碳 0.42 公斤（見表 15-1），表示以燃氣發電取代燃煤發電每

公斤的減碳成本為 4.2 元（1.78/0.42）。每噸二氧化碳減碳成本為 4200 元（140 美元），遠高於絕大多數減碳方式的成本，這是一個最昂貴極不合適採用的減碳手段，可怕的是我國的能源政策正朝著「擴大燃氣發電」的錯誤方向全速前進。

15.2　建廠時程

能源政策的失誤影響極為深遠，其中重要原因之一就在於電廠等基礎建設都要花很長的時間規劃、建設。在完成後又至少持續運轉 30 年（燃氣）或 40 年（核能、燃煤）。糾正錯誤的政策，極為曠日廢時，要花上「數十年」為單位的歲月。圖 15-5 即為台電建廠從規劃到完工的時程。

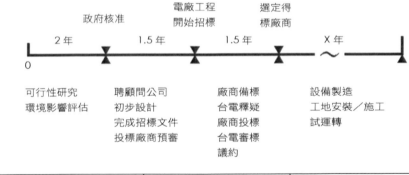

	建廠（X 年）	總時程
燃氣電廠	3 年	8 年
燃煤電廠	5 年	10 年
核能電廠	8 年	13 年

圖 15-5　台電規劃建廠時程

由圖 15-5 顯示台電決定進行某一計畫，最先要進行可行性研究（呈報經濟部／行政院）及環境影響評估（呈報環保署）。這兩份報告從遴選顧問公司、顧問公司完成報告到政府單位批准的流程至少 2 年。在政府批准後，台電將另行聘請顧問公司進行電廠招標文件的準備。顧問公司必須完成全廠初步設計規劃，台電並將進行統包商的預審，這一階段至少費時一

年半。台電正式招標（統包商）後，統包商通常要花半年準備數百億甚至上千億工程的投標文件，再經台電與顧問公司審標直到議約完成，這又要花一年半的時間，所以在建廠統包商得標前已經花了 5 年的時間準備。

　　統包商在得標後，將進行細部設計、設備製造及採購再運送到工地進行機電安裝、土木工程也同時施工直到試運轉成功移交台電才算大功告成。各種電廠的複雜度不同，建廠時程也各不相同，燃氣電廠較簡單，約 3 年可完成，燃煤約 5 年，核能常要建 7、8 年。所以建廠總時程依燃氣／燃煤／核能不同，各需 8 年／10 年／13 年之久。

15.3　新建電廠之回顧與展望

1990-1999 新建機組

表 15-2　1990-1999 年新建機組

單位：萬瓩

時間	79 年 (1990)	80 年 (1991)	81 年 (1992)	82 年 (1993)	83 年 (1994)	84 年 (1995)	85 年 (1996)	86 年 (1997)	87 年 (1998)	88 年 (1999)
燃煤機組		台中 #1 55	台中 #2～#3 110	台中 #4 55			台中 #5～#6 110	台中 #7～#8 110		麥寮 （民） #1 60
燃氣機組		通霄 #4～#5 47.6		南部 #1～#2 35.8		南部 #3 17.8		興達 #1～#4 109	興達 #6 27.3	通霄 #6 19.7
水力機組				明潭 #1#3 #5#6 106.8		明潭 #2#4 53.4	天輪 #5 10.5		馬鞍 #1 6.7	馬鞍 #2 6.8
合計										
	0	102.6	110	90.8	106.8	71.2	120.5	219	34	86.5

941 萬瓩／10 年＝94 萬瓩／年

資料來源：台灣電力公司 99 年統計年報，作者整理。

註：本節各表所列該年度完工機組均以上半年完工可提供該年度夏季尖峰用電機組為限。下半年完工機組列於下年度。

　　回顧過去 20 年完工電廠記錄，也會有許多驚人的發現。表 15-2 是 1990-1999 李登輝主政時完工的電廠。在這十年完工的電廠多半是在蔣經國主政時已規劃進行的。共加建 941 萬瓩（9.41GW）的電廠，平均每年增建 94.1 萬瓩的電廠，核二、三廠的單機容量約為 100 萬瓩，表示這 10 年每年增加的發電能力幾乎等於一個核能機組。由本表可看出 1990-1999 的 10 年間，燃煤機組增加 500 萬瓩（5 GW），燃氣電廠增加了 257 萬瓩（2.6 GW），而水力電廠（主要是抽蓄電廠）增加了 184 萬瓩（1.8 GW）。增加的機組中基載燃煤機組增加了 53%，另為配合基載機組夜間發電的抽蓄機組也增加 160 萬瓩（17%）。是比較合理的電力結構配比。

　　但 1990 年至 1999 年的全台電力系統備用容量不足，都在個位數左右（見表 14-6B），直到 1999 年才勉強成為 2 位數（12.5%），但還是比合理的備用容量（當時為 20%）遠為不足。造成許多工廠為配合電力調度必須在白天停工、夜間開工的現象。在李登輝總統主政的十年間，台電急於開發下一個十年的新電廠，但因社會上環保勢力高漲，台電開發新電廠處處碰壁。為了提供穩定電源，只好開放民營電廠，靠民間財團力量來應付環保及地方勢力。

2000-2007 新建機組

　　表 15-3 即為 2000-2007 年陳水扁主政的 8 年間新建完工的電廠。在 2000-2007 的 8 年間共有 903 萬瓩（9GW）的新機組商轉，每年系統增加能力為 113 萬瓩，備用容量也回到較合理的數字（見表 14-6B）。但有一個現象值得關注，在這 8 年間台電增加的供電能力為 225 萬瓩，民營電廠則高達 678 萬瓩。民營電廠又以燃氣電廠為主占了 428 萬瓩，加上台電大潭燃氣機組 107 萬瓩，在這 8 年間燃氣機組共增加了 535 萬瓩，基載燃煤機組（台電加民營電廠）只增加了 360 萬瓩，基載機組建設已明顯不足。另外值得關注的是這 8 年間完工的電廠都是在李登輝主政時代已規畫或開工的。

表 15-3　2000-2007 年新建機組

單位：萬瓩

時間	89 年 (2000)	90 年 (2001)	91 年 (2002)	92 年 (2003)	93 年 (2004)	94 年 (2005)	95 年 (2006)	96 年 (2007)
燃煤機組	麥寮（民）#2 60	麥寮（民）#3 60	和平（民）#1 64.9	和平（民）#2 64.9			台中 #9～#10 110	
燃氣機組	海湖（民）#2 45		海湖（民）#1 45 新桃（民）#1 60	南部#4 15.9	國光（民）48 嘉惠（民）67 豐德（民）#1～#2 98 星彰（民）49		大潭 #1～#2 92.1	大潭 #3-2 15.2
水力機組			卓蘭 #1#2 8					
合計								
	105	60	177.9	80.8	262	0	202.1	15.2

903 萬瓩／8 年＝113 萬瓩／年

資料來源：台灣電力公司 99 年統計年報，作者整理。

2008-2015 新建機組

表 15-4　2008-2015 年新建機組

單位：萬瓩

時間	97 年（2008）	98 年（2009）	99 年（2010）	100 年（2011）	101 年（2012）	102 年（2013）	103 年（2014）	104 年（2015）
燃氣機組	大潭 #3-1 #4-5 76	大潭#6 47.1 大潭 CC#5 25.4 星元 49	大潭 CC#4 增加 25.4 大潭 CC#6 增加 25.4 大潭 CC#3 增加 25.4					
水力機組					碧海 6.1	萬大 4.1		
核能機組								
合計								
	76	121.5	76.2	0	6.1	4.1	0	0

284 萬瓩／8 年＝36 萬瓩／年

資料來源：台灣電力公司 99 年統計年報，作者整理。

　　表 15-4 是 2008-2015 年馬英九主政 8 年已商轉或預定完工商轉的機組。首先由表 15-3 可看出這 8 年總共完工及預計完工的電廠共有 284 萬瓩，

不到 1990 到 1999 年 10 年間（李登輝主政時代）及 2000 到 2007 年 8 年間（陳水扁主政時代）新加機組的 1/3，每年新增機組也只有 36 萬瓩，遠低於前兩時期的每年平均 94 萬瓩及 113 萬瓩。

更令人擔憂的是這 8 年完成的機組，除了一個小民營機組（星元，49 萬瓩）及兩個小水力機組外，都是在李登輝時代所規劃／開工的。大潭電廠是 1998 年已聘定顧問公司開始規劃設計。這表示從 2000 年到 2015 年兩任政府 16 年間完工的電廠幾乎全是在 2000 年前李登輝時代所規畫／動工的。

電力備用容量（2008-2015）

1991 年到 2007 年 16 年間尖峰電力需求由 1532 萬瓩成長為 2.14 倍至 3279 萬瓩，每年平均成長約為 5%（4.9%）。

表 15-5 顯示 2008 年到 2015 年馬政府執政 8 年間的尖峰能力／負載及備用容量。表中 2008-2014 為實際值，2015 為估計值。

表 15-5　2008 年－2016 年電力系統備用容量

單位：萬瓩

年別	2008	2009	2010	2011	2012	2013	2014	2015
淨尖峰能力	3,794	3,973	4,075	4,076	4,058	3,990	3,995	3,965
尖峰負載	3,132	3,101	3,302	3,379	3,308	3,396	3,482	3,552
尖峰成長	-4.5%	-1.0%	6.5%	2.3%	-2.1%	2.7%	2.5%	2%
備用容量	21.1%	28.1%	23.4%	20.6%	22.6%	17.5%	14.7%	11.6%
主要新建機組	大潭機組	大潭天然氣增壓，星元	大潭天然氣增壓					

表 15-5 的訊息十分豐富，首先，2008 因金融危機引起全球經濟衰退，台灣電力成長史無前例的連續兩年呈現負成長，到 2010 年尖峰用電才勉強趕上了 2007 年的數字。這也就是為何 2009 年備用容量高達 28.1% 的原因。

但 2010、2011 兩年尖峰負載共成長 8.95%，2011 年的備用容量馬上降為 20.6%。2012～2015 四年間無新電廠完工。2014 年的備用容量降為 14.7%，2015 年更將降為 11.6%。萬一供電系統有任何風吹草動，政府及國人最不樂見的限電或輪流停電的情況就極可能發生。

　　為什麼台灣電力開發會處於如此窘境？電力備用容量由現政府初主政 2008 年的 21.1%在執政 8 年後降為 11.6%？其實如果不是 2008、2009 兩年經濟衰退，備用容量不足的現象將會提早數年發生。這應該怪罪台電電源開發不力，沒有預作規劃嗎？實際上台電每年都要預作未來 10 年的電源開發方案呈送政府。以 2005 年電源開發方案為例，當年台電預計在 2008-2015 年間完工商轉的機組如表 15-6。

規劃機組與實際執行比較（2008-2015 年）

表 15-6　2008-2015 原規畫完工商轉機組

時間	97 年 （2008）	98 年 （2009）	99 年 （2010）	100 年 （2011）	101 年 （2012）	102 年 （2013）	103 年 （2014）	104 年 （2015）
燃煤基組			彰工#1 80	林口#1 80 彰工#2 80	林口#2 80 深澳 #1 & 2 160		大林 #1 80	彰工 #3 & 4 160 興達 #1 & 2 160
燃氣機組	大潭 #5-6 144	星元 49				通霄 #1 & 2 144	通霄 #3 & 4 144	
核能機組		核四#1 135	核四#2 135					
合計								
144	184	215	160	240	144	224	320

資料來源：台灣電力公司 9405 電源開發方案

　　依台電 2005 年的電源開發方案，除了目前依計畫已完工的大潭機組以外，2015 年前應完工商轉的機組有核四兩部機、彰工四部機、林口兩部機、深澳兩部機、興達兩部機、大林一部機、及通霄四部機。

　　上述火力機組中除通霄為燃氣外，其餘均為基載超臨界燃煤機組，表 15-6 所新增的機組似乎非常多，但因多數機組都是在現有廠址興建，有非常多低效率的次臨界燃煤機組將要除役，相加減之下每年備用容量勉強維持在 15% 到 18% 之間。

　　如果將表 15-6 與表 15-4 相比較將發現，2005 年台電預計完工商轉的超臨界燃煤機組無一可依原先規劃的時程完工，這也就是為何目前估計到 2015 年電力系統備用容量將會降到 11.6% 的最主要原因。

　　我們可以再比較一下表 15-4 及 15-6，表 15-6 原計 2008-2011 年間核四將完工，如核四完工再配合一些燃煤機組完工是可以應付這 4 年的電力成長，2012-2015 年的成長則完全要靠火力機組（尤其是超臨界燃煤基載機組）擔綱。

　　但為何 2008-2011 年原規劃的機組雖未完工商轉，但也未造成缺電呢？最重要的原因在於這 4 年間全球發生嚴重的經濟衰退，導致電力成長停滯，所以沒有發生限電的危機實屬僥倖。許多人宣稱這幾年電力未成長，碳排甚至有降低趨勢是政府「節能減碳」政策奏效，恐怕也是很大的誤會。

　　2012-2015 年間，台灣原規畫 8 部燃煤機組及 4 部燃氣機組完工商轉（見表 15-6），依表 15-6 所示，無一可以達成，無怪乎到 2015 年備用容量會低到 11.6%，隨時會產生限電危機。

　　在此可試將表 15-2、15-3、15-4 的資訊合併為表 15-7 及圖 15-6。

　　由表 15-6 可看出 1992 年到 2007 年這 16 年間我國每年平均完工機組都在 100 萬瓩上下，但在 2007 年到 2011 年間降為 68 萬瓩，2011 年到 2015 年更降為零，造成的後果就如圖 15-7 所示，電力備轉容量的急遽惡化。

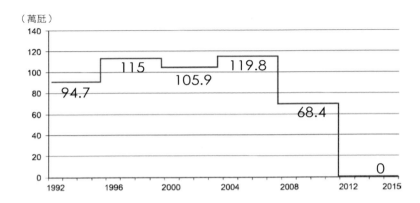

（萬瓩）

完工日總統	李登輝	李登輝	陳水扁	陳水扁	馬英九	馬英九
規劃／動工日總統	蔣經國	蔣經國李登輝	李登輝			

圖 15-6　1992 年－2015 年每年平均完工機組（萬瓩）

　　圖 15-7 中的橫線表示在 2005 年以前，我國備轉容量目標為 25%，在該年降為 16%，在 2012 年又降為 15%。

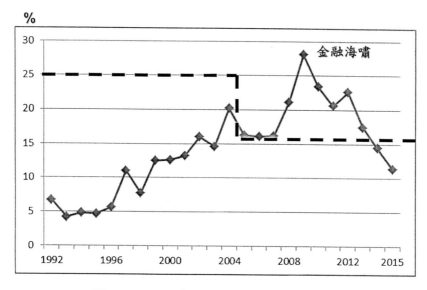

圖 15-7 1992 年－2015 年每年備用容量

依以上的回顧，我們知道 2000 到 2015 這 16 年間完工商轉的電廠幾乎都是李登輝主政時核准並規劃動工的，但靠祖產過日子的好時光終於要結束了。建電廠是十年大計，所以我們目前更應關注的是 2015 年後電力供應的情形。

2016-2019 年規劃機組

由以上討論可知台電原規劃 2012-2015 年的電源開發計劃是被全盤打亂，這四年的完工電廠是一片空白，這是台電成立 70 年來從未遇過的險境。

台電原規畫在 2012-2015 年完工商轉的機組是否會順延到 2016-2019 年完工？情勢也完全不容樂觀。台電近年規劃的許多基載燃煤機組在政府「節能減碳」的最高政策指導原則下都遭逢極大的困難，電源開發計畫幾乎每年都要修正。2010 年的開發計畫在 2011 年修正的幅度尤其大，我們試比較這兩年計畫的變動。

表 15-7　2016-2019 預計完工火力機組（台電 9910 方案）

時間	105 年（2016）	106 年（2017）	107 年（2018）	108 年（2019）
燃煤機組	林口#2 80 大林#1 80	大林#2 80	彰工#1-2 160 深澳#1 80	台中#11 80 深澳#2 80
燃氣機組	通霄#1 72	通霄#2-3 144	通霄#4 72	
合計				
	232	224	312	160

資料來源：台灣電力公司 9908 電源開發方案

依表 15-7 台電在 2010 年的電源開發計畫中，2015-2019 年商轉機組中，燃煤機組有 8 部 80 萬瓩機組，裝置容量共 640 萬瓩，另有燃氣機組 4 部 72 萬瓩機組共計 288 萬瓩。新增機組中 70% 為基載機組。

但如前所述燃煤機組在推動時遭到極大困難，台電在 2011 年電源開發計畫中不得不推遲燃煤機組商轉日期，代以加速燃氣機組開發來補足電力缺口。

表 15-8　2016-2019 預計完工火力機組（台電 10009 方案）

時間	105 年（2016）	106 年（2017）	107 年（2018）	108 年（2019）
燃煤機組	林口#1 80 大林#1 80	林口#2 80 大林#2 80	深澳#1 80	深澳#2 80
燃氣機組	民營燃氣#1-2 90	通霄#2-3 144	大潭#7 72 通霄#4 72	大潭#8 72 彰工#1-2 144
合計				
	250	304	224	296

資料來源：台灣電力公司 10009 電源開發方案

　　依表 15-8，台電 2011 年電源開發計畫中，2015-2019 年商轉的基載燃煤機組有 6 部 80 萬瓩機組，裝置容量共 480 萬瓩，燃氣機組則開放民營電廠 2 部機（90 萬瓩）、通霄 3 部機、大潭 2 部機、彰工 2 部機（原燃煤機組延遲，先推出燃氣機組），燃氣裝置容量計 594 萬瓩。新增機組中，電力系統最需要的基載機組又再次減少，反而加速開發極為昂貴的燃氣機組。其中深澳 2 部燃煤機組因興建煤碼頭困難重重，已拖延 10 年，不可能依規劃在 2018、2019 年商轉，由燃氣機組取代則 2015-2019 年新增機組中基載機組將由 2010 年原規劃的 70% 大幅降為 35%。

　　每一部 80 萬瓩的基載燃煤機組每年可發約 60 億度的電，2006-2010 年間燃煤、燃氣每度電的差價為 1.78 元，表示若一部燃煤機組延宕而由燃氣機組取代，每年發電成本就將增加超過 100 億元。2015-2019 年間如原規劃的 9 部燃煤機組降為 4 部，5 部由燃氣機組取代，每年增加的發電成本為 500 億元，絕對是一個應投以極大關注的重大經濟議題。

　　我國目前電力建設最嚴重的問題就是基載電廠不足，基載電廠不外乎核能及燃煤電廠，針對核能及燃煤遭逢的困境及應採取的政策將在下兩章詳細討論。

第七篇

16. 能源配比與核能電廠

17. 減碳政策與燃煤電廠

18. 能源、環保與政經

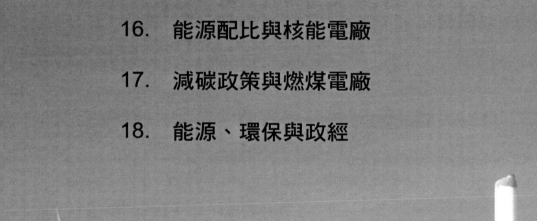

第 16 章

能源配比與核能電廠

16.1 基載電廠不足

上篇對台灣電力的現狀及困局作了簡要的描述。造成今日困局很大的原因在於能源政策的失誤,這種失誤近來不但未見改善似乎是越演越烈,對台灣的未來將造成極為負面的影響。

能源政策失誤

目前影響電力發展失誤的政策有兩大主軸。

一是不切實際的減碳目標、二是降核政策(核電廠不延役)。這兩個政策都是在民粹壓力之下形成,更令人不解的是,這兩個政策竟然是完全互相矛盾。

再多能源政策的辯論,終究要落實在能源使用的選擇與組合(即能源配比)。吾人可由能源使用的兩大區塊——電力與交通予以討論。

以交通而言,除電動車或油電混合車較可能在未來 20 年有所進展,生質能及氫能源都無法在 20 年內有效取代汽油。如果電動車/油電混合車成功發展表示需要更多的電力。

除電動車/油電混合車外,交通燃料除了石油產品外別無選擇,所以能源政策在交通的能源使用並沒有置喙的餘地,也影響不了大局。電力就不同了,能源政策完全可以決定究竟是以核能、燃煤還是燃氣來發電,所以以下討論將集中於深受能源政策影響的電力產業。

以電力產業而言，雖然許多人十分青睞再生能源，但就算在所謂千架風機、百萬屋頂政策的大力推展，在 20 年內除水力外之再生能源很難達到提供 5%電力的目標。在此談的是發電度數（能量）而不是裝置容量（功率）。因為即使風機或光電板裝置再多，因風力及日照條件的限制，能提供的能量（度數）仍為有限。所以電力配比仍不外乎核能、燃煤、燃氣三者。能源政策的落實也就集中表現於未來對這三種發電方式的取捨。

如第 15 章所述，能源政策最重要的考量是能源供應安全、經濟成本及環境保護。三種發電方式的配比也在於希望達成三種考量的最佳化。

第 15 章指出，我國目前電力最大的問題在於基載電廠不足，而必須動用極為昂貴的燃氣電廠提供基載電力。

抽蓄電廠閒置

台灣有兩個裝置容量極大的抽蓄電廠。一為明湖電廠（100 萬瓩）、一為明潭電廠（160 萬瓩），這兩個抽蓄電廠裝置容量共 260 萬瓩，與核四兩部機 270 萬瓩相當。抽蓄電廠的目的是在離峰時（深夜電力需求低時），利用發電成本低廉的基載電廠所發的電，將抽蓄電廠下池的水抽往上池。在白天尖峰用電時，再將上池的水洩往下池，利用水位差來發電，以提供尖峰用電。因為離峰時以核能、燃煤等成本低廉電力將水抽入上池，即使在尖峰時當水由上池洩往下池發電無法百分之百回收夜間抽水的電力（抽蓄發電約有 20%的效率損失），但比起利用昂貴的燃氣發電來提供尖峰用電還是來得划算。

在 1980 年代末核能及抽蓄發電廠初建成時，台灣發電結構近乎最佳化。發電成本低廉的核能及燃煤發電提供 80%的電力（度數）。在深夜離峰時，抽蓄電廠就發揮極大的儲能功效。當時抽蓄電廠的使用率幾達 90%，與低價的核、煤發電配合，提供極為經濟理想的發電組合。

時至今日，因基載電廠（核、煤）裝置容量不足，甚至要動用燃氣電廠來提供基載電力，抽蓄電廠完全英雄無用武之地。若核能、燃煤提供基載電力都有所不足，何有餘力將電力於夜間「貯存」於抽蓄電廠？利用燃氣電力提供抽蓄電力更是毫無道理，在尖峰時直接利用燃氣發電即可，何

必多此一舉在夜間用極為昂貴的燃氣電力抽水，而在白天洩水發電，反而損失 20% 的能量？（換句話說增加了 20% 的成本）

在過去幾年，抽蓄電廠的使用率都只有 10% 左右。還保持 10% 使用率的原因是由於水力發電起降最為迅速，調度平衡電力最為方便，但抽蓄電廠的使用已完全沒有成本上的考量了。由花費數百億建造的抽蓄發電近於閒置，足以清楚驗證我國基載電廠不足的事實。

發電單價比較

本章一直強調基載電廠不足，何謂基載電廠？基載電廠就是每天 24 小時不停發電的電廠，所以全球電力公司都以最便宜的發電方式作為基載電廠。成本就是基載電廠最主要的考量。附表 6 為 2006-2010 年核能、燃煤、燃氣每度電的發電成本（單位為元／度）。

由該表可知，以 5 年平均而言，燃氣、燃煤每度差價為 1.78 元，燃氣核電每度差價更高達 2.57 元。

台灣發電系統理想配比是基載電廠（核能、燃煤）占 65%，中載電廠（燃煤、燃氣）占 25%，而尖載電廠（燃氣、燃油、水力）占 10%。

16.2　2010 三種能源配比情境分析

圖 16-1 為我國 2010 年各種電廠的裝置容量及發電占比。由圖 16-1 可看出我國核能及燃煤電廠的總裝置容量（台電加民營電廠）只有 42%，核能只能作為基載電廠，但燃煤電廠可作為基載及中載電廠，兩者相加只占總裝置容量的 42%，與理想配比相較實在過低。

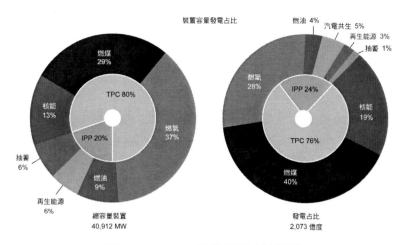

圖 16-1　2010 年發電系統結構圖

TPC：台電
IPP：民營電廠
資料來源：王振裕，《台電電源開發之回顧與展發》，2011
彩圖詳見 P375

　　在核能、燃煤機組裝置容量偏低的狀況下，核能及燃煤分別以 90% 及 80% 的容量因數運轉，兩者所發電力相加也只占全部發電量的 59%，即使加上汽電共生（多為燃煤）的 5% 也仍然不過 64%。

　　勿忘我國有容量相當大的抽蓄發電正閒置中，而我國在 1980 年代中，核能、燃煤提供 80% 以上的電力（發電度數）。吾人可以試算，如果今日台灣電力裝置容量十分理想，每年可以省下多少發電成本。

情境一：現況

　　表 16-1 情境──為 2010 年核能、燃煤（含民營電廠及氣電共生）、燃氣及其他（水力、再生能源、燃油等）的實際發電成本及碳排。其中「其他」發電成本及碳排與以下各種情境之差異比較無關。在此僅以「X」及「Y」取代。

　　表 16-1 燃煤、燃氣碳排以每度 0.92 公斤及 0.42 公斤計算，已考慮混合新舊燃煤、燃氣電廠的不同排碳量的現狀。

表 16-1　2010 實際發電成本

	核能	燃煤	燃氣	其他	
發電（億度）	400	934	580	160	2074
台幣／度	0.66	1.59	3.12		
發電成本（億元）	264	1485	1810	X	3559 + X
二氧化碳（百萬噸）	0	86	24	Y	110 + Y

情境二：基載 80%，核能 40%

第二個情境是假設 20 年前我國核能政策未受阻撓，今日核能發電量占總發電量的 40%（與 1980 年代核三廠完工時相當），燃煤也占 40%，「其他」不變，燃氣發電降為占總發電量 12%，表 16-2 即為情境二下之發電成本及排碳量。

表 16-2　2010 基載 80%（核電 40%）情境發電成本

	核能	燃煤	燃氣	其他	
發電（億度）	830	830	254	160	2074
台幣／度	0.66	1.59	3.12		
發電成本（億元）	548	1320	792	X	2660 + X
二氧化碳（百萬噸）	0	76	11	Y	87 + Y

比較表 16-1 與 16-2 可看出，如我國電源開發未受干擾而依最佳發電配比之規劃進行，今日我國每年發電成本每年將減少 900 億元。每年二氧化碳排放也較目前降低 2300 萬噸（約全國排碳 10%），若依能源局 2010 年「能源發展綱領」草案，每噸二氧化碳交易價格 14 歐元（580 元台幣）計算，2300 萬噸二氧化碳交易價格約 130 億元，加上上述 900 億元，每年發電成本降低 1030 億元。以核電 40 年經濟壽命計算，成本差價超過 4 兆。

可能有人並認為核能占比 40% 不切實際。在 1980 年代核三廠完工時，我國有 6 部核能機組，韓國只有 4 部機組。時至今日，我國仍只有 6 部機組，而韓國已有 20 部機組運轉供電，另有 6 部機組正興建中。所以若 20

年前我國核能政策未受阻撓，今日有 40%電力由核能供應可輕易達成。當然因為反核情結，情境二的發電配比可能不容易被接受。

情境三：基載 80%，核能不變

情境三即假設核能發電度數維持不變，但增加可提供基／中載的燃煤發電，使核、煤總發電度數維持 80%，但降低極為昂貴的燃氣發電度數。表 16-3 即為情境三的結果。

表 16-3　2010 基載 80%（核電 19%）情境發電成本

	核能	燃煤	燃氣	其他	
發電（億度）	400	1260	254	160	2074
元／度	0.66	1.59	3.12		
發電成本（億元）	264	2003	792	X	3059 + X
二氧化碳（百萬噸）	0	116	11	Y	127 + Y

比較表 16-1 及表 16-3 可看出，如我國發電配比與 1980 年代末期相當（核、煤發電占 80%），則每年發電成本將降低 500 億元，但二氧化碳排放將增加 1700 萬噸。當然多排放二氧化碳不是吾人所樂見，但二氧化碳有國際交易價格，若依每噸二氧化碳交易價格為 580 元計算，1700 萬噸交易成本約 100 億元，表示即使扣除這 100 億元，每年發電成本還是可以省下400 億元。以煤電 40 年經濟壽命計算，成本差價為 1.6 兆元。

由以上三種情境分析（一為實際情境，二、三為假設情境）可看出由於過去能源政策的失誤，我國目前每年的發電成本，國家競爭力及國民生計已為之付出慘痛的代價。

16.3　核電不延役的衝擊

台電過去數年每年虧損的最大原因就在於發電配比不良。而最主要的因素是售電價格（每度約 2.8 元）低於燃氣發電成本（每度 3.2 元），這還

不計不論何種發電方式，都應負擔輸配電及其他營運成本的攤提，每度約另加1元。

國際競爭力衰退

　　維持低廉電價的原因是為了增加我國企業競爭力，但許多人可能不知道，我國最大競爭對手韓國的電價猶低於我國。台電近年因基載電廠不足，動用太多燃氣電廠發電，年年有鉅額虧損。但與台電不同的是，韓國電力公司財務十分健全，台灣調整電價已是箭在弦上、不得不發，一來一往，我國產業競爭力危矣。

　　雖然過去能源政策有失誤，但往者已矣，如未來能源政策能重新調整，至少希望不要擴大我國與韓國競爭力的差距。但非常不幸的，以我國目前的能源政策規劃，將使我國競爭力進一步惡化，遠遠落於韓國之後。近來有許多人討論韓國與歐美國家簽訂自由貿易協定（FTA）對我國競爭力的影響，殊不知能源政策失誤的影響更大。是否簽署自由貿易協定不是我國所能掌控，但能源政策完全可以自主。近年我國的能源政策有兩大主軸，一是減碳、二是降核。不切實際的減碳政策將深深影響我國的經濟發展（下章將有詳細分析）。

核能不延役的成本

　　目前政府雖仍支持核四續建與營運，但也未經充分告知全民對將來電價的影響，而逕予宣示核一至核三6部機在到達原運轉年限（40年）後不予延役（一般延役為20年）。我國核一至核三6部機於1978到1985年8年之間陸續商轉，若不予延役則必須在2018到2025年的8年間除役。依2010年資料顯示，核電每年提供400億度極為廉價的電力，占我國年發電量20%。驟然於8年間全數除役，對我國電力結構（配比）衝擊既深且巨。

　　兩大能源政策目標一為減碳，首當其衝的就是燃煤發電。二為降核，首當其衝的自然是核能發電。三去其二無怪乎目前政府的能源政策竟然是「燃氣極大化」。能源政策擁抱的竟然是能源供應最為不穩定、而發電成

本最為昂貴的燃氣發電，這將使目前我國基載電廠不足的險境更加惡化。我國目前能源政策將走向「以氣代核」並不難驗證。

2010 年經濟部能源局曾起草「能源發展綱領」，其中規劃我國每年天然氣消耗量將於 2010 年的 1150 萬噸（其中發電占 800 萬噸），在 2020 年增為 1400 萬噸。天然氣使用的增長表示燃氣發電也將大幅增長。尤有甚者，在政府宣布核電廠不延役後不久，又宣布進口天然氣將上調至每年 2000 萬噸，較 2010 年規劃遽增 600 萬噸。如以燃氣發電 1 度約需 0.15 公斤天然氣計算，增加 600 萬噸天然氣可發 400 億度電，正好取代核能 6 部機每年所發的 400 億度，這不正是「以氣代核」的政策思維？

400 億度的核電由氣電取代對發電成本及二氧化碳排放的衝擊究竟多大？由附表 6 可知，過去 5 年核電每度電平均發電成本為 0.63 元，天然氣為 3.20 元，每度電發電成本差價為 2.57 元，400 億度的差價就是 1028 億元。這是一年的發電成本差價，核電如延役可繼續發電 20 年，20 年下來的發電差價達 2 兆以上，這 2 兆的差價還是與目前已極不理想的發電架構上進一步惡化的成本。一般人民自然不知道核電不延役的成本，政府能推說不知嗎？核能不延役政策能不審慎衡量？

每年 1028 億是什麼概念？2008 年金融危機發生後，政府推出的消費券預算為 830 億元，全國每人分得 3,600 元，如果以 3 口之家計算，每家分得 1 萬 800 元。1028 億表示 3 口之家每年為了降核改氣政策多負擔 13,000 元，這龐大的數字終將反應在全國電費加價上。

如檢討二氧化碳排放，數字也極為龐大。核電不依賴化石燃料發電，所以沒有二氧化碳排放問題，燃氣二氧化碳排放約為燃煤之半，但每度電也會排放 0.42 公斤的二氧化碳。

以氣代核的 400 億度會增加 1700 萬噸二氧化碳，絕對不是個小數目。對先前減碳的政策承諾又何以自圓其說？1700 萬噸的額外碳排如果以碳權交易解決，又是 100 億元的額外支出。

有些人可能認為情勢未必如此悲觀，說不定我國可新建燃煤電廠來取代降核 400 億度的缺口。針對此一情境，吾人也可做一簡單評估。核電燃煤每度差價為 0.79 元，400 億度差價即為 316 億元。但即使最先進的超超臨界燃煤機組，每度電碳排仍有 0.84 公斤，400 億度即為 3400 萬公噸。每

公噸碳權以 540 元計，燃煤成本即為 184 億元。發電價差與碳排成本兩者相加每年也有 500 億元。以 20 年計算也是 1 兆元的衝擊。但以目前情勢看來以氣代核的可能性高於以煤代核。

十分遺憾的是，政府是在一般人民對「以煤代核」或「以氣代核」的衝擊毫無了解的情況下，逕自宣布核能廠不予延役。炒短線迎合反核風潮，種下傷害國計民生的長遠惡果，實有負全民所託。

16.4　2025 四種能源配比情境分析

本章前段曾對 2010 年發電成本及碳排進行了 3 種情境分析，指出過去能源政策的失誤導致今日需付出的代價。吾人可檢視今日的能源政策對 2025 年的發電成本及碳排的影響，目前到 2025 年還有十年，仍有機會調整能源政策，允許核電廠 6 部機延役，以及增加燃煤等基載機組裝置容量。

檢驗 2025 年有兩大原因：一為 2025 年是 6 部核能機組全數除役的年份，二為當年也是政府宣示碳排回歸 2000 年的年份，依台電 10009 電源開發方案，台灣 2025 年發電系統裝置容量及發電度數配比如圖 16-2。

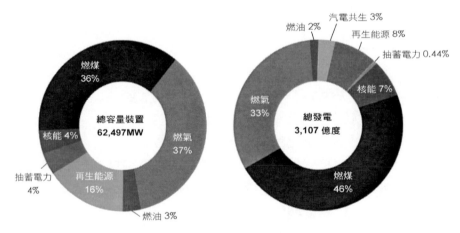

圖 16-2　2025 年發電系統結構圖

資料來源：王振裕，台電電源開發之回顧與展望（2011）
彩圖詳見 P376

以下將依「核能是否延役」及「燃氣是否最大化」分四種情境檢討 2025
年的發電成本及碳排。各情境每度電的發電成本假設與 2006-2010 年平均
成本相同（附表 6）。未來每度電的發電成本雖會因建廠成本、貸款利息、
折舊年份、燃料費用而變化，但以過去 5 年成本檢討是簡化、但較有根據
而趨於保守的假設。

情境一：基準情境

情境一，表 16-4 為以台電 10009 電源開發方案為基準的發電成本及排
碳量，唯一不同為因 2025 年核四建廠費用未折舊完畢，故核四每度電發電
費用假設為 1.6 元。

表 16-4　2025 基準情境（台電 10009 電源開發方案）發電成本

	核一～三	核四	燃煤	燃氣	其他	
發電度數	0	220	1520	1020	340	3100
發電比例	0%	7%	49%	33%	11%	
每度成本	0.63	1.60	1.42	3.20	?	
總成本 （億元）	0	352	2158	3264	X	5774+X
CO_2 排放 （百萬噸）	0	0	140	43	Y	183+Y

表 16-4 中的「其他」含由再生能源（風力、太陽能）所發 8% 的電力，
雖然其可行性令人存疑，但為與其他情境相較，暫依台電數據。但這 8%
的電力成本極為昂貴，若在數年後檢驗這種樂觀估計無法達成，則仍必須
在燃煤、燃氣兩者中作取捨。

情境二：核能延役，燃氣不變

表 16-5　2025 核能延役情境發電成本

	核一～三	核四	燃煤	燃氣	其他	
發電度數	400	220	1560	580	340	3100
發電比例	13%	7%	50%	19%	11%	
每度成本	0.63	1.60	1.42	3.20	?	
總成本 （億元）	252	352	2215	1856	X	4675+X
CO_2 排放 （百萬噸）	0	0	144	24	Y	168+Y

　　情境二假設 6 部核能機組均延役，並假設燃氣發電不予擴建僅維持 2010 年發電度數，其結果詳表 16-5。表 16-5 與表 16-4 相較發電成本降低約 1100 億，而二氧化碳排放降低 1500 萬噸值 87 億元，這都是核電延役的巨大優勢。

情境三：核能不延役，燃氣不變

表 16-6　2025 核能除役，燃氣不增情境發電成本

	核一～三	核四	燃煤	燃氣	其他	
發電度數	0	220	1960	580	340	3100
發電比例	0%	7%	63%	19%	11%	
每度成本	0.63	1.60	1.42	3.20	?	
總成本 （億元）	0	352	2783	1856	X	4991+X
CO_2 排放 （百萬噸）	0	0	180	24	Y	204+Y

情境三為假設 6 部核能機組終未延役，但為補救目前基、中載機組不足的窘境，加速建設燃煤電廠，而 2025 年燃氣發電度數與 2010 年相同，核電所損失的 400 億度電也全由燃煤電廠取代，發電成本及碳排將如表 16-6 所示。

表 16-6 與表 16-4 相較可減少 783 億發電成本，但碳排增加 2100 萬噸，若以每噸 580 元計算，約增加 122 億碳排交易成本，所以情境三與情境一相較，總效益約為每年 661 億，仍為極為巨大的成本差異。

情境四：核能不延役，燃氣最大化

表 16-7　2025 核能除役，燃氣最大化情境發電成本

	核一～三	核四	燃煤	燃氣	其他	
發電度數	0	220	1360	1180	340	3100
發電比例	0%	7%	44%	38%	11%	
每度成本	0.63	1.60	1.42	3.20	?	
總成本（億元）	0	352	1931	3776	X	6059+X
二氧化碳排放（百萬噸）	0	0	125	50	Y	175+Y

但台電 10009 電源開發方案是基於目前到 2025 年間將完成 15 部燃煤機組：林口 3 部機、大林 4 部機、深澳 2 部機、台中 2 部機、興達 2 部機及台北港 2 部機。但在目前政府減碳為優先的能源政策下，這許多燃煤機組是否能順利完工商轉還是未知之數，若無法全數商轉，部分由燃氣機組取代（燃氣最大化），則 2025 年發電成本及排碳將如表 16-7 情境四所示。

表 16-7 假設屆時我國天然氣使用量由目前的 1150 億噸增為 2000 億噸，而燃氣發電增為 1180 億度的結果，每年的發電成本與台電 10009 案（見表 16-4）相較還要增加 285 億元，二氧化碳排放減少 800 萬噸，碳排交易值 46 億元，極為有限。

　　若將情境四（降核、燃氣最大化）與情境二（核能延役，燃氣維持 2010
發電量）比較，則發電成本差距將超過 1384 億元，若加上增加碳排 700
萬噸的交易值 40 億元，將增加約 1424 億元的發電成本。

　　圖 16-3 為上述四情境相對發電成本的比較，情境二為唯一核能延役的
情境，其他三情境均假設核電廠不延役，附表 8 中最後一欄即為此三種情
境與情境二的成本比較。

相對成本
（億元）

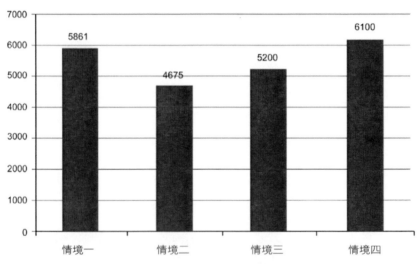

圖 16-3　2025 年四情境相對發電成本比較
（詳細數字詳附表 8）

　　若核電不延役，吾人可進一步研討情境一、三、四中何者較為可能，
情境三假設 2025 年燃氣發電度數與 2010 年相同，在目前擴大燃氣發電的
氛圍下，可能性極低。情境一假設在 2025 年前要完成 15 部大型燃煤機組，
難度也極高，依目前情勢看來情境四反而最有可能。

　　情境四與核能繼續運轉（情境二，與今日相同）的差價大於 1425 億。
若再考慮彌補目前因維持低電價造成的台電鉅額虧損（以千億計）及補貼

再生能源費用（以百億計），在短短 10 年後的 2025 年電價較今日調升 50%
實為一保守估計。

　　為彌補台電目前鉅額虧損，在考量 10 年後核電除役燃氣最大化政策
的推動，我國每年額外的能源採購費用如由每個家庭分攤將高達 2 萬元。
屆時我國國際競爭力亦將進一步削弱。如前所述，我國外貿最強勁的對手
韓國的電價較我國尤為低廉。若目前減碳少核政策不變，則在未來我國核
電全部除役，韓國新增核電又一一完工商轉，我國電價極可能較韓國電價
高出一倍。屆時我國產業與韓國競爭將處於極為危殆的情勢。

台電評估

　　以上四種情境為筆者由發電成本角度分析不同能源配比之影響。這四
種情境基本上不考慮目前政府減碳時程，額外碳排以購買碳權方式，換算
為成本相互比較。

　　若執意要國內達成 2020 年／2025 年碳排目標，我國能源配比會呈現
何種面貌？

　　台電研究人員在 2011 年底《碳經濟》雜誌 23 期曾由此一角度切入分
析。台電分析分為三種情境，簡化描述為:：基本案：核能除役，不限制碳
排；永續案：核能延役，限制碳排；以及新能源案：核能除役，限制碳排。
該文依此三種情境評估 2025 年之能源配比。

　　台電評估結果基本上有幾個重點：

一、基本案

　　本案是唯一假設不限制碳排者，但因假設核電除役，火力電廠裝置容
量將大幅增加。因燃煤發電成本低廉，依本模擬其擴建速度將遠大於燃氣
電廠，但碳排巨幅增加。

二、永續案及新能源案

　　兩案都限制碳排（核電一延役，一除役）：

　　1. 2025 年幾乎必須全面停止燃煤發電，現有燃煤電廠將全數閒置。

2. 再生能源裝置容量將成長為 3300 萬瓩（33GW），超過台電目前全部裝置容量，實務上不可能。

3. 因再生能源無法調度，必須大量重複投資火力電廠，備用容量將高達 50% 造成極度投資浪費。

4. 核能延役對減碳助益極大，燃氣電廠裝置永續案（核能延役）較新能源案（核能不延役）巨幅降低（由 34GW 降為 19GW），發電成本遽降。

台電評估用語十分含蓄但不難解讀，基本結論與筆者相同；在核能不延役的態勢下，台灣能源配比將扭曲到離譜的狀況。該文也不諱言：「對近 3 年財務收支都面臨巨額虧損的台電公司，不啻是雪上加霜。」

可惜的是台電評估只發表在極少數專業人員才閱讀的《碳經濟》雜誌，對提醒政府正視此一重大政策失誤功效恐為有限。

16.5　全面修正降核政策

核能不延役增加碳排

降核和減碳是完全衝突的兩個政策，降核（核能機組不延役），非但立即傷害本國經濟外也放棄了減碳最有效的利器。台灣發電組合平均每度電碳足跡 0.63 公斤（韓國為 0.45 公斤），若以燃煤發電取代核電的 400 億度電，發電成本增加 320 億元，每度電碳足跡將增加為 0.8 公斤。若以全燃氣發電取代，發電成本增加 1030 億元，碳足跡增加為 0.73 公斤。

核能延役需時間準備

為了達到減碳目標，放棄核電延役是與減碳政策背道而馳。核能廠要延役必須做很長的準備工作，不能拖到延役前一、兩年才終於了解台灣沒有條件降核，因而臨時改變政策將核能電廠延役。因為依國外經驗，核電廠要取得延役許可必須改善現有電廠設備。有許多工程都是安排在核能電廠大修時一併進行，所以要花上許多年的時間來進行改善工程，這是第一

個原因；另外還有運轉人員訓練問題，如核電廠不延役則無需考慮未來 20 年運轉人員的訓練，但若臨時改變主意延役，將來不及訓練運轉人員，因為訓練一個核能廠值班工程師或值班主任可不是短期可訓練成功的；第三點是核燃料的採購，核燃料與煤、氣不同，不是採礦立即可以使用。核燃料要經過濃縮（Enrichment）加工，將天然鈾礦中只有 0.7%的鈾 235 增加為 3%。核燃料是要訂製的，不像一般煤、氣可很容易在現貨市場採購。

以上三者尤其以人員訓練最為重要，假設在核電廠停止運轉 10 年後，未來政府因成本或減碳考量決定核能電廠應予延役，運轉人員很可能會有斷層之虞。核四建廠十分不順利，即為核四建廠較原先規畫延宕 15 年。許多台電早年核電建廠人員多已退休，造成人才斷層，青黃不接。運轉人員斷層的後果較施工人員斷層造成的後果恐更為嚴重。

僅以上所提三點說明即可驗證核電延役的決定要在核電預計除役前 10 年開始進行準備工作，就算政府廢核政策臨時大轉變，核電廠若無配合前置作業時間是無法立即延役。2018 年距今不過 3 年，如前所述，新建電廠極為耗時，為填補 2018 年到 2025 年 6 部核能機組除役所造成的巨大電力缺口（核能提供我國 20%的電力），台電以卯足全力加緊開發新火力機組。若目前政府不立即修訂降核政策，而在下屆政府認清時勢後才予修訂允許核能電廠延役，又將造成極為龐大的投資浪費。政府如發現降核政策有誤，應立即修正而不應由下任政府再改正。

台灣條件不容降核

福島事件後有些歐洲國家如德、義等國宣布廢核。但這些國家都與其他核電已開發國家相鄰，德、義仍可由核能大國的法國進口廉價核電，不但不缺電，甚至碳排也不增加。頗為諷刺的是，捷克甚至計畫在靠近德國邊界處加建核電廠，專門供應核電給德國。

台灣無此條件，台灣為獨立電網，無法由鄰國進口電。一但放棄廉價核電，只有由較貴的煤電或極貴的氣電取代，沒有第三條路（再生能源不成氣候）。有人認為若兩岸將來和平發展，台灣說不定可與中國大陸電網相連而由中國大陸進口電。殊不知台電發電頻率為 60 赫茲（Hz），而中國

大陸發電頻率為 50 赫茲無法相連。台灣永遠是一個獨立電網，一切自求多福。

在福島事件後，英國、韓國及中國大陸都相繼宣布繼續發展核電。2011年底美國能源部副部長來台演說時也指出，歐巴馬總統在福島事件後強調核能是美國減碳政策下極重要的一環。美國在福島事件後還核發 9 個核電廠的延役許可。2012 年 2 月，美國政府並在三浬島事件 30 年後，第一次核發一個位於喬治亞州的新核能電廠的建廠許可。美國十分有名的環保團體塞拉俱樂部（Sierra Club）在福島事件後也表明美國不可能輕易放棄占美國供電量 20%（與我國相同）的核能發電。甚至日本都還在「檢討」核電政策，並未輕言廢止。在福島事件後，日本有多次地方選舉仍由擁核的候選人贏得勝利。石油輸出大國的沙烏地阿拉伯也宣稱，將以 1000 億美元在2030 年前完成 16 個核能機組，這些都值得我國深刻反省。台灣並沒有降核的條件。但真要在台灣推動核電或糾正廢核政策可真要兼具遠見和勇氣，今日政府是否有此遠見與勇氣有待觀察。

重新檢討降核政策

我國目前的降核政策（核電廠不延役）深受福島災變影響。政府擔心台灣發生強震而引發核災。但目前可能影響核一、二的山腳斷層或影響核三的恒春斷層在海域延伸的長度都還在探勘中。政府在到底三座核電廠會發生的最大地表加速度為何都尚未了解的情況下，匆匆宣布降核政策充滿太多的政治考量。

福島發生的海底大地震在日本歷史上有跡可尋，在百年前當地海嘯就曾到達 311 地震的高度，日本核電廠在設計時，若未考慮此一海嘯高度而引起災變實為不可原諒。

以我國而言，地震頻繁區是在東岸花東外海與西岸的嘉南平原。南北本來就是發生地震頻率很低的地區，目前該二斷層都數萬年以上未活動。如將來探勘及評估證實我國目前三座核電廠不致因地震發生危險，政府應慎重重新考量核電延役問題。

第 17 章

節能減碳與燃煤電廠

17.1　能源政策的失誤

本章討論能源（電力）政策重中之重的能源配比。由討論中可知，不同能源配比造成每年發電成本之影響高達千億元，對國家經濟與人民生計將會造成無與倫比的衝擊。

因日本發生福島核災，政府於 2011 年底決定三座既有核電廠 6 部機不予延役，對我國能源配比影響至鉅。台灣沒有自產能源，99%能源依賴進口，對發電的選擇也只有核能、燃煤、燃氣三者。核能在能源供應安全、經濟成本及環保（尤其減碳）都有其巨大優越性，現有核能廠不延役的決策可謂動搖國本，這些在上章已有詳細討論。

如台灣在未來確定不增建核電，則發電只有在燃煤、燃氣二者間作選擇。燃煤與燃氣相較，在能源供應安全及經濟成本上都有極大的優勢，只在二氧化碳排放一項燃氣較占優勢，但也十分有限。但過去數年台電推動燃煤電廠開發極不順利，主因在於政府的近程減碳承諾。

政府目前有一明確的減碳政策，明訂 2020 年將碳排減為 2005 年水準，並更進一步於 2025 年將碳排減為 2000 年水準。在如此明確的政策宣示下，中央各部會及地方政府莫不把「節能減碳」列為施政重要目標，而碳排最多的燃煤電廠幾乎成了全民公敵。在降核的政策下又追求減碳，發電只剩下燃氣一途。但燃氣發電還是會排碳，並沒有解決暖化問題。

第三次全國能源會議裡有強大的聲音要全盤放棄核電、火電，並宣稱只要全力發展再生能源，就能全盤解決我國能源／暖化問題。不用說是一般人民，就是政府首長對能源的了解也十分片面。最近政府高層最

為時興的能源口號就是「千架風機、百萬屋頂」。好像若能達到這兩項目標，減碳目標就能達成。下節就較全面的來檢討各種再生能源在我國的可行性。

17.2　再生能源檢討

太陽能發電

第 5 章曾討論太陽能與風力發電。吾人可利用第 5 章的基礎來檢驗「千架風車、百萬屋頂」的可行性及對減碳的幫助。

到 2011 年，我國太陽能裝置容量約 7 萬瓩（70 MW），目前目標是在 2015 年總裝置容量增為 42 萬瓩（420 MW），而於 2020 年希望在全國 1/10 的屋頂（共 34 萬戶）各裝 3 瓩（3kW）的光電板而達到 110 萬瓩（1100 MW）。2020 年距今不過 5 年，希望在 5 年內全國 1/10 的屋頂都裝設光電板，野心不小，這將超過目前推動太陽能發電最力的德國及西班牙的屋頂裝置比率。但即使裝置了 110 萬瓩的光電板，因太陽能發電的容量因數只有 15% 左右，每年發電約 14 億度，約為目前全國用電的 0.7%。

政府的太陽能計劃目標是「百萬屋頂」，就是說全國 1/3 的屋頂都要裝設光電板，這宏圖是否能達成？可先由 2020 年是否可達成 34 萬屋頂的目標來驗證，而後者又可由每年是否可達到 3 萬屋頂（約 10 萬瓩）來驗證。吾人可拭目以待，政府到底編列多少預算來補貼成本較燃煤發電高出 5 倍、而供電減碳成效極為有限的太陽能發電。

太陽能成本是否能與傳統火力發電相抗衡（所謂與市電同價）？在每個國家的情況都不同，許多人認為在德國已接近此標準，但卻不知德國電價卻是台灣的 4 倍。

風力發電

到 2011 年止，我國在陸地上約裝置 270 台風機，總共裝置容量約 52 萬瓩（520 MW）。政府目標在 2020 年前加裝 450 台風機，使陸地上總裝置

容量達到 120 萬瓩（1200 MW）。這目標應可達成，每年發電量約 26 億度（約全年用電 1%）。

政府目前的主要目標是海上風力發電，預估在近海（5 至 20 公尺深）裝置 120 萬瓩（1200 MW）風機，在深海（20-50 米深）裝置 500 萬瓩（5000 MW）。目標在 2015 年完成第一個海上風機，2020 年在淺海完成 60 萬瓩（600 MW）風力機組，2030 年共完成 300 萬瓩（3000 MW）海上風力機組。

海上裝設風力機組與陸上不同，工程困難度極高。施工費用不下於風機費用，再加上運轉維護費用，發電成本約為陸上風力發電成本 3 倍。談 2030 年太早，吾人可觀察 5 年後的 2020 年是否在淺海達成裝設 120 架 5000 瓩（5 MW）風機的目標。目前全球並無在颱風頻繁海域裝置風機的先例。日本政府也大力推廣海上風力發電，但因漁民反對，到目前為止，只裝置一部海上風機。

吾人不是有意質疑政府的宏圖大計，可是能源電力事業是要負「確保」能源供應安全之責，能源業者要確保全國人民及工商界的能源／電力供應無缺，對於在實務上（不論工程、法規、人民接受度）尚未驗證的技術，維持謹慎務實的態度才是負責任的作法。

我國 2010 年再生能源總發電約 50 億度（主要為水力發電），約占全部發電度數 2%。政府目前宣示在 2025 年再生能源發電度數將占 8%，目前預估 2025 年總發電度數為 3100 億度，表示再生能源（新增以風力、太陽能為主）要供應約 250 億度電力，較目前增加 200 億度。即使計畫中的目標全數達成，1/10 屋頂約可提供 13 億度電，陸上風力約可提供 26 億度，淺海風機若全數完工（極為樂觀的估計）也約可提供 26 億度電，總共不過 65 億度，其他不足的 135 億度電由何而來值得觀察。

針對風力發電另有一論點應予澄清。政府一再宣示 2015 年到 2030 年裝設 600 台 5000 瓩（5 MW）海上風機可「創造」5000 億「產值」，這種宣示也令人困惑。我國風機基本上是進口，國內廠商自製率極低，5000 億「產值」中的風機購買基本上是用於「外購」，與火力、核能電廠並無不同，有何「創造產值」可言？台電目前建設新電廠每年資本支出約 2000 億元，若依同一邏輯，其每年「產值」不是海上風力發電的 6 倍？

政府以往推出節能減碳政策目標，並不是沒有跳票記錄。2008 年政府大力推廣電動機車，提出 4 年 16 萬輛的目標，結果是 4 年後 1 萬輛都達不到，因績效不彰，推動預算終遭立法院凍結，就是一個明顯的例子與教訓。

海洋能發電

台灣四面環海，許多學者也都無法忘情於海洋，提出許多利用海洋能發電的建議。利用海洋能發電的主要機制為波浪發電、潮汐發電及溫差發電等。多數海洋能發電的想法都十分悠久，世界也有小規模的各類發電廠。但如同 IPCC 報告中所指出，海洋能發電的經濟潛力都很有限，不論是用何種形式利用，最先遇到的困難就是海事工程。如何應付強風巨浪對發電設備的破壞極為不易，各國嘗試多年都無法克服。

以溫差發電為例，溫差發電的想法是利用海水表面溫度較高而深海溫度較低的現實，利用熱力學溫差轉換為機械能，再進一步轉換為電能來發電，其基本原理與火力發電利用蒸汽與冷凝水之溫差發電原理相同。

溫差發電並非新生事物，這種想法於十九世紀由法國科學家所提出。美國及日本在 1970 年代分別在夏威夷及諾魯裝置試驗溫差發電設備，但都沒有成功發展成商用發電廠。因為有幾個先天缺陷難以克服：

1.海面溫度約 26℃，深海溫度約 5℃，溫差只有 21℃。新型火力電廠蒸汽溫度約 600℃，冷凝水溫度約 40℃，溫差 560℃，發電效率與溫差（由絕對溫度計算）有正比關係。所以海水溫差發電淨實際運轉效率通常只有 1%～3%，與新型火力電廠實際運轉效率 40% 以上相較，效率太差。

2.溫差發電需將大量海水由 1000 公尺深處以抽水機抽上海平面，耗費極大能量。溫差發電扣除抽水所消耗的能量後效率更差，並無經濟效益。

3.海事工程的大敵就是颱風，台灣東海岸面臨太平洋，經常受颱風侵襲。溫差發電設備是否能以合理成本由工程技術克服颱風之破壞實大有疑問。國外不乏因海浪及海風摧毀實驗溫差發電設備的先例。

極為知名的國際能源專家瓦卡拉夫・史密爾（Vaclav Smil）將溫差發電列為「不值得浪費納稅人錢繼續發展」的科技，而目前全球沒有任何國家將溫差發電考慮為可靠而值得大力開發的再生能源。

地熱發電

前不久報載台灣地熱發電潛力約有十個核四廠的規模引發許多人高度興趣，如果這個消息屬實，那地熱就可以提供台灣全部電力。台灣當然有地熱，溫泉就是地熱的明證，但台灣地熱是否有這麼大的發電潛力就值得探討。

目前應用地熱發電最成功的是美國，總裝置容量約 300 萬瓩（3000 MW），略大於一個核四廠的裝置容量（2700 MW）。全球裝置容量約 1000 萬瓩（10,000 MW），約是核四廠容量的 4 倍，全球地熱電廠 2010 年總發電量約為 670 億度，約是核四廠每年發電度數 3 倍（220 億度）。如依台灣報載，小小台灣一地地熱潛能就超過全球總裝置容量 2 倍以上，真是令人咋舌。問題出在那裡？所謂地熱潛能和真正值得開發為地熱發電規模完全是兩回事。

地熱和陽光一樣，潛力無窮。只要開發一小部分就可供應全人類能源所需。但和陽光一樣，地熱要工程上可行、經濟上可行才值得開發，並不是有所謂「潛能」就可開發。報上也刊載經濟部官員的澄清，暗示該報導頗為「膨風」，但很不幸的，澄清新聞的篇幅極小與原大篇幅之報導不成比例。這類報導都有十分不良的效果，誤導一般大眾，以為「再生能源」可以取代核能、火力，但事實上完全不是這麼一回事，使得推動能源正途的核能、火力更為艱辛。

台灣並不是沒有嘗試過開發地熱發電，在 1981 年就曾在宜蘭清水裝設一個 3000 瓩（3 MW，約核四廠千分之一容量）的地熱電廠，但因地熱蒸汽酸性太高，在井壁形成碳酸鹽沉積，阻礙通路，因而不得不在運轉一年後關閉。

更深入的來探討會發現地熱發電並不是一種源源不絕的「再生能源」，美國位於舊金山附近的 Geysers 地熱發電廠裝置容量約 200 萬瓩（2000 MW），為全美最大地熱發電廠，每年地熱蒸汽量以 10%的水準迅速消耗，因地底產生地熱蒸汽的速度遠不及電廠的蒸汽消耗量。

　　台灣地狹人稠，能源密度極低，需要大量土地的再生能源或可於土地資源豐富的美國及中國大陸推展，但絕對不適合台灣。政府對此應有一定體認，推廣再生能源實應慎重考量，適可而止，因其助益實為有限。

17.3　工商減碳與「餘熱」利用

　　由上節討論，可了解再生能源在我國的潛力實為有限。但為達成政府的減碳目標，許多人也提出了再生能源之外的策略。其中以「節能」來減碳是許多人朗朗上口也是大家最常聽到的策略。此外，近來也有人指出我國電廠效率遠遜國外，如能學習國外電廠的「餘熱」利用，則可發揮大規模的減碳效果，甚至全球暖化問題都可迎刃而解。本節將針對這兩個議題做一較詳盡的討論。

工商／生活減碳

　　政府單位及報章雜誌十分喜愛報導「減碳成效」，常誤導大眾只要在生活上做些小改變，就有很大的減碳功效，可以「救地球」。這類報導的主要問題是不了解目前全球或台灣每年排碳量之巨大，沒有一個比較的指標，對於減量功效就易於陷於迷思。

　　台灣目前每年排碳量約 3 億噸，每人每年排碳近 13 公噸，有了這兩個指標較易客觀的來評估「減碳」功效。台灣每人每年排碳即為 13 公噸，但十分有趣的是，許多「減碳」報導都喜歡以公斤為單位，大概是乘上 1000 倍的數字較為「壯觀」吧。減碳 1 萬公斤聽起來很「偉大」，但還不及國人一人每年的排碳量 1 萬 3 千公斤。

　　2011 年底工業總會表示，2004 到 2010 的 7 年間，全國工業共執行 4039 件減碳措施。7 年來共減碳 743 萬公噸。平均每年減碳約 106 萬公噸，與我國碳排相較約減少 0.35%。這可是全國工業界花極大努力才達到的成果，但與總排碳量相比，這數字還是顯得極為渺小。減碳是開頭容易，越來越難。因為容易減碳的項目都已執行完畢，再找新點子減碳越來越不容易。

　　2011 年內政部在報上登了半版廣告，宣揚減碳政績。號稱通過綠建築標章（703 件）及候送綠建築證書（2360 件）總共可減碳 6 億 3000 萬公斤。6 億 3 千萬公斤聽起來無比嚇人，但換算為公噸則是 63 萬公噸，約為我國每年碳排 0.2%。當然吾人不能不為這種減排努力致敬，但其對全國減排功效實為有限。我國每年平均碳排約增加 3%，0.2%，不夠抵消一個月的碳排增量，而這是 3000 件綠建築標章才取得的成果。

　　同一廣告也提及 6 億 3 千萬公斤的減碳功效約等於 42,300 公頃的造林，約 1.55 個台北市面積。但要抵消我國每年碳排 3 億公噸，約需造林 20 萬平方公里，約 5 個台灣總面積，700 個台北市面積或 1 百萬個大安公園。有許多報導都喜歡以「大安公園」作為減碳指標，這類指標要與全國實際碳排比較才有意義。

　　某知名雜誌推廣「行動綠生活」，宣稱有近 400 所學校參加，其減碳 73 萬公斤（又是公斤），即 730 公噸，依每人每年排碳 13 公噸計算，減少了 56 人的年排碳量。平均 7 個學校減碳抵不上一個人的年排碳量。並不是說推動減碳不重要，但減排的功效應以正確的尺度來衡量，對減排功能才有一個巨觀的了解，不至陷於以為減排可輕易解決碳排問題的迷思。

餘熱利用

　　2011 年國內又流行了一種節能減碳「新思維」。政府突然大力推動「汽電共生」或「熱電共生」，並宣稱這就是解決碳排及暖化的最重要妙方。並指出歐洲國家之所以在減排方面大幅領先台灣，就是利用「汽電共生」這種利器所致。

　　這想法緣起於政府官員訪歐取經，參觀丹麥電廠後所領悟的獨門秘方，宣稱丹麥電廠效率高達 80%、90%，而台灣電廠效率最高只有 40%，大部分的能量都沒有使用而成為「廢熱」由溫排水排出。如果台灣電廠能和丹麥一樣效率達 80%、90%，則台灣電廠效率倍增，燃料可節省一半，碳排也少一半，這種充份利用發電「餘熱」的手法聽來還真是解決全球碳排和暖化的最佳手段。但實情如何？這分以為兩個題目來探討，一是所謂餘熱利用引起的效率增加，一為汽電共生。

　　所謂電廠發電效率只有 40%，燃料中大部分的熱能都由溫排水排出大海是一個不爭的事實。第 5 章曾對電廠發電原理、對不同能源間轉換效率及電廠效率有所解釋。發電廠利用燃料中的熱能轉換為機械能轉動汽輪機／發電機，這完全遵循及利用熱力學原理來發電。

　　其中熱能轉換為機械能的效率完全要看在整個汽水循環（Steam water cycle）中的溫差來決定。電廠一方面利用燃料的熱能儘量提高水蒸汽溫度，另一方面利用大量海水儘量在冷凝器中降低在汽輪機做功後的水蒸汽溫度。海水在冷凝器中與水蒸汽進行熱交換後會升溫而排回大海，但因通過冷凝器中的海水量遠大於蒸汽量，所以雖然蒸汽降溫極大，但海水升溫有限，由冷凝器排入大海時的海水溫度與進入冷凝器的海水溫差約為 7℃。因為由冷凝器排入大海的海水熱量極大，但溫度不夠高，如此低的溫差轉換為機械能的效率極低，所以全球沒有任何國家認為溫排水是可利用的熱能也就不難了解了。即使丹麥也沒有將溫排水中的餘熱予以利用，該丹麥電廠效率在純發電時與台灣興建中的超臨界機組相當。因此，鼓吹所謂溫排水的「餘熱」利用是有莫大的誤解。

汽電共生

　　到底為何丹麥電廠效率會高達 80%、90%？原因也十分簡單，該丹麥電廠其實是一個汽電共生廠。如第 6 章所解釋，汽電共生電廠的產品除了「電」外，還有「蒸汽」。兩種能量相加除以燃料能量效率自然較單純發電高。

　　目前政府也有聲音督促台電應將所有電廠都改為汽電共生電廠，以增加電廠效率同時又可減碳，乍看之下也不無道理。但我們可以試問一個問題，汽電共生廠的效率顯然高於純發電廠，為何全世界電廠不全改為汽電共生廠？理由十分簡單，電是人人可使用，但需要用「汽」的客戶頗為有限。如果沒有用「汽」客戶，汽電共生的「汽」無處可去就失去了汽電共生的意義。

　　丹麥電廠中近半為汽電共生廠，為何對蒸汽的需求如此之大？原因在於丹麥位於北歐，冬日漫長，天氣酷寒，家家戶戶都需要暖氣以度寒冬，

對「蒸汽」的需求極大。有這麼大的市場，興建汽電共生廠就有利基。反觀台灣，位處亞熱帶，並沒有暖氣的需求，輸汽給民宅供暖的可能性為零。

而在製程中需要大量蒸汽的各類工業，如果工廠規模夠大，都十分聰明，肥水不落外人田的自己蓋汽電共生廠。規劃較小的工廠就設於各工業區，而由各工業區設立汽電共生廠供電供汽，台電插手空間有限。

丹麥小國寡民，全國電力裝置容量及發電量只有台灣 1/5，其中汽電共生廠約占一半，全丹麥汽電共生廠總裝置容量約 500 萬瓩（5000 MW）。台灣目前汽電共生廠裝置容量約 800 萬瓩（8000 MW），全為工業供汽。國人對增進能源使用效率的知識與實踐並不落後他人。

台灣民間既然不需要暖氣，但冷氣需求量奇大，有人又建議可利用汽電共生的蒸汽經冰水機（Chiller）製造冰水，輸往民間使用取代現有冷氣機。但試想目前家家戶戶多已購買冷氣機使用，不成大家都要拋棄現有冷氣機另購設備來利用中央「供冰水」系統？另外由電廠輸送冰水到民間可不是小工程，不必說家家戶戶，就算冰水經由地下管線只集中送往較大用戶，多少馬路要開腸破肚也令人頭皮發麻。以汽電共生的蒸汽製冰水又是一道效率的損失，即使不計挖馬路埋管線等龐大工程費用，在絕大情況下經濟上也並不可行。政府目前正研討規定未來台電增設電廠在環評會議中都要檢討「汽電共生」的可能性。理解前述汽電共生的真相後，不難驚覺這又是一個在錯誤認知下的錯誤政策。

有許多能源政策在國外可行在台灣並不可行，主要原因就是電價問題。台灣電價十分低廉，丹麥電價最貴，為台灣 5 倍，歐洲國家電費多為台灣 4 倍。在電價差距如此之大的現實環境下，許多國外能源政策無法一成不變直接硬搬到台灣來實施。

汽電共生當然有其優點，否則我國民間業者也不會裝置 800 萬瓩（8000MW）的容量，占了我國全國電力裝置容量的 17%。但如果一再強調汽電共生或溫排水「餘熱」利用就是解決全球碳排及暖化的妙方，就頗有可議之處了。

17.4　減碳政策檢討

減碳方案之檢驗

本章到目前為止花了相當長的篇幅來討論許多能源「誤解」。太多人對再生能源（太陽能、風能、海洋能、地熱）抱了太多不切實際的期望，以為再生能源是一種可立即解決能源／碳排問題的解答。再生能源不是不重要，但仍需要長期研發，對台灣當前面對的能源／減碳問題幫助不大。誇大節約能源增加能源使用效率（含汽電共生）的功效也是另一個大眾易受誤導的議題。

目前各種減碳方案不勝枚舉，但研討任何方案是否可行甚至是否有意義，最重要的是要通過三項檢驗。第一、該方案減碳數量為何？對減碳幫助多大？第二、該方案在經濟上是否可行？第三、該方案要多久才可付諸實行。因各國條件不同，這三項檢驗的答案在每個國家也未必相同。

在面對五花八門的減碳方案時，以上述三個條件來檢驗，至少可以讓吾人保持一個較清醒的頭腦，不致被林林總總的減碳方案沖昏了頭，迷失了方向。

減碳目標不可行

由以上討論可知能源／暖化問題實在沒有簡單的解答，但十分不幸的是政府顯然在「誤會」可輕易解決這兩大問題的認知下，輕率提出短程減碳目標，對我國經濟、能源發展造成極大的衝擊。但就算政府對減碳時程信誓旦旦，但事實上能否達成？個人於 2010 年 8 月於中國工程師學會機關刊物《工程》雙月刊為文討論，說明排碳目標是否達成，不難檢驗。

如第 15 章所述，電廠由規劃到完工商轉時程極長（以 10 年為單位），台電每年都需要規劃電源開發方案以因應未來的電力成長需求。吾人可以由台電電源開發方案推估未來的二氧化碳排放量。該文曾依台電電源開發方案中的能源配比依兩種情境推估 2020 年／2025 年的電力部門排碳量並

與 2005 年／2000 年比較。第一種情境是「燃氣極大化」，第二種情境是「燃煤極大化」。不論何種情境 2020 年／2025 年年排碳都無法降回 2005 年／2000 年排碳量（詳圖 17-1 及圖 17-2）。

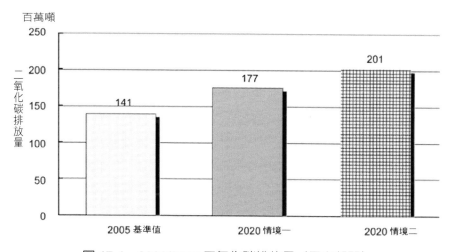

圖 17-1　2020/2005 二氧化碳排放量（電力部門）

資料來源：陳立誠，減碳目標滯礙難行，工程雜誌，2010/8

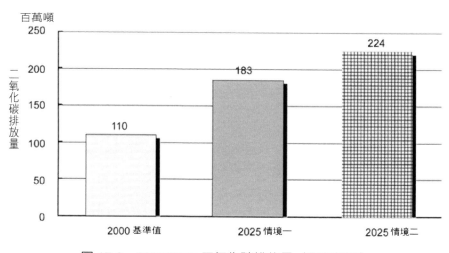

圖 17-2　2025/2020 二氧化碳排放量（電力部門）

資料來源：陳立誠，減碳目標滯礙難行，工程雜誌，2010/8

依情境一，2020 年／2025 年排碳將為 2005 年／2000 年 1.25 倍及 1.66 倍。依情境二，將增為 1.42 倍及 2 倍。因電力碳排超過全國碳排（含運輸、工業等）一半以上，所以如果發電不可能減排，則全國 2020 年／2025 年碳排回到 2005 年／2000 年無異緣木求魚。

要達成政府減碳目標的唯一可能手段即為向國外購買碳權，這是能源界的共識。上述能源局之「能源發展綱領」草案中也明白指出，為彌補此一「減量缺口」，2020 年需向國外購買 7300 萬噸碳權，以每公噸 580 元計算，需要支出 420 億元。目前國家財政窘困，吾人不能想像政府會在沒有國際條約約束的情況下，年年耗費數百億元向國外購買碳權。此一購買碳權的數字並將年年增加。但要特別提醒的是不論「能源發展綱領」或個人估計的上述二情境是基於三座核能廠都將延役的條件下所計算，如三座核電廠都不延役，則到 2020 年核一廠兩部機將除役，到 2025 年三座核能廠 6 部機都將除役，屆時不論以燃氣或燃煤取代二氧化碳排放都只會遠較圖 17-1 及 17-2 為高。

減碳政策衝擊

雖然真正專業能源人士知道這一政策無論依何種能源配比都不可行，不過許多政府官員既昧於真相，又缺乏知識。在中央高層大聲疾呼減碳目標的口號下，以政治正確為導向的各級政府官員及民代對「愛地球」、「節能減碳」等民粹口號倒是朗朗上口，對台電推動燃煤電廠計畫造成極大的困擾。

如第 15 章所述，依台電原規劃在下一個燃氣機組（通霄）完工前應有彰工、林口、深澳、興達等燃煤機組完工商轉，但在減碳令下燃煤計畫推展極不順利，通霄燃氣機組反將是最早完工商轉的機組。

彰工電廠自 2004 年開始由環保署進行環境影響評估，審查歷時 8 年仍未通過。林口電廠也在地方首長杯葛下直到五都選舉改選地方首長後才勉強推動。深澳電廠因中央民意代表帶頭反對興建輸煤碼頭而停滯至今。興達計畫由大林計畫取代，但大林原規劃 4 部機在環評會議中刪減為 2 部機，並附帶許多滯礙難行的條件。

　　特別要指出的是設置路障的中央部會、地方首長及民意代表都屬執政黨團隊。上述燃煤計畫都是台電提出經濟部審查、行政院通過。何以執政的中央政府無法協調同為執政黨的中央、地方首長及各級民代，配合行政院通過的國家重大能源計畫的推動？

　　最主要原因就是中央政府不時宣示的減碳時程及相關政策，導致不論中央或地方各級單位施政都模糊了焦點，有拚減碳比拚經濟更重要的錯誤認知。上行下效，始作俑者的中央難以要求各單位配合推動燃煤計畫。甚至中央政府也忽略能源政策的三種重要考量（安全、經濟、環保）應並重，而單以環保一項作為能源政策唯一指標。

減碳政策前後矛盾

　　第四篇對氣候／暖化相關議題曾作深入探討，明確指出高爾等極端暖化威脅論者的危言聳聽均非事實，但我國的短程減碳政策基本上是基於這一類的論述。第四篇也明白指出，長期而言氣候變遷的威脅也不容忽視，是人類全體要嚴肅面對的問題。然而我國的降核政策（核電廠不延役）又是完全忽視暖化威脅的決策，政府政策何以矛盾至此？有此前後 180 度的大轉變。政府對暖化威脅的立場究竟為何？

17.5　能源政策與減碳方案

燃煤與燃氣之取捨

　　在減碳降核的最高指導原則下，我國目前能源政策正奔向「燃氣最大化」的方向。與燃煤相較，燃氣每度電少排放一半的二氧化碳。有些國家也有人倡議以氣代煤，但氣價與煤價、油價不同，在全球價差極大。煤、油可全球運輸，有一個全球市場，所以煤價、油價全球差異不大。但天然氣不同，全球天然氣目前大多數是由生產國以管線輸送到使用國，如俄國輸往東／西歐，加拿大輸往美國，基本上是一個地區市場，而不是全球市場。我國與日、韓進口的液化天然氣是全球最貴的天然氣，與美國頁岩氣

相較價格貴上五倍，所以在國外以氣代煤或許還說得通，但在我國就可說是毫無道理了。

吾人可試算「以氣代煤」減碳成本為何，再與碳權買賣成本相較。如前所述，目前台電所規劃的超臨界燃煤電廠發每度電會釋出 0.84 公斤的二氧化碳，燃氣電廠發每度電會釋出 0.42 公斤的二氧化碳。依附表 6，燃煤、燃氣每度差價為 1.78 元，換句話說，多花 1.78 元只減少了 0.42 公斤的二氧化碳，減少 1 噸二氧化碳的成本為 4,200 元，約 140 美元。過去數年全球二氧化碳的交易價格每噸約 3 美元到 30 美元（美國及歐洲市場價差極大），所以若試圖以燃氣代燃煤來降低二氧化碳，代價極為高昂，是市場碳交易價格的 4 倍到 40 倍之多。

由以上分析可知「以氣代煤」作為減碳手段是一種極為昂貴的錯誤思維。

表 16-6 及表 16-7 為我國 2025 年在核能不延役的兩種情境，表 16-6 為燃煤最大化而表 16-7 為燃氣最大化，燃煤最大化之每年發電成本較燃氣少 1070 億，但多排 2900 萬噸二氧化碳，若以購買碳權來減少 2900 萬噸的碳排，以每噸碳權每噸 580 元計，則需支付 170 億元，發電成本與所支付碳權相減每年仍省近 900 億元。

以上的比較實在太重要了，以另一個方式來陳述，意即多花 1070 億「以氣代煤」的減碳數量，與以 170 億購買碳權的減碳效果完全相同。這並不令人訝異，因為減碳成本各國各行業都不同。我國花千億元「以氣代煤」的減碳數量在他國可能可以改變某種排 CFC（溫室效應較二氧化碳高萬倍）製程的工廠或減少毀林而以 1/10 的成本達成，對全球而言，效果完全等值。

在此可舉一實例來說明：厄瓜多是一個南美國家，在其境內亞馬遜河流域的雅遜尼（Yasuni）國家公園近年發現有 9 億桶的石油蘊藏量。厄國總統向國際呼籲，如果有任何國家願意在 13 年間分期向厄國提供 36 億美元（約 1100 億台幣）的援助。則該國即不開採此一位於國家公園的油田。這 9 億噸的石油如果開採利用將釋出 8 億噸的二氧化碳，換句話說，如果我國在 13 年間每年支出 85 億台幣每年可達減碳 61 百萬噸的二氧化碳，約為我國每年總碳排 1/4，而平均每噸二氧化碳價格為台幣 140 元。試問我國為何要為了減碳而以每噸減碳成本為 4200 元的燃氣發電來取代燃煤發

電？何不在國際市場上尋求如同厄瓜多之類的碳交易機會？當然厄國方案能否通過聯合國檢驗也在未定之天，但此類碳交易機會絕對是我國應積極尋求的標的。

「以氣代煤」完全是一種損己不利人的政策，但非常不幸的，我國能源政策正朝這錯誤的方向「勇往直前」。

2007 年美國頗負盛名的麥肯錫（McKinsey）顧問公司為研究美國長程應如何減碳，出版一本研究報告。報告中提出了超過 250 種每噸減碳成本低於 50 美元的減碳方案，其中包括再生能源，核能發電與在火力電廠增設 CCS。但增加天然氣發電不在其中。報告中明白指出，以燃氣發電作為減碳手段成本太高，故不予考慮。希望麥肯錫報告的結論對我國減碳方向也有所啟發。

民營電廠與運轉彈性

儘量減少燃氣發電有兩個重點，一是減緩天然氣發電廠的興建，一是嚴格控管簽訂購氣合約。因為即使興建燃氣電廠，如其他基、中載電廠發電能力有餘裕，台電可以儘量減少燃氣電廠發電以降低發電成本。但如果中油簽署了大量購氣合約，而購氣合約又都有 Take or Pay 條款（不論買方是否提用天然氣都一律按合約規定付款），則台電將被迫降低其他基載、中載電廠運轉，反而使用燃氣電廠發電，因為天然氣價款已支付，不用白不用。

如第 15 章所述，在 1990 年代末期，台電電源開發遭遇極大困難，發電系統備用容量又極為缺乏，只好開放民營電廠（Independent Power Producer, IPP），以民間力量解決土地、環保、地方勢力等問題。以民營業者而言，燃氣電廠雖然燃料費用最貴，但與台電簽署購電合約時，燃料漲價風險均由買方（台電）承擔。而與燃煤電廠相較，燃氣電廠沒有煤運投資（煤港及煤場設備）又不需要投資大量空污防制設備，建廠費用及時程都遠低於燃煤電廠，所以除非有特殊原因，多半民營電廠都是投資興建燃氣電廠。目前民營電廠裝置容量已高達台電裝置容量的 1/4。

表 17-1　台灣民營電廠一覽表

電廠	燃料	內資	外資
麥寮	煤	台塑	-
和平	煤	台泥	中華電力（港）
海湖	氣	長生	丸紅（日）
嘉惠	氣	遠東	J-Power（日）
新桃	氣	長榮	丸紅（日）
國光	氣	中油	美亞（美）
豐德	氣	台汽電	東京電力（日）
星彰	氣	台汽電	東京電力（日）
星元	氣	台汽電	東京電力（日）

表 17-1 為我國現有民營電業一覽表。，可以發現民營業者多為國內知名財團配合國外電力業者共同投資。許多國人恐不知攸關國家安全的能源產業在我國已遭國外業者攻城略地，並支付鉅額電費向其購電。溯其原因也在於許多國內團體不理性的抗爭使台電無法順利自行開發電源所致。

據報導 2012 年 1 月中油與澳洲簽署為期 15 年的燃氣採購契約。每年供氣 175 萬噸，每年採購金額 420 億元，15 年總採購金額約 6,300 億元。如此巨額能源採購，只在報端簡短批露，幾乎無人知曉，無人關心。175 萬噸天然氣約可發電 120 億度，以每年採購金額計算，每度電燃料價格即高達 3.5 元。這些天然氣所發的電不論是取代核能發電或燃煤發電，都是極為龐大的額外成本，我國若修正燃氣最大化之能源政策，或可考慮將採購天然氣之合約移轉他國。

謹慎制定減碳政策在第 10 章減碳經濟分析中曾舉證經濟學家對「魯莽」減碳政策的警告。減碳政策與手段應隨科技進度與時俱進，先鬆後緊，才是符合經濟定律的最佳政策。

第 13 章討論全球減碳前景及策略中明白指出開發中國家對能源及脫貧的渴望，不論 IPCC 或國際能源總署都不諱言，化石燃料使用將於 30 年間倍增。13 章也探討除了能源外其他的減碳或抗暖化的手段。

　　台灣應了解本身在世界所處的地位及份量。台灣的能源使用及碳排約占全球的 1%。即使台灣由地圖上消失，第二年全球碳排還是照樣增加，因為每年全球碳排量的增加大於若台灣消失所減少的 1%。

　　全球各國對氣候暖化及減碳責任並非不了解，聯合國於 1998 年成立 IPCC 組織專注氣候問題，但 20 年來絕少國家真能犧牲本身經濟來減少碳排。台灣主政者應體認國際現實，保持清醒的頭腦以制定能源與減碳相關政策。

　　燃氣電廠除二氧化碳排放略少外，就能源安全及經濟成本兩大考量都遠遜燃煤電廠，而價格極端昂貴。只適合作為中、尖載機組的燃氣電廠已占我國能源配比太大比例，不應進一步發展。燃煤電廠唯一略遜燃氣電廠只有碳排一項，但如前所述，以燃氣取代燃煤作為減碳手段是一種最昂貴的減碳手法，為了減碳應另尋其他方法。

CCS/CCR

　　以台灣而言，新建核能電廠還是各種減碳方案中立竿見影的第一選擇，但在福島核災後，在可預見的將來，幾乎是個不可能的選項。其次則有兩種方案可以考慮：一個是 CCS（碳捕捉與封存），另一個是清潔發展機制（即碳權交易），以下將分別討論。

　　簡單而言，CCS 是將燃煤或燃氣電廠在發電時排放的二氧化碳以化學或物理方法予以回收再貯存於地底。如果 CCS 能克服技術上的問題（包含捕捉與封存兩部分）並在經濟上可行，則幾乎解決大半暖化問題。人類碳排最大來源是火力發電，若火力發電碳排問題能解決，全球可繼續使用地球上儲量豐富的化石燃料來發電造福人類。並可爭取時間來解決交通／運輸的石油排碳問題。電動車或油電混用車就是一個明顯的選擇。

　　對 CCS 吾人應關心成本及時程兩大問題。目前 CCS 在全球無法大規模推廣的最大原因在於成本過於昂貴，全球都在研發新製程希望能降低 CCS 成本。但像 CCS 這種投資金額極為龐大的技術，由研發成功，興建小規模設備（Pilot Plant）驗證成功到裝設於大型電廠驗證其運作可靠性及經濟性都至少要 10 年以上時間。我國待國外驗證成功，再規劃引進成功運

轉恐更要花上 20 年光陰。但 CCS 若真在經濟上可行，將對全球減碳貢獻極大，實不下於核能電廠，所以全球國家雖然知道這是漫漫長路，但都投入極大資源研發，不輕言放棄。

目前全球思維是在建新火力電廠時預留未來安裝 CCS 設備的空間，以待 CCS 證實可行時再行動工興建。這種思維謂之 CCR（Carbon Capture Ready），意思是為 CCS 預作準備。燃煤電廠需要配備 CCS 設備以減碳，但燃氣電廠也會排碳，當然也需要配備 CCS 設備。即以今日十分昂貴的 CCS 成本計算，燃煤電廠加裝 CCS 設備後每度電的成本仍低於燃氣電廠加裝 CCS 每度電的發電成本。未來研發出成本低廉的 CCS 製程則燃煤較燃氣的成本優勢將更加明顯。

如果 CCS 可以解決火力電廠碳排問題，而燃煤發電成本又低於燃氣發電成本（兩種均加裝 CCS 設備），則燃氣電廠將失去任何優勢。

由以上討論可知我國今日的最佳策略是新建 CCR 的燃煤電廠。雖然加裝 CCS 成功運作可能是 20 年後的事，但燃煤電廠壽命 40-50 年（美國平均 55 年），所以加裝 CCS 在成本上應仍為可行，可列為我國長程減碳策略。

清潔發展機制

第 9 章曾簡單介紹清潔發展機制。但我國是否需要以清潔發展機制的手段購買碳權減碳完全視未來是否有國際條約規範各國碳排而定。如果在京都議定書失效後，國際間無法達成後續條約，約束各國碳排數量，就沒有所謂碳排超標而需「購買碳權」之事，屆時對抗暖化就完全要依賴能源科技進步來減排，比方何時「再生能源」發電成本降為與火力發電有競爭性，是否有其他技術上的重大突破，比如「電力儲存」有重大突破，撒哈拉沙漠的太陽能電力便可如石油般的儲存後輸出。

前節 CCS 如有重大進展，火力發電將可繼續大力發展。是否有今日尚未萌芽的能源科技在數十年內發展出來也未可知。核融合發電是否終將成功？或如第 13 章所述，人類終將使用「氣候工程」手段來阻止地球繼續暖化？

以台灣而言，應停止發展燃氣發電，將原本燃氣發電額度由燃煤發電取代。省下的發電成本如以清潔發展機制的方式減碳，其減碳數量將數倍於推動燃氣最大化所減少的碳排。除發展核電外，這才是最正確的減排政策。

貿易制裁檢討

目前我並未受任何國際減碳條約約束，政府的近程減碳時程也完全是「自我設限」。政府提出此一政策的另一理由為，許多人鼓吹如我國不進行減排則將來會受到貿易制裁，這種論點也提了多年，但實際上國際間是否真的會執行所謂碳排放的貿易懲罰則非常有爭議。因成本考量，許多製造業都由已開發國家移往開發中國家，在這些國家生產的產品再輸回已開發國家消費，已開發國家反而道貌岸然的指責開發中國家「過度」排碳，不免有偽善之嫌。有許多報導指出，已開發國家如納入進口商品「碳足跡」將增加 1/3 以上。

中印各國並一再警告美國，如美國參議院通過法案中包含碳排之「貿易懲罰」，並遽以實行，必將引起全面貿易大戰。

2009 美國曾以「傾銷」為由，加重中國進口輪胎關稅，立即引起中國對美國進口農產品加稅之報復。若以排碳為由以「貿易懲罰」引起全面貿易大戰非無可能。因憂慮尚在未定之天的貿易懲罰而實施自我懲罰政策，實為不智。即使將來有此一措施，牽涉也是全球各國，並非針對一國，我國何不靜觀其變？

但若未來十年內國際間終究達成協議規範各國碳排，則碳權買賣就將為我國一個價格較低廉而極重要的政策考量方向。

加速進行燃煤計畫

我國要避免因「燃氣最大化」政策所導致的天價發電成本已為時無多。原規劃商轉完工日期在彰工、林口、深澳等 9 部燃煤機組之後的 4 部通霄燃氣機組，已因上述燃煤機組之延遲而將率先商轉，這已為實現「燃氣最大化」政策跨了一大步。

　　上述之燃煤電廠，只有林口電廠在拖延數年後終於推動進行，但彰工、深澳兩電廠何時能啟動還遙遙無期，若此二電廠及台中 11、12 號機無法於今年、明年立刻啟動，則這些燃煤機組的商轉日期（或永不商轉）將被大潭 7-10 號機燃氣機組所超越，屆時「燃氣最大化」的政策將更難以回頭。

　　個人於 2008 年台電月刊 549 期〈燃煤之急〉一文中曾警告：「若這些燃煤發電計畫持續延宕，為應付電力成長，極可能會由極為昂貴但建廠較快的燃氣機組逐年取代，對全國經濟民生將造成極大的影響。」目前看來已不幸言中。

　　彰工、深澳、台中等燃煤計畫是否能立即推動，只在政府一念之間，只要中央政府決心立即推動，我國或可避免在未來受高電價海嘯的侵襲。如一、二年內這三個計畫無法同時推動，錯誤政策帶來的嚴峻後果恐怕無法避免。

第 18 章

能源、環保與政經

18.1　地緣政治

由 16、17 兩章檢討可知我國能源政策確有許多嚴重失誤。能源之於國家社會有如糧食之於個人，都是攸關存亡的頭等大事。世界各國在制定能源政策時，無不兢兢業業以確保能源供應安全及增進國家競爭力為首要考量。

伊拉克戰爭

全球外交，大國博奕都有極多能源政策的考量。以美國為例，如果說布希總統完全是為了石油而發動第二次伊拉克戰爭，恐怕也有些言過其實，但如果說石油不是布希總統發動戰爭的重要考量，也未免昧於現實。

美拒併購

2005 年大陸之中國石油公司欲併購美國一石油公司（Unocal），在美國掀起喧然大波。最後由國會出面阻止此一併購案，其唯一理由是認為此一併購將使中國掌握巨大探油權而影響美國能源安全。更早兩年，當一中資公司幾乎掌握巴拿馬運河經營權時，美國國內也是一片反對，認為不能讓中國經營影響美國經濟與能源命脈的巴拿馬運河。

達弗慘劇

以中國而言，能源安全更是其國家政策當務之急。中國經濟這 30 年來發展極其迅速，所造成的後果就是使中國成為一個能源極其飢渴的國家。中國國家主席及總理風塵僕僕於全球各地的主要目的之一，就是確保其能源供應無缺，而能支持中國快速的經濟發展。2008 年全球許多人士發起杯葛北京奧運，原因是譴責中國對蘇丹政府在達弗地區的種族屠殺政策保持緘默。中國保持緘默最主要原因是蘇丹提供中國 10%的原油進口，大陸的中國石油公司占蘇丹尼黑河石油公司 40%的股份，為確保其能源供應，中國對蘇丹政府所為也只好睜一眼閉一眼。

緬甸示威

2009 年緬甸發生示威，中國又成眾矢之的，因為中國正是緬甸軍政府的堅強盟友。緬甸到底為何對中國如此重要？原因之一也是能源安全考量。中國絕大部分石油是由中東及非洲進口，每艘油輪都要通過麻六甲海峽，而麻六甲海峽可說是由美國控制。如果有一日中美攤牌，美國只要封鎖麻六甲海峽就可致中國於死地。中國近年來汲汲於開闢第二油路，若中東非洲來的油輪經過印度後不繞麻六甲海峽而取道緬甸，由緬甸鋪設油管直入中國雲南境內，美國掌握麻六甲海峽對中國能源安全造成的巨大威脅可說是解除大半。

南海爭論

近年南海爭議升溫，越南、菲律賓與中國針鋒相對態勢明顯。兩國也頗知合縱連橫之道，越南拉攏印度宣稱將共同開發南海油田。菲律賓也與日本發表聯合聲明強調兩國在南海的共同利益。越菲兩國濱臨南海對南海主權爭議有其立場並不令人意外，印、日兩國疆界與南海無涉，為越菲後盾的主要原因也是覬覦南海油田的開發潛力。日本插手南海也頗有牽制中

國與其在東海釣魚台海域領海爭端的作用。日本政府於 2008 年也曾悍然禁止英國投資基金增加日本電源開發會社（J-Power）的持股，其理由就是：「外資的增加持股可能影響日本電力供應的穩定及核能政策。」

烏拉山天然氣

俄國天然氣產量世界第一，西歐國家用氣有相當大部分是俄國經由烏克蘭的氣管所供應。2005 年冬烏克蘭與俄國起了爭執，造成烏克蘭中斷經由其國土的歐洲供氣，造成全歐震動。

西伯利亞天然氣

俄國在西伯利亞的天然氣，究竟要走路程短的安大線全數供應中國，還是走路程長的安納線，除中國外亦供應日韓等國，其中蘊藏不知多少地緣政策的算計。各國為爭取能源供應安全也是機關算盡。

以上僅信手舉例說明世界各國對攸關國家生存的能源政策之重視，政策之重點是確保能源供應安全及國家競爭力。

霍姆斯海峽

在此可試舉一例說明我國無法自外於地緣政治。伊朗因發展核武而在 2012 年初將遭國際制裁時，竟揚言將封閉霍姆斯海峽。我國液化天然氣有極大比例由卡達進口，必須經由該海峽。消息傳出後，中油、台電無不繃緊神經密切注意該事件的發展。因我國天然氣只有十天儲量，但燃氣電廠占我國電廠裝置容量超過 1/3。若伊朗果真封鎖霍姆斯海峽，我國將立即面臨限電危機。但一般社會大眾對此一危機渾然不覺，以為封鎖海峽是遠在天邊的事，對我國毫無影響。

18.2　環保運動

我國目前「減碳降核」與「燃氣最大化」的能源政策正與世界各國所最重視的能源供應安全及國家競爭力考量背道而馳。我國決策過程顯然出了大問題，但到底何以淪落到此一地步？

能源政策最主要的考量有三項，去其兩項只剩下「環保」考量。「減碳降核燃氣最大化」正好符合所謂的「環保」考量。不錯，我國目前能源政策的制定已偏離能源專業，而幾乎隨環保界主張而起舞。

過去 20 年環保運動在我國已發展成為無人敢攖其鋒的巨獸。更可怕的是其影響力無遠弗屆，不只一般百姓，就是輿論界、學術界、政府官員、各級民代幾乎都無一倖免。一遇「環保」挑戰，馬上失去冷靜思考的能力而以「環保」為唯一考量。

大家可能都注意到環保團體在全球事務的巨大發言權及影響力，在近年來其勢力已膨帳到難以想像的程度，許多人都有種「錯覺」，以為環保團體是「愛地球」，所以有道德上的高度和優勢，有誰敢對抗「愛地球」的團體？有誰願意被扣上「反環保」的大帽子呢？

但事實上環保的主張都是「愛地球」對全球人類有益？恐怕未必，許多國家的「環保政策」也隱藏具大的國家利益，以下將予以簡單敘述。

環保運動自然有其貢獻，但某些過猶不及走火入魔的環保運動對人類社會恐怕弊大於利。細心一點的人可能會注意到環保運動或環保團體都是發生在已開發國家。不錯，從某個角度觀察環保是一種「奢侈品」，只有在先進國家才提供環保運動茁壯發展的土壤，開發中國家第一要務是求生存，求溫飽，實在無暇顧及環保，其實有不少環保政策在很大的程度上使開發中國家人民身受其害。

DDT 爭議

　　環保運動可以美國生物學家卡森女士（Rachel Carson）在 1962 年發表《寂靜的春天》一書定為起始點，該書出版後一時洛陽紙貴，在美國社會掀起巨大風潮，進而形成了日後的環保運動。

　　《寂靜的春天》一書最重要的論述就是 DDT 的使用會導致蛋殼變薄，因而危害到鳥類的生存而影響到生物鏈。在國際接受了該書的論點後，最重大的政策改變就是由鼓勵 DDT 的使用到全面禁用 DDT。

　　許多國人可能已經淡忘 DDT 的主要功能，DDT 的主要作用就是消滅瘧蚊，防止並控制瘧疾擴散，DDT 是到目前為止人類發明最有效的對抗瘧疾的武器。

　　台灣可說是非常幸運，在日據時期，瘧疾肆瘧，在 1938 年統計全島的 580 萬人中，有 188 萬人感染瘧疾。但在二次大戰後台灣接受外援，跟隨著先進國家的腳步，以噴灑 DDT 作為對抗瘧疾的主要手段，而在 1965 年成為國際上第一批 「消滅瘧疾」的國家。

　　幸虧台灣沒有在國際間禁止使用 DDT 禁令之前即以 DDT 全面消滅瘧疾，否則今日可能還處於瘧疾肆瘧的情況。

　　依國際衛生組織（World Health Organization, WHO 的統計，目前全球每年有 3 億人染上瘧疾並有 200 萬人死亡。在 1972 年（美國禁止 DDT 年份）後，全球有五千萬人死於瘧疾。

　　非洲國家因瘧疾造成的損失尤為慘痛，據估計全非洲的 GDP 因為瘧疾之故降低了 1/4，如烏干達每年 4% 的醫藥經費是用來治療及對抗瘧疾。

　　這些國家為何不能使用 DDT？因為歐盟警告他們如果發現任何國家進口的農產品中有任何微量 DDT 就將禁運該國農產品。

　　在 1979 年 WHO 曾經一度發表報告認為：「並未發現 DDT 對環境的影響」，因而贊成 DDT 在住家內部使用，但不出所料，遭到如綠色和平組織（Green Peace），國際野生動物基金會（World Wildlife Fund）等環保團體的激烈反對。

　　但有少數非洲國家實在忍無可忍，寧可冒遭禁運的風險，也開始小規模的進行室內 DDT 噴灑，因為這些國家認為拯救國民的生命超過任何經濟損失的考量，我們不禁要為這些國家的領袖致敬喝采。

　　有些美國有識之士也感嘆的說：「禁止 DDT 使用是美國在二十世紀歷史上最可恥的一頁。」誰能預見環保運動始祖卡森女士的一本書竟造成了數千萬人命的喪失。

　　我們並不能否定卡森的發現，但問題還是「取捨之間」，在卡森發表她的發現之前，世界有許多國家大規模噴灑 DDT，當年噴灑範圍極廣，99%在農田及室外，只有 1%在室內，台灣曾經過這一階段。但回顧檢驗這些當年國家大量使用DDT而消滅了瘧疾的國家，是否因使用DDT造成了「生態浩劫」？至少在台灣並未發生。DDT 是一種環保偏執狂造成世界悲劇的一個明顯的例子

基因食物爭議

　　我們可以再舉一個環保政策造成的巨大悲劇，這悲劇的後面卻隱藏著巨大國家利益。

　　在 2002 年非洲發生了大旱災，1400 萬非洲人面臨了餓死的威脅，美國運送大量食物救援，但竟然被不少非洲國家所拒絕。

　　到底發生了什麼事？為何有些非洲國家領袖會寧可自己子民餓死也不接受美援？

　　美國與歐盟在農業政策上有一個很大的差異。美國是一個允許對農產品進行「基因改造」的國家，歐盟，尤其是以法國為代表，農民對政治仍有巨大影響力的國家，表面上以環保團體「小心為上」的教條堅決反對基因改造，實際上是害怕基因改造造成全球農產大豐收，而打擊歐盟（尤其是法國）的農業。

　　以美國而言，34%的玉米和 78%的黃豆都是經過基因改造的產物。基因改造的主要目的就是使農產品較不易遭受蟲害，減少使用殺蟲劑，並增加農田的單位產量，美國人數十年來全國都食用這類基因改造的農產品，或以這種農產品為飼料的家畜，從來沒發生過什麼問題。

但歐盟又祭出了「禁運農產品」的殺手鐧，威脅非洲國家不得接受美國基因改造糧食的救助。

尚比亞是個非洲小國，當時有 250 萬人在饑餓線上掙扎，但該國總統屈服於歐盟壓力拒絕美國的援助，也說了一句名言：「我們寧可餓死，也不吃有毒的食物。」我們不免疑問，為什麼美國人沒有人被毒死？

歐盟到底是誰在反對基因農產品？追根究底就是環保團體，環保團體不但反對對農產品進行基因改造，也大力鼓吹「有機農產品」。

但請勿忘記綠色革命就是改變純粹有機方式的農業而改為現代化的農業，今日全球 70 億人，如全球農業仍以「有機」方式栽種，全球農產品只能養活一半人類，環保團體似乎也忘了這一事實。

法國為了國家政治現實及利益，影響歐盟政策也非單一事例。

德國汽車工業

德國是環保模範生，但我們可以檢驗一下當環保和國家利益衝突時德國立場為何？

許多人都知道德國是世界上唯一在某些高速公路路段沒有速度限制的國家，車輛行駛越快越耗油，也會產生更多的二氧化碳是人人皆知的事實，德國身為鼓吹對抗地球暖化最賣力的國家，為什麼違反全球潮流設有不限速的高速公路？理由也很簡單，德國有歐盟最大的汽車工業，德國汽車尤以利潤最高的雙 B（BMW, Benz）及 Audi 馳名全球，德國汽車工業歷史悠久，產品精良，可以製造出速度最快（每小時 240 公里）的高級轎車暢銷全球，賺進大把鈔票。既然有能力製造時速 240 公里的汽車，高速公路限速不是多此一舉？所以德國在汽車工業的壓力下而保留不設限高速公路的偉大傳統，向世人顯示德國高超的汽車製造技術。

但全球目前都憂心忡忡於石油的消耗速度，更擔心全球暖化，高速汽車高耗油及高排碳是完全違反世界潮流的。

法國在汽車效率方面做得很成功，法國車廠製造了許多低耗油，低排碳的小型車輛，可為世人典範。

　　法國多次要求德國改弦易轍，放棄高耗油高碳排的高速車種，而向法國及許多歐盟國家（如義大利）看齊，並制訂歐盟汽車排碳標準，直到數年前德國還是悍然拒絕。德國很明確的警告法國，如果膽敢將限制汽車碳排列入歐盟議程，不啻於宣布貿易戰爭。當然最新情勢顯示德國不得不退讓，但因德國以國家利益置於環保目標之上，延緩了歐盟對車輛的排碳設限目標達十年之久。

　　德國總理梅克爾有次竟然宣稱全球糧價上升是因「印度人一天吃上了兩頓飯，而中國人開始喝牛奶了」。這十分不得體的發言也透露出了開發國家對未開發國家的歧視。環保人士對人類前途的悲觀預言也並非第一次發生。當環保運動初興時，羅馬俱樂部於 1972 年出版了一本《成長的極限》，對人類的未來描繪十分黑暗的前景，幾乎在同時史丹佛大學的保羅‧艾力克（Paul Ehrlich）教授發表《人口炸彈》一書，預言 1980 年代人類在因糧食短缺而發生不可避免的大飢荒及大滅絕。

　　兩本報告的出版使全球人心惶惶，但 30 年過去了，這些環保人士的預言無一成真，為何今日許多世人對環保人士的暖化預言仍毫無判斷的全盤接受，也十分令人費解。

18.3　經濟政策

　　節能減碳政策影響的層面極為廣濶，能源政策首當其衝的工業政策也受極大衝擊。

國光石化

　　2011 年有一個震撼工業界的政策大轉彎，政府宣布國光石化喊停。國光石化一直是政府積極推動的重大投資計劃，為何一夕生變？環評中主要討論議題集中在水資源不足、空污增加影響居民健康及溫室氣體排放等。工業局指出環評六大條件中最滯礙難行的就是要求中油將排碳權讓給國光石化。該計畫既然在國內無法推行，政府提出移師海外的建議，又遭某些學者反對，認為在台灣不建也不應該移師到海外設廠

　　這到底是什麼邏輯？在台灣反對議題中的兩項在國外可能不是問題，第一是水資源，如果移到國外某些水資源豐富的廠址，水資源即不成問題。空污問題在國內成為議題是因為國內工業十分密集又兼地窄人稠。但如果海外廠址工業與人煙稀少，空污也不成為反對理由。反對在海外設廠的唯一理由是「溫室氣體」，因為對地球而言溫室氣體在何處排放是等價的。很顯然有些學者反對在海外設廠的真正理由還是為了「減碳」思維。輿論界的批評也多集中在「減碳救地球」而對國光石化多所批評。

台塑煉鋼廠

　　國內重大投資案遭受重大挫折也不是第一次了。再早兩年，台塑本想在台灣設立大煉鋼廠，但也因環評延宕而移師越南。當年在台灣設大煉鋼廠會排放大量溫室氣體，也是該計劃在環評會議中遭到強烈反對的主要原因之一。

　　這類重大投資計劃在國內因排放「溫室氣體」遭挫進而移師海外是「節能減碳」的一大勝利嗎？如前述，溫室氣體排放是等價的，這兩個計劃移師海外生產所排放的溫室氣體絕不少於在台生產，對全球而言並無不同，對減碳毫無功效。

　　國光石化設廠是為了提供國內中下游廠商石化原料，除非政府為了減碳勒令這些廠商關廠，否則這些中下游廠商為了生產，也只得向國外購置石化原料，這表示國外上游石化業必須擴廠來提供我國進口所需。

　　我國因碳排政策，逼國內廠商出走對全球減碳是毫無幫助，台塑、國光二計畫出走只是使我國損失 20 萬就業機會及經濟成長。生產的目的是為了消費，只要全球消費有需求，全球總會有生產者增加生產以滿足這些消費，所以以全球而言並沒有所謂「碳洩漏」問題。

產業轉型

　　也有許多人認為，為了減少碳排，我國應減少製造業而增加服務業。每個國家都有其強項，各國也都儘量發揮其強項追求貿易上的相對優勢。

我國的強項正是製造業，我國在提供國際服務天生就有語言上的不利。國際服務業在英語國家特別發達就是利用語言的優勢。捨己之長就己之短的政策也應慎重考量。此外我國所減少的製造業所產生的空缺也馬上會被國外業者之生產所填補，對全球減碳毫無助益。

國光石化、台塑大煉鋼廠兩計劃在環評會議中慘遭滑鐵盧，對我國經濟發展可說是一葉知秋。

十大建設

台灣經濟真正起飛是在 1970 年代十大建設打下的基礎，不過還好當時這些計畫不必送交環評委員會審查，否則十大建設中恐怕有泰半無法過關。

十大建設依序為高速公路、鐵路電氣化、北迴鐵路、中正機場、台中港、蘇澳港、造船廠、大煉鋼廠、石化工業與核能電廠。

以今日環評標準，核能電廠、大煉鋼廠、石化工業大概都很難通過。台中港為全國最大煤港，依今日深澳建煤碼頭的經驗，環評通過與否也不見得樂觀。高速公路希望不要蹈蘇花高覆轍，十大建設中有六項可能過不了關。

檢視十大建設是否能通過今日環評就可知我國今日經濟、工業發展在環保當道下之困難，台灣的黃金十年可能早已經過去了。

航空碳排

我國目前政策對減碳有許多盲點。目前政府大力推動陸客來台觀光，認為觀光業是服務業，十分符合「減碳」政策。但 IPCC 報告指出，未來 20 年排碳增加最快速的正是航空業，碳排較目前將增加 3 倍成為極重要的溫室氣體排放源，這也就是為何歐盟要推動航空業碳稅的原因。而英國一名主教也因碳排而將「海外觀光」列為一種罪惡。

前幾章提及畜牧業是溫室氣體排放大戶，也有人倡議以素食來救地球。環保人士如果真的認為地球暖化是如此嚴重的問題，應改為素食。但

改為素食可能太過困難了，然而取消海外旅遊應該沒這麼困難吧，不過極少環保人士同意這麼做。如國外報導所調侃的「環保人士開著 PRIUS（油電混合車）彰顯他們是如何的愛地球，但又絕不肯放棄飛到地球最偏遠的角落，最具異國情調的島嶼去渡假，完全是一群言行不一的偽君子。」

　　很難判斷國內環保人士是否真能從此取消海外觀光。也很難判斷我國政府是否為了減碳不再熱心推動「陸客來台」政策。

調適政策

　　減少極端氣候現象發生是減碳政策最重要的原因與目標。2009 年發生的八八風災，台灣災情十分慘重，經濟上蒙受了近 300 億元的損失，小林村事件更是全體國人心中永遠的痛。但以政策面而言，減少八八風災式的災難是否可以證明減碳政策的正確性也不是沒有討論的空間。

　　首先要說明的是「八八水災」與「全球暖化」無法在科學上連結。其次以經濟學的成本利益來做簡單比較也可發現，我國政府目前「低碳減核」政策的代價每年至少 1000 億元。八八水災這種災難就算 10 年發生一次（頻率已極高），每年平均損失 30 億元。以十年統計，因經濟不振就業困難而燒炭自殺人數恐遠大於小林村全體人口。

　　以減碳來解決風災顯然不是一個最有效的做法，如果將 1000 億元省下來，不知可以推廣多少「調適」計劃。比如加強預警，在風災／水災來前先疏散居民（我國在八八風災之後的做法）才是最有效的防災政策。現階段以「減碳」來「防災」是種捨近求遠極為錯誤的防災政策。

低收入戶受害

　　目前政府的能源政策無可避免的一方面將導致電價飛漲，另一方面減碳效果又極低，因為明擺的有更佳的減碳方案。

　　明明核電、燃煤可提供低電價，但非要「減碳低核」、「燃氣最大化」以最貴的燃氣發電方式來供電。比方一般人民以平價飲食即可維持每日所需的卡路里，政府卻規定每家只准吃牛排、龍蝦。不錯，高貴食材也可提

供同樣的卡路里，但有必要享用高級食材來提供平價食材也可同樣提供的卡路里嗎？

家庭飲食每家有自主權，用電每家可就沒有選擇，如果政府非用昂貴燃料發電提供廉價燃料可同樣提供的電力，人民沒有選擇只好被迫使用費用高昂的「電力」。食用牛排、龍蝦至少口感可能較平價食物為佳，但燃氣所發的電和燃煤、核能則是一模一樣。

這種捨平價就高價的能源政策是完全不顧民間疾苦。不錯，全球富裕家庭使用的能源都比貧困家庭高出數倍，但以比例而言，富裕家庭只用全部收入的極小部分支付能源費用，而貧困家庭消耗的能源雖遠低於富裕家庭，但能源支出占其收入比率遠高於富裕家庭。所以能源價格漲價，受害最大的正是社會上最弱勢的貧困家庭。

目前政府亦有一政策迷思，以為若在調高電費時，低用電戶電價不漲，電價調整及不會影響低收入戶。殊不知若電費調漲將導致全面性的通貨膨脹，低收入戶依然將是錯誤能源政策的最大受害者。

政府目前應急的短視政策正埋下未來社會不安、政局動盪的種子。如前述，不同能源政策導致的電力成本將高達每年上千億元。錯誤的能源政策等於每個家庭每年多繳超過 2 萬元的能源稅。

消費、就業影響

也有人試圖淡化這種衝擊，強調家庭用電只占全國用電的 20%，設若電價衝擊為 1000 億元，假設全國有 1000 萬個家庭，則每個家庭只多支出 2000 元而不是 1 萬元，這也是種錯誤的思維。因為另外 800 億元也是我國工商業的額外支出，等於另外繳了 800 億元的稅，得到的電力並無區別。如果政府採用的是低廉燃料發電，這些工商企業必然更願意每年多納 800 億元的稅以消費券的形式給予人民，因為這 800 億元至少用得有意義，可刺激消費，振興經濟，強過將這 800 億元支付外國購買高價液化天然氣。

目前我國大學畢業生起薪很低，較十年前似尚有減少，如果工商業每年能少支出這種不知所云的 800 億元，不只大學畢業新入職場的員工可加薪，全體就業人員都可加薪。只怕因為能源價格高漲，我國許多保三、保

四的企業將完全失去國際競爭力紛紛出走，我國的經濟及就業必將面臨極嚴峻的後果。

我國政府為提升高等教育品質，施行 5 年 500 億的補助政策，每年增加高等教育投資 100 億。正確的能源政策所省下來的成本，對我國高等教育的提升將有極大的助益。

國家競爭力

我國目前能源形勢與日、韓相較實落後太多。韓國是我國主要貿易對手，30 年前我國核能起步較韓國為早，但韓國目標明確，不但在國內大力發展核能，並培養國內重工業，成為可製造反應爐、發電機進而發展出具有統包核能電廠的技術能力。2010 年韓國廠商即擊退歐、日競爭者取得阿拉伯聯合大公國四座核能機組的標案。反觀我國政府過去 30 年來對能源發展的忽視形成強烈對比。無怪乎有國內企業家感慨我國政府較韓國政府「相差萬步」。

以日本而言，即使在福島核災之後，還是十分謹慎的評估核能政策。並沒有如我國般的立即決定「降核」。日本政府的作法是將各種發電方式的優劣點及對電價的影響以透明的方式公之於人民，由人民來決定日本未來能源的走向。從某個角度而言，我國的「降核」政策使台灣成為福島核災的重大受災戶。

綠能產業

另外也應予以特別留意的是在政府大力鼓吹下所日漸茁壯的我國「綠能產業」。「綠能產業」基本上沒有市場競爭性，需要各國政府政策扶持補貼，根基實不穩固。任何新興產業初始時必都百家爭鳴，但最終在市場上存活率都不高。美國去年已發生政府大力補貼的綠能業者倒閉而造成的政治風波。吾人應特別留意「綠能產業」終將形成「利益團體」，影響我國能源政策。政府似乎還十分情願的被其牽著鼻子走，但問題是合乎「綠能

產業」利益的政策不見得合乎全民利益。政府在制定相關政策時應以全民利益為優先方為正途。

政府職責

政府並不直接經營企業，經營企業是企業家的專長。政府最重要的任務就是提供最有效率的團隊、最合理的法律架構及最合宜的基礎建設增進全國工商界在國際的競爭力。可嘆的是政府竟然常常成為企業的絆腳石，由國光石化、台塑煉鋼廠展現的工業政策及「減碳降核」展現的能源政策都再再的傷害我國工商企業，進而傷害全民福祉。

我國目前的基礎建設尚能提供企業競爭力實拜 30 年前蔣經國、孫運璿等人主政時高瞻遠矚的規劃。目前規劃的基礎建設也將持續運作 30 年以上，將會影響下一世代的國家競爭力，政治人物的歷史定位後世人民總是會給予公允的評價。

18.4　政治回顧

吾人可回顧反核運動在我國發展的歷程。在 1970 年代初，台灣還在戒嚴時期，一黨獨大，當時政府推行政策如十大建設等，都是十分順利。國人也以經濟發展為榮，未聞有反對國家進行任何建設之事。1980 年代後因經濟發展，中產階級興起，爭取更多參政空間的要求漸漸興起，國內政治氣氛也有了微妙的變化，當時還未開放黨禁，還是在「黨外」時代。

反核運動

1980 年代中台灣三座核能電廠都已完工正籌劃核四廠的興建。但 1976 年、1986 年的三浬島及車諾堡事件在國外興起「反核」風潮。國外環保運動是在 1970 年代初興起，國內社會運動較國外總要晚個 10 年，1980 年代也正是國內環保運動萌芽之時。

　　核能本來就是尖端科技，不易為人了解。美俄兩次核電災變更加深了一般人民的恐懼，擁核成了一種「有理說不清」的一方，反核成為環保運動集結社會支持的極佳題材。如果說我國環保運動因「反核」而茁壯發展應不為過。國家建設以往是無人反對的，「黨外人士」發現反核發展成一個政府難以招架的議題，正是擴大反對運動群眾基礎的大好機會。當時的「黨外」運動與環保運動在有共同敵人的形勢下成了自然的盟友。

反核黨綱

　　1980 年代末黨禁開放，反對黨正式成立而「反核」也成了反對黨的黨綱。從某個角度「核能」竟然成了台灣社會爭民主，「有權」反對政府政策的一個犧牲品。核四在這種氛圍下，從籌劃歷盡千辛萬苦到 20 年後才終於核准動工。在今日執政黨雖說擁核，但對社會上反核力量之強大也十分忌憚。2011 年 3 月日本發生福島事件，適逢大選年，執政黨也無法承受「核能政策」成為選戰辯論主軸，在 5 月中已有「降核」（核電廠不延役）的言論出現，在 11 月終於正式宣布成為國家政策。核電就在兩黨各自政治算計中成了犧牲品。

　　但從國家長遠福祉考量，在 99%能源依賴進口的台灣，核能是唯一能符合「能源供應安全」、「經濟成本」及「環境保護」三者的發電方式。在目前「減碳降核」、「燃氣極大化」的政策下，我國發電成本每年至少增加 1000 億元。取得政權但毀了國家經濟又有什麼意義？能源是可決定國家興亡的重要政策，兩黨實應將核能回歸為民生議題而不應將其以政治議題操作，才不致作繭自縛，陷國家能源政策於絕境。

減碳迷思

　　從某個角度而言，「減碳」口號在今日台灣的「共識」似猶高於「反核」，理由也十分簡單。核電發展本是蔣經國以來執政黨的既定政策，政府相關部會、事業單位鼓吹核能，理所當然的支持政府既定政策。學術界、研究單位也有許多核能專業人士，也常澄清對核能的各種誤解。但反對總

是容易的，在社會中雖有擁核人士但在社會上迷漫「反核共識」似乎較占優勢。

「減碳」比「反核」處於更為流行的地位。因為「減碳」不比「反核」，是政府的政策，不論執政黨、反對黨都朗朗上口，社會上也沒有學術團體或專業團體挺身澄清「減碳」所牽涉到的氣候與能源間的許多不實報導，這點我國與世界其他國家顯得十分不同。

在這種社會背景下，今日「反核」與「減碳」在社會上似乎正由社會大眾的「常識」進而形成「共識」，兩大政黨也只想由此類民粹式的口號贏得政治資本。多半政治人物天生是短視的，眼界只及於每次選舉及其任期，從某個角度只能隨波逐流。

政治領袖

但真正有長遠眼光為國家謀求長遠福祉的政治家做法是不同的。謹以這次政府「降核」政策的決策過程為例。在政府宣布該政策時的重要依據是民意測驗。當政者如果所有政策都遵循民意測驗只能稱之為一個追隨者而不是領導者。美國總統羅斯福為任職最久的美國總統。在其在位 13 年間曾做了許多違反「民意」的重大決策。羅斯福曾經說過：「領導者是要領導人民而不是追隨人民，領導者要塑造民意，領先民意，要不厭其煩地向人民解釋有利於國家未來發展的政策，帶領人民走向原來人民就應該選擇的正確方向。」

我國十分幸運的曾經有過這種領導者，但國家過去成功太久也使許多人民認為國家向上發展理所當然，忘了這是在政府有正確政策而全國人民群策群力共同努力的結果。我國未來經濟是向上發展還是向下沉淪，能源政策的走向將是一極為準確的重要指標。

結　語

　　多年前在某次小型聚會時曾邀請當時的工研院院長演講，他講了一個小故事：工研院年底董事會都要審核所轄各所次年的預算。當光電所、資通所等向董事們報告來年工作計畫及所需經費時，因為報告內容都各有專業，除非本行專家，一般董事都不見得完全了解，所以提問很少，預算都順利過關。但一輪到能資所（現改為綠能所）報告時，問題就一籮筐，因為大家都自認很懂「能源」。院長說好像只要會開電燈開關（他還比了一個開開關手勢），就是「能源專家」，語畢哄堂大笑。

　　為什麼許多人都自認很懂能源？因為能源實在太貼近生活了。誰不會開電燈？誰不會用瓦斯爐？誰不會加油？在現代社會使用能源，人人都是專家。但能源的供給面就遠為複雜。會消費並不等於懂生產。太多毫無能源生產相關經驗的人，竟然自認為很懂能源，還特別喜歡為能源政策出主意，提意見，下指導棋。

　　如前述我國目前能源政策的制定，基本上是外行領導內行。台電是國內最了解電力事業及電力相關問題的機構。但自從二十年前核能論戰遍體鱗傷後，台電就被迫成為「執行」單位。只負責「執行」政府上級擬定的「能源政策」。

　　能源政策不敢偏離「全國能源會議」結論。在政治考量之下，主管部會廣邀各界參與該會「集思廣益」，其中充斥對能源毫無概念的環保代表。為求會議結論為「共識」必須要「一致」通過，結果是上百位代表，人人都有否決權。全世界有任何國家是如此制定攸關國運的能源政策嗎？大拜拜式的會議及其結論就成為國家制定能源政策時的指導綱領，由歷次會議都有「擴大燃氣發電」的結論就可推知會議結論的品質。

　　能源政策是百年大計，影響國計民生至少一個世代。目前能源供應穩定，電價低廉，國人以為理所當然。殊不知這仍拜 30 年前蔣經國／孫運璿等人高瞻遠矚的規劃所賜。當年制定政策是尊重專業，追憶及前人功

續，更能反映今日之脫序與荒誕。能源政策失誤會在 10 年、20 年後嚐到苦果。我國國際競爭力及全國人民屆時均會受到重大衝擊。今日政治上的便宜行事埋下未來經濟衰退，社會不安，政治動盪的種子。

能源與環保兩者矛盾全球皆然。各國能源界與環保界都各有堅持，爭論不斷。經由雙方辯論過程社會各界可熟悉雙方論點，而不致只聽到一家之言，這是形成國家政策的健康程序。

以美國為例，華爾街日報對能源／氣候議題就立場鮮明，經常駁斥極端暖化威脅論調。各州電力公司對暖化議題也一再由能源安全，產業競爭力的角度予以討論。工商界最大團體的美國商會（US Chamber of Commerce）與環保界常為減碳議題針鋒相對。美國人民可由雙方爭論中作判斷抉擇。

歐盟是「節能減碳抗暖化」最力的地區，但歐洲也有許多不同的言論與書籍在所多有。前英國能源部長及法國總理科技顧問都著有專書討論能源／暖化問題，鄭重警告能源問題不可兒戲，並駁斥許多暖化論者的論點。

美、日、歐能源業者均為私營股票上市公司，對能源／氣候問題都能暢所欲言。反觀我國制定及執行能源政策的均為政府或公營單位，在層峰減碳降核政策定調的背景下，不便多言。另一方面，能源界也多為極端暖化論所影響，更遲疑於就能源專業角度發言。在這種背景下，輿論無可避免被環保言論所盤據。多年來全國各界聽到的永遠是一面之詞。

除了能源專業人士外，社會上不論是政府官員、各級民代、學者專家、意見領袖及一般人民的能源／氣候知識都是經由報章雜誌、廣播電視等新聞媒體而得。許多錯誤的資訊，竟成為決定我國國家命脈的政策基礎。更不幸的是，錯誤資訊經過一再轉載，以訛傳訛竟成真理。

新聞媒體常有此類失誤也並不令人意外，因為能源／氣候問題原本就十分專業。指正其錯誤避免其一再犯錯誤導大眾，應是能源業界義不容辭的任務，但極少看到有此類的「來函更正」。

個人在國內外多年從事能源事業相關工作。積 30 年能源相關經驗，可說是能源產業老兵。願盡棉薄之力，在時間等條件容許下將在個人新闢之部落格中（http://taiwanenergy.blogspot.tw）針對接觸到媒體對能源的不實報導或錯誤意見予以討論。

　　本書除圖、表註明出處外，本文各類論述及數據出處，亦將列於部落格中。在網路十分發達的時代，多予利用可減少本書頁數及地球資源的浪費。

　　本書第四篇討論氣候，除簡介暖化科學外，也有相當篇幅介紹與主流意見不同的論點，此類論述國內殊少報導。國人不必是氣象專家也應有權了解不同之論點。暖化問題極為複雜，絕非如許多極端暖化威脅論者所簡化描繪者。

　　以減碳抗暖而言，全球各國應承擔其歷史及當前之碳排責任。目前各國依其國情採取不同的能源政策，但沒有國家會採取過於激進的減碳政策重創其本國經濟。

　　世界歷史上有許多國家在某一時期採取了正確的政策，使國家社會蓬勃發展。但其富強常也未能長久。原因之一是在其後時期採取了錯誤的政策，這些歷史殷鑑吾人也應牢記。

　　不論第四章討論的主流／非主流爭議結果為何，並不影響本書對我國能源／電力的論點及建言。勿忘我國在世界碳排不過 1%，仔細觀察國際減碳風向，小國勿為天下先而應先確保本身生存，才是國家政策正確的方向。

　　甚盼此書為一警鐘，促成我國能源政策之重新檢討，而非在十年後成為「不幸言中」的預言。

附表

附表 1　電力系統尖峰負載（1992-2011）

單位：萬瓩

年別	1992	1993	1994	1995	1996	1997	1998	1999	2000	2001
尖峰負載	1,670	1,767	1,861	1,993	2,176	2,224	2,383	2,421	2,585	2,629
成長率	9.0%	5.8%	5.3%	7.1%	9.2%	2.2%	7.2%	1.6%	6.8%	1.7%

年別	2002	2003	2004	2005	2006	2007	2008	2009	2010	2011
尖峰負載	2,712	2,859	2,903	3,094	3,206	3,279	3,132	3,101	3,302	3,379
成長率	3.2%	5.4%	1.5%	6.6%	3.6%	2.3%	-4.5%	-1.0%	6.5%	2.3%

資料來源：台灣電力公司 99 年統計年報

附表 2　電力系統總發電量（1991-2010）

單位：萬瓩

年別	1991	1992	1993	1994	1995	1996	1997	1998	1999	2000
總發電量	896	939	1,018	1,103	1,179	1,250	1,322	1,430	1,458	1,565
成長率	8.9%	4.8%	8.4%	8.3%	6.9%	6.0%	5.8%	8.1%	2.0%	7.4%

年別	2001	2002	2003	2004	2005	2006	2007	2008	2009	2010
總發電量	1,581	1,659	1,738	1,812	1,897	1,966	2,019	2,002	1,936	2,074
成長率	1.0%	5.0%	4.8%	4.3%	4.6%	3.7%	2.7%	-0.8%	-3.3%	7.1%

資料來源：台灣電力公司 99 年統計年報

附表 3　台灣每年人均用電量（1991-2010）

年度	1991	1992	1993	1994	1995	1996	1997	1998	1999	2000
度／人	4173	4419	4771	5066	5361	5631	5970	6414	6646	7,222
成長率	14.5%	5.9%	8.0%	6.2%	5.8%	5.0%	6.0%	7.4%	3.6%	8.7%

年度	2001	2002	2003	2004	2005	2006	2007	2008	2009	2010
度／人	7,317	7,695	8,089	8,478	8,789	9,051	9,323	9,201	8,900	9,378
成長率	1.3%	5.2%	5.1%	4.8%	3.7%	3.0%	3.0%	-1.3%	-3.3%	5.4%

資料來源：台灣電力公司 99 年統計年報

附表 4　世界各國每年人均用電量（2010）

單位：度

挪威	加拿大	美國	台灣	日本	新加坡	韓國	德國	中國
27,636	16,009	12,607	9,378	7,924	7,858	7,939	6,648	2,568

附表 5　電力系統尖峰能力及備用容量（1992-2011）

單位：萬瓩

年別	1992	1993	1994	1995	1996	1997	1998	1999	2000	2001
淨尖峰能力	1,782	1,841	1,950	2,087	2,298	2,468	2,566	2,723	2,912	2,976
尖峰負載	1,670	1,767	1,861	1,993	2,176	2,224	2,383	2,421	2,585	2,629
備用容量	6.7%	4.2%	4.8%	4.7%	5.6%	11.0%	7.7%	12.5%	12.6%	13.2%

年別	2002	2003	2004	2005	2006	2007	2008	2009	2010	2011
淨尖峰能力	3,145	3,277	3,489	3,600	3,721	3,810	3,793	3,973	4,075	4,076
尖峰負載	2,712	2,859	2,903	3,094	3,206	3,279	3,132	3,101	3,302	3,379
備用容量	16.0%	14.6%	20.2%	16.3%	16.1%	16.2%	21.1%	28.1%	23.4%	20.6%

資料來源：台灣電力公司 99 年統計年報

附表 6　核能、燃煤、燃氣發電成本比較

單位：元/度

年度	2006	2007	2008	2009	2010	平均
核能	0.62	0.63	0.62	0.63	0.66	0.63
燃煤	1.03	1.18	1.87	1.41	1.59	1.42
燃氣	2.90	3.32	3.67	3.00	3.12	3.20
核能／燃氣價差	2.28	2.69	3.05	2.37	2.46	2.57
燃煤／燃氣價差	1.87	2.14	1.80	1.59	1.53	1.78

發電成本（元／度）

附表 7　2010 不同燃料發電度數與成本

	發電度數（億度）	每度成本（NT$／度）	總計（NT$／億）
核能	400	0.66	264
燃煤	934	1.59	1,485
燃氣	580	3.12	1,810
總計	1,914		3,559

附表 8　2025 四情境相對發電成本比較

情境	發電成本（億元）	碳排（百萬噸）	碳排差價*（億元）	總成本（億元）	差價*（億元）
1	5774	183	87	5861	1186
2	4675	168	0	4675	0
3	4991	204	209	5200	525
4	6059	175	41	6100	1425

*與情境二比較

致加拿大總理公開信
質疑暖化理論聯署學者名單

（公開信內容詳 203 頁）

· Dr. Ian D. Clark, professor, isotope hydrogeology and paleoclimatology, Department of Earth Sciences, University of Ottawa.

· Dr. Tad Murty, former senior research scientist, Department of Fisheries and oceans, former director of Australia's National Tidal Facility, and professor of earth sciences, Flinders University, Adelaide; currently adjunct professor, Departments of Civil Engineering and Earth Sciences, University of Ottawa.

· Dr. R. Timothy Patterson, professor, Department of Earth Sciences (paleoclimatology), Carleton University, Ottawa.

· Dr. Fred Michel, director, Institute of Environmental Science and associate professor, Department of Earth Sciences, Carleton University, Ottawa.

· Dr. Madhav Khandekar, former research scientist, Environment Canada. Member of editorial board of Climate Research and Natural Hazards.

· Dr. Paul Copper, FRSC, professor emeritus, Department of Earth Sciences, Laurentian University, Sudbury, Ontario.

· Dr. Ross McKitrick, associate professor, Department of Economics, University of Guelph, Ontario.

· Dr. Tim Ball, former professor of climatology, University of Winnipeg; environmental consultant.

· Dr. Andreas Prokocon, adjunct professor of earth sciences, University of Ottawa; consultant in statistics and geology.

- Mr. David Nowell, M.Sc. （Meteorology）, fellow of the Royal Meteorological Society, Canadian member, and past chairman of the NATO Meteorological Group, Ottawa.
- Dr. Christopher Essex, professor of applied mathematics and associate director of the Program in Theoretical Physics, University of Western Ontario, London, Ontario.
- Dr. Gordon E. Swaters, professor of applied mathematics, Department of Mathematical Sciences, and member, Geophysical Fluid Dynamics Research Group, University of Alberta.
- Dr. L. Graham Smith, associate professor, Department of Geography, University of Western Ontario, London, Ontario.
- Dr. G. Cornelis van Kooten, professor and Canada Research Chair in environmental studies and climate change, Department of Economics, University of Victoria.
- Dr. Peter Chylek, adjunct professor, Department of Physics and Atmospheric Science, Dalhousie University, Halifax.
- Dr./Cdr. M. R. Morgan, FRMS, climate consultant, former meteorology advisor to the World Meteorological Organization. Previously research scientist in climatology at University of Exeter, U.K.
- Dr. Keith D. Hage, climate consultant and professor emeritus of Meteorology, University of Alberta.
- Dr. David E. Wojick, P.Eng., energy consultant, Star Tannery, Virginia, and Sioux Lookout, Ontario.
- Rob Scagel, M.Sc., forest microclimate specialist, principal consultant, Pacific Phytometric Consultants, Surrey, B.C.
- Dr. Douglas Leahey, meteorologist and air-quality consultant, Calgary.
- Paavo Siitam, M.Sc., agronomist, chemist, Cobourg, Ontario.
- Dr. Chris de Freitas, climate scientist, associate professor, The University of Auckland, N.Z.

- Dr. Richard S. Lindzen, Alfred P. Sloan professor of meteorology, Department of Earth, Atmospheric and Planetary Sciences, Massachusetts Institute of Technology.
- Dr. Freeman J. Dyson, emeritus professor of physics, Institute for Advanced Studies, Princeton, New Jersey.
- Mr. George Taylor, Department of Meteorology, Oregon State University; Oregon State climatologist; past president, American Association of State Climatologists.
- Dr. Ian Plimer, professor of geology, School of Earth and Environmental Sciences, University of Adelaide; emeritus professor of earth sciences, University of Melbourne, Australia.
- Dr. R.M. Carter, professor, Marine Geophysical Laboratory, James Cook University, Townsville, Australia.
- Mr. William Kininmonth, Australasian Climate Research, former Head National Climate Centre, Australian Bureau of Meteorology; former Australian delegate to World Meteorological Organization Commission for Climatology, Scientific and Technical Review.
- Dr. Hendrik Tennekes, former director of research, Royal Netherlands Meteorological Institute.
- Dr. Gerrit J. van der Lingen, geologist/paleoclimatologist, Climate Change Consultant, Geoscience Research and Investigations, New Zealand.
- Dr. Patrick J. Michaels, professor of environmental sciences, University of Virginia.
- Dr. Nils-Axel Mörner, emeritus professor of paleogeophysics and geodynamics, Stockholm University, Stockholm, Sweden.
- Dr. Gary D. Sharp, Center for Climate/ocean Resources Study, Salinas, California.
- Dr. Roy W. Spencer, principal research scientist, Earth System Science Center, The University of Alabama, Huntsville.
- Dr. Al Pekarek, associate professor of geology, Earth and Atmospheric Sciences Dept., St. Cloud State University, St. Cloud, Minnesota.

- Dr. Marcel Leroux, professor emeritus of climatology, University of Lyon, France; former director of Laboratory of Climatology, Risks and Environment, CNRS
- Dr. Paul Reiter, professor, Institut Pasteur, Unit of Insects and Infectious Diseases, Paris, France. Expert reviewer, IPCC Working group II, chapter 8 （human health）.
- Dr. Zbigniew Jaworowski, physicist and chairman, Scientific Council of Central Laboratory for Radiological Protection, Warsaw, Poland.
- Dr. Sonja Boehmer-Christiansen, reader, Department of Geography, University of Hull, U.K.; editor, *Energy and Environment.*
- Dr. Hans H.J. Labohm, former advisor to the executive board, Clingendael Institute （The Netherlands Institute of International Relations）, and an economist who has focused on climate change.
- Dr. Lee C. Gerhard, senior scientist emeritus, University of Kansas, past director and state geologist, Kansas Geological Survey.
- Dr. Asmunn Moene, past head of the Forecasting Centre, Meteorological Institute, Norway.
- Dr. August H. Auer, past professor of atmospheric science, University of Wyoming; previously chief meteorologist, Meteorological Service （MetService） of New Zealand.
- Dr. Vincent Gray, expert reviewer for the IPCC, and author of *The Greenhouse Delusion: A Critique of* 「*Climate Change 2001,* 「 Wellington, N.Z.
- Dr. Howard Hayden, emeritus professor of physics, University of Connecticut.
- Dr. Benny Peiser, professor of social anthropology, Faculty of Science, Liverpool John Moores University, U.K.
- Dr. Jack Barrett, chemist and spectroscopist, formerly with Imperial College London, U.K.
- Dr. William J.R. Alexander, professor emeritus, Dept. of Civil and Biosystems Engineering, University of Pretoria, South Africa. Member, United Nations Scientific and Technical Committee on Natural Disasters, 1994-2000

· Dr. S. Fred Singer, professor emeritus of environmental sciences, University of Virginia; former director, U.S. Weather Satellite Service.

· Dr. Harry N.A. Priem, emeritus professor of planetary geology and isotope geophysics, Utrecht University; former director of the Netherlands Institute for Isotope Geosciences; past president of the Royal Netherlands Geological & Mining Society.

· Dr. Robert H. Essenhigh, E.G. Bailey professor of energy conversion, Department of Mechanical Engineering, The Ohio State University.

· Dr. Sallie Baliunas, astrophysicist and climate researcher, Boston, Mass.

· Douglas Hoyt, senior scientist at Raytheon （retired） and co-author of the book, *The Role of the Sun in Climate Change*; previously with NCAR, NOAA, and the World Radiation Center, Davos, Switzerland.

· Dipl.-Ing. Peter Dietze, independent energy advisor and scientific climate and carbon modeller, official IPCC reviewer, Bavaria, Germany.

· Dr. Boris Winterhalter, senior marine researcher （retired）, Geological Survey of Finland, former professor in marine geology, University of Helsinki, Finland.

· Dr. Wibjörn Karlén, emeritus professor, Department of Physical Geography and Quaternary Geology, Stockholm University, Sweden.

· Dr. Hugh W. Ellsaesser, physicist/meteorologist, previously with the Lawrence Livermore National Laboratory, California; atmospheric consultant.

· Dr. Art Robinson, founder, Oregon Institute of Science and Medicine, Cave Junction, Oregon.

· Dr. Arthur Rörsch, emeritus professor of molecular genetics, Leiden University, The Netherlands; past board member, Netherlands organization for applied research （TNO） in environmental, food, and public health.

· Dr. Alister McFarquhar, Downing College, Cambridge, U.K.; international economist.

· Dr. Richard S. Courtney, climate and atmospheric science consultant, IPCC expert reviewer, U.K.

參考書目

一、英文書籍

1. Edward Aguado & James E. Burt, *Weather & Climate*, 2007

2. Joseph E. Aldy & Robert N. Stavins, *Architectures For Agreement*, 2007

3. Ralph B. Alexander, *Global Warming False Alarm*, 2009

4. Sherry Boschert, *Plug-in Hybrids*, 2006

5. Mark Bowen, *Censoring Science*, 2008

6. Travis Bradford, *Solar Revolution*, 2006

7. Wallace S. Broecker & Robert Kunzig, *Fixing Climate*, 2008

8. Lester R. Brown, *Plan B 3.0*, 2008

9. Robert Bryce, *Power Hungry*, 2010

10 Robert Bryce, *Crusher of Lies*, 2008

11. Robert M. Carter, *Climate:The Counter Consensus*, 2010

12. Bernard L. Cohen, *Nuclear Science and Society*, 1974

13. Paul Collier, *The Bottom Billion*, 2007

14. Barry Commoner, *The Poverty of Power,* 1976

15. Frank Dawson, *Development & Management of A Technology*, 1976

16. Donn Dears, *Carbon Folly*, 2008

17. Joseph F.C. Dimento & Pamela Doughman, *Climate Change*, 2007

18. Paul Driessen, *Eco-Imperialism*, 2003

19. Robert E. Ebel, *China's Energy Future*, 2005

20. Kerry Emanuel, *What We Know About Climate Change*, 2007

21. John Etherington, *The Wind Farm Scam*, 2009

22. Robert Peter Gale & Thomas Hauser, *Final Warming, The Legend of Chernobyl*, 1988

23. Christian Gerondeau, *Climate: The Great Delusion*, 2010

24. David Goodstein, *Out of Gas*, 2004

25. Al Gore, *An Inconvenient Truth*, 2006

26. Howard C. Hayden, *The Solar Fraud*, 2004

27. Howard C. Hayden, *A Primer On CO_2 And Climate*, 2008

28. Mark Hertsgaard, *Nuclear Inc.* 1983

29. James Hoggan, *Climate Cover-up*, 2009

30. Christopher C. Horner, *The Politically Incorrect Guide to Global Warming And Environmentalism*,　2007

31. Christopher C. Horner, *Red Hot Lies*, 2008

32. Fred Hoyle, *Energy or Extinction*, 1977

33. Fred Hoyle & Geoffrey Hoyle, *Common Sense in Nuclear Power*, 1980

34. Mike Hulme, *Why We Disagree About Climate Change*, 2009

35. International Energy Agency, *Energy Technologies At The Cutting Edge*, 2005

36. International Energy Agency, *Mobilising Energy Technology*, 2005

37. International Energy Agency, *Energy Policies Of IEA Countries*, 2006

38. International Energy Agency, *Climate Policy Uncertainty And Investment Risk*, 2007

39. International Energy Agency, *Energy Security And Climate Policy*, 2007

40. International Panel on Climate Change, *Climate Change 2007, Summary For Policy Maker*, 2007

41. International Panel on Climate Change, *Climate Change 2007, The Physical Science*, 2007

42. International Panel on Climate Change, *Climate Change 2007, Mitigation*, 2007

43. International Panel on Climate Change, *Climate Change 2007, Impact, Adaptation and Vulnerability I*, 2007

44. International Panel on Climate Change, *Climate Change 2007 Impact, Adaptation and Vulnerability II*, 2007

45. Mark Jaccard, *Sustainable Fossil Fuels*, 2005

46. Leo Johnson, *Understanding The Global Warming Hoax*, 2009

47. Michio Kaku & Jennifer Trainer, *Nuclear Power-Both Side*, 1982

48. Jan H. Kalicki & David L. Goldwyn, *Energy & Security*, 2005

49. Richard A. Klein, *Global Warming: We Need All We Can Get 2009*

50. Paul Komor, *Renewable Energy Policy*, 2004

51. James Howard Kunstler, *The Long Emergency*, 2005

52. Nigel Lawson, *An Appeal To Reason*, 2008

53. Steven D. Levitt & Stephen J. Dubner, *Super Freakonomics*, 2009

54. Bjфrn Lomborg, *The Skeptical Environmentalist*, 1998

55. Bjфrn Lomborg, *Global Crises, Global Solutions*, 2004

56. Bjфrn Lomborg, *How To Spend $50 Billion To Make The World A Better Place*, 2006

57. Bjфrn Lomborg, *Cool It*, 2007

58. Bjфrn Lomborg, *Smart Solution to Climate Change*, 2010

59. James Lovelock, *The Ages of Gaia*, 1995

60. James Lovelock, *The Revenge Of Gaia*, 2006

61. M. Mihkel Mathiesen, *Global Warming In A Politically Correct Climate*, 2004

62. Kendal Mcguffie & Ann Henderson-Sellers, *A Climate Modelling Primer*, 2005

63. Patrick J. Michaels, *Meltdown*, 2004

64. Patrick J. Michaels, *Shattered Consensus*, 2005

65. Patrick J. Michaels & Robert C. Balling Jr., *Climate Of Extremes*, 2009

66. Chris Mooney, *The Republican War On Science*, 2005

67. Chris Mooney, *Storm World*, 2007

68. George Monbiot, *Heat*, 2007

69. Iain Murray, *The Really Inconvenient Truths*, 2008

70. Ralph Nadar & John Abbotts, *The Menace of Atomic Energy*, 1979

71. National Academy of Science, *Energy In Transition 1985-2010*, 1979

72. Jack R. Nerad, *Hybrid & Alternative Fuel Vehicles*, 2007

73. Ted Nordhaus & Michael Shellenberger, *Break Through*, 2007

74. William Nordhaus, *A Question Of Balance*, 2008

75. Mckinley C. Olson, *Unacceptable Risk*, 1976

76. Naomi Oreskes & Erik M. Conway, *Merchant Of Doubt*, 2010

77. David W. Orr, *Down To The Wire*, 2009

78. David Orrell, *The Future Of Everything*, 2007

79. Walter C. Patterson, *Nuclear Power,* 1976

80. Fred Pearce, *With Speed And Violence*, 2007

81. S. George Philander, *Is The Temperature Rising*, 1998

82. Roger Pielke, Jr., *The Climate Fix*, 2010

83. Ian Plimer, *Heaven And Earth*, 2009

84. Robert A. Ristinen & Jack J. Kraushaar, *Energy And The Environment*, 2006

85. Joseph J. Romm, *The Hype About Hydrogen*, 2005

86. Joseph J. Romm, *Hell And High Water*, 2007

87. Anthony Sampson, *The Seven Sisters*, 1975

88. Hermann Scheer, *The Solar Economy*, 2002

89. S. Fred Singer & Dennis T. Avery, *Unstoppable Global Warming*, 2007

90. Vaclav Smil, *Energies*, 1999

91. Vaclav Smil, *Energy At The Crossroads*, 2003

92. Vaclav Smil, *Energy*, 2006

93. Vaclav Smil, *Global Catastrophes And Trends*, 2008

94. Vaclav Smil, *Oil*, 2008

95. Laurence C. Smith, *The World in 2050*, 2010

96. Lawrence Solomon, *The Deniers*, 2008

97. Roy W. Spencer, *Climate Confusion*, 2008

98. Roy W. Spencer, *The Great Global Warming Blunder*, 2010

99. Roy W. Spencer, *The Bad Science And Bad Policy Of Obama's Global Warming Agenda*, 2010

100. Eric Spiegel & Neil Mcarthur, *Energy Shift*, 2009

101. Robert Stobaugh & Daniel Yergin, *Energy Future*, 1979

102. John Stossel, *Myths, Lies, And Downright Stupidity*, 2006

103. Henrik Svensmark & Nigel Calder, *The Chilling Stars*, 2007

104. Edward Teller, *Energy From Heaven And Earth*, 1979

105. David G. Victor, *The Collapse Of The Kyoto Protocol*, 2001

106. Tyler Volk, *CO$_2$ Rising*, 2008

107. Daniel Yergin, *The Prize*, 1991

108. Daniel Yergin & Joseph Stanislaw, *The Commanding Height*, 1998

109. Daniel Yergin, *The Quest*, 2011

110. Ernesto Zedillo, *Global Warming*, 2008

二、中國大陸出版書籍

1. 山本良一主編，王天民等譯，*2℃改變世界*，2010

2. Eric A. Posner，李智譯，*氣候變化的正義*，2011

3. P. Acot，李孝琴譯，*氣候的歷史*，2011

4. Mark Lynas，楊晉譯，*聚焦*，2008

5. 黃志龍，*地球告急*，2010

6. 吳磊，*中國石油安全*. 2003

7. Paul Roberts 著，吳文忠譯，*石油的終結*，2005

8. 南昫，*大搏殺－世紀石油之爭*，2004

9. 盛文林，*人類歷史上的核災難*，2011

10. 吳錦海等主編，「核「不怕－正確應對核輻射*，2011

11. 陳凱，史紅亮主編，*清潔能源發展研究*，2009

12. 王偉光，鄭國光主編，*氣候變化綠皮書*，2010

13. 勾紅洋，*低碳陰謀*，2010

14. 張建華主編，*低碳金融*，2011

15. Sonia Labatt & Rodney R. White，王震譯，*碳金融*，2010

16. 林汐主編，*低碳經濟與可持續發展*，2010

17. Aaron M. Azelton & Andrew S. Teufel 著，朱曉婷譯，*能源投資*，2010

18. 唐風編著，*新能源戰爭*，2008

19. 庄貴阡，朱仙麗，越行姝著，*全球環境與氣候治理*，2009

20. David Shearman & Joseph Wayne Smith，武錫申等譯，*氣候變化的挑戰與民主的失靈*，2007

21. 熊焰，*低碳之路*，2010

22. Anthony Giddens 著，曹榮湘譯，*氣候變化的政治*，2009

23. 宋立岡，胡永泰主編，*中國的政策選擇*，2009

24. 國家發展和改革委員會能源研究所課題組，*中國 2050 年低碳發展之路*，2010

25. 2050 中國能源和碳排放課題組，*2050 中國能源和碳排放報告*，2010

26. 李善同主編，*環境經濟與政策*，2010
27. 陳立等編著，*中國國家戰略問題報告*，2002

三、台灣出版書籍

1. Mark Synas 著，譚家瑜譯，*改變世界的 6℃*，2010

2. Brian Cosgrove，蔡士瑩譯，*天氣*，2006

3. Gino Segre，田靜如譯，*溫度，決定一切*，2005

4. 原剛（審訂），曾心怡譯，*徹底了解地球暖化世界環境變遷地圖*，2009

5. Thomas E. Graedel & Paul J. Crutzen，陳正平譯，*變色的天空－大氣與氣候變遷的故事*，1997

6. Tim Flannery 著，林雨蒨譯，*是你製造了天氣－全球暖化危機*，2007

7. 村沢義久著，陳嫻若譯，*你的全球暖化知識正確嗎*，2010

8. Wallace S. Broecker & Robert Kunzig，洪慧芳譯，*馴服暖化野獸*，2008

9. Bjorn Lomborg，嚴麗娟譯，*暖化？別鬧了！*，2008

10. Brian Fagan，黃中憲譯，*歷史上的大暖化*，2008

11. Gale E. Christianson，達娃譯，*發燒地球 200 年*，2006

12. 葉欣誠，*地球暖化，怎麼辦？*，2007

13. 陸正華，許以平編著，*近代氣象學基礎*，1995

14. Laura Lee 著，謬靜芬等譯，*天氣改變了歷史*，2007

15. Eric Roston，吳妍儀譯，*為什麼是碳 碳文明與碳毀滅*，2010

16. 柳中明編著，*全球環境變遷*，2010

17. 柳中明，*台灣環境變遷解密*，2010

18. Jared Diamond 著，廖月娟譯，*大崩壞*，2007

19. 涂建翊，余嘉裕，周佳著，*台灣的氣候*，2008

20. Kerry Emanuel，吳俊傑譯，*颱風*，2007

21. Michael Alley 著，張鳳蕙譯，*狂風起兮*，1997

22. 丁仁東編著，*能源危機*，2009

23. 資源問題研究會，劉宗德譯，*世界資源真相和你想的不一樣*，2009

24. 張一岑，張文隆譯，*能源特論*，1999

25. 張家澤，*能源分析*，1984

26. 雷敏宏等著譯，*煤與能源*，1981

27. 許金和編著，*火力發電大全*，2000

28. 盧象時等編著，*火力發電*，2000

29. 陳立誠，宋艾克，*核能發電－理性的探討*，1988

30. 中國工程師學會，*透視核能*，1985

31. 廖本達，*鄉土情懷－核電與環保政治*，1998

32. 劉振乾編譯，*你所知道的核能發電*，1991

33. 王繼敏編著，*認識核能*，1991

34. 何松齡等著譯，*核能面面觀（上）*，1983

35. 孫觀漢著譯，*核能面面觀（下）*，1984

36. 白水和憲著，鄭衍偉譯，*從一滴原油解讀世界*，2008

37. Toby Shelley 著，宋岩譯，*石油紛爭地圖*，2006

38. Peter Tertzakian 著，李芳齡譯，*每秒千桶*，2006

39. 劉華美，*頂尖綠能產業動態*，2010

40. Daniel C. Esty & Andrew S. Winston 著，洪慧芳譯，*綠色商機*，2009

41. 左峻德主編，*發掘綠色黃金能源經濟新契機*，2009

42. 財訊出版社，*新能源投資術*，2007

43. 李育明，*認識綠色能源*，2007

44. 台大環境規劃研究室編，游以德審，*太陽能應用基本教材*，2002

45. 日本太陽能學會編著，羅丞曜審定，張萍翻譯，*圖解太陽能應用技術*，
    2009

46. Martin A. Green，曹昭陽等譯，*太陽電池工作原理，技術與系統應用*，
    2009

47. 馮垛生主編，*太陽能發電原理與應用*，2009

48. Franz Alt 著，王琪等譯，*太陽電力公司*，2005

49. 任國棟，邵任民合著，*太陽光電世界五強爭霸戰*，2011

50. 牛山泉著，李漢庭譯，*圖解風力發電入門*，2010

51. 李俊峰主編，*圖解風力發電*，2009

52. 市川勝著，李漢庭譯，*圖解氫能源*，2009

53. 井上信幸，芳野隆治著，*圖解核融合能源*，2006

54. 鬼束保之著，李錦桐等譯，*生質能源利用科學*，2009

55. 集邦產研，*綠能錢潮-擁抱電動車兆元商機*，2009

56. Gwynne Dyer，林聰毅譯，*氣候戰爭*，2009

57. 武田邦彥著，蘇文淑譯，*假環保*，2010

58. Nicholas Stern 著，鄭麗文譯，*全球新政*，2009

59. Chris Goodall 著，蘇雅薇等譯，*綠能經濟真相和你以為的不一樣*，2009

60. Thomas L. Friedman，*世界又熱、又平、又擠*，2008

61. 李文堯，林心雅合著，*地圖會說話*，2007

62. 世界企業永續發展委員會，世界資源研究院，*溫室氣體盤查議定書*，2003

63. Rodney R. White, Sonia Labatt, Martin Whittaker，吳國卿譯，*碳交易*，2008

64. 范建得主編，*京都議定書與清潔發展機制 100 問*，2008

65. 許志義，陳澤義，周鳳瑛著，*溫室效應與永續發展*，2000

66. 余紀忠文教基金會叢書，*關鍵時刻*，2010